漢家天下
漢武開疆

西征南伐,四方歸服!
盛世是否能長治久安?

清秋子 著

秦以後的華夏,文明踰越兩千年
其禮法、文化、疆域及施政脈絡
皆成於漢武帝之手,綿延而傳於近世

平心而論,漢武帝於華夏的更化之功,遠在秦始皇之上

目 錄

少年天子，求賢若渴定朝綱　　　　　　　　005

新任儒臣，遭遇禍災險中生　　　　　　　　041

張騫出使，西征萬里覓強援　　　　　　　　075

歌姬得寵，紅袖添香近帝側　　　　　　　　101

相如才情，風流詩篇垂青史　　　　　　　　133

布衣書痴，離別鄉野展宏圖　　　　　　　　173

馬邑布兵，計謀未成徒徘徊　　　　　　　　203

灌夫罵座，義憤填膺終身敗　　　　　　　　235

夜郎歸漢，南疆納土開疆域　　　　　　　　269

阿嬌失寵，妒心深重墮塵埃　　　　　　　　291

目錄

少年天子，求賢若渴定朝綱

　　茂陵劉郎秋風客，夜聞馬嘶曉無跡。畫欄桂樹懸秋香，三十六宮土花碧。魏官牽車指千里，東關酸風射眸子。空將漢月出宮門，憶君清淚如鉛水。衰蘭送客咸陽道，天若有情天亦老。攜盤獨出月荒涼，渭城已遠波聲小。

　　此詩為唐代詩人李賀所作〈金銅仙人辭漢歌〉，因其詩意悠遠，後人讀之，都不免心生遐思，浮想聯翩。詩中吟詠之事，所涉乃大名鼎鼎的漢武帝。

　　漢武帝其人，後世皆稱他雄才大略，凡有史家論及華夏「大一統」的源頭，無不以「秦皇漢武」並稱。

　　然細考那一段歷史，秦始皇併吞六國、混一海內，肇始之功固然了得；然其國祚，卻只有短短十五年，旋即土崩瓦解。不要說社稷不久長，連子孫也未曾留下一脈。驪山孤陵，西風殘照，只不過為後世留下了一個鏡鑑。

　　再看秦以後的華夏，文明踰越兩千年，其禮法、文化、疆域及施政脈絡，皆成於漢武帝之手，綿延而傳於近世。平心而論，漢武帝於華夏的更化之功，遠在秦始皇之上。

　　說來，漢武帝劉徹的運命，也是出奇的好。自幼生於帝王家，山河祖業，皆來自繼承。雖則如此，他以十六歲少年之齡，就能龍袍加身，執國柄，君臨天下，又絕非命運必然，實在是偶然得不能再偶然。

　　劉徹為漢景帝第十子，前後共有兄弟十三人。他之排序，太過靠

少年天子，求賢若渴定朝綱

後，競爭太子位，並無長幼順序上的優勢。

劉徹之母王美人，雖得漢景帝之寵，入宮前卻是已嫁之婦，在景帝為太子時，自薦入宮為婢女。王美人之母臧兒，亦即劉徹的外祖母，雖是漢初燕王後人，然劉徹的外祖父王仲，卻是道道地地的一個平民。如此的一個母家背景，實無太多運氣能坐上太子之位。

卻不料景帝後宮之事，多有詭譎。諸夫人一番較量下來，反倒是王美人笑到了最後，將七齡獨子劉徹，順利推為太子。其間的明爭暗鬥，已在前部書中說盡。

再說小小年紀的劉徹，能得漢景帝看重，將山河社稷託付，也並非全賴王美人之力。據雜史傳說，劉徹幼年之際，便知如何討得父皇歡心，且能記誦諸聖之書，多至數萬言，「無一字遺落」，堪稱一位早慧的神童。

有如此的天賦異稟，劉徹便與父、祖做太子時截然不同。也正是緣此之故，他初登大位，便有一番宏大氣象，欲開百代賡續的規模。似這等少年胸襟，無論古今，怕也是少見的。

話說景帝後元三年（西元前 141 年），正月甲子日，當朝漢景帝，駕崩於長安未央宮。

時值天寒時節，遍野蕭索。滿城的官吏及百姓，早便聞聽皇上龍體不豫，恐將不久於人世，心中都是惶惶。出門或居家，各自添了幾分小心，唯恐頭頂的天要塌將下來。

數十年來，承平日久，邊患也漸少，百姓最擔心的，唯有皇帝駕崩。雖說天下已成一姓，然一朝天子坐殿，有一朝的做派，子承父業之後，有時竟像是換了個天下。

此時的耄耋老者，再想起高祖年間事，就如同夢寐一般了。

入正月以來，京城已戒嚴數次。酒肆、菜市，處處遍布中尉府眼線，稍有偶語皇上病恙者，當即鎖拿，投入詔獄羈押。便是那百官之首的丞相衛綰，竟也親率差役，奔走於街衢，入門拿人。

長安百姓見此，個個畏官如遇虎狼，夜來閉戶，各家早早吹燈。家中若有白髮長者，皆嘆道：「又似始皇帝坐殿時了！」

城內的東、西兩市，雖未閉市，卻是行人漸稀，各商家面有憂色，心中只暗恨道：「何不早日駕崩？」

這日晚炊後，尚未夜禁，卻見滿街旗甲湧動，忽地就多了些兵卒。行人受了驚，慌忙都奔回家中。有人留心望了一眼，見是宮中南軍也出來巡街，便知皇帝定然已經晏駕。

此時的未央宮內，寢殿中正哭聲大作，近侍涓人慌作一團。小斂所用的衣衾、布帶等物，由一排宮女手手相遞，傳入屋內。

十六歲的太子劉徹，伏於父皇床邊大哭，其聲嘹亮。眾涓人也盡皆伏地，放聲嚎啕。正哭得起勁時，忽見劉徹霍然起身，收斂哀容，目光炯炯環視身邊，吩咐道：「去請太后、皇后及後宮諸夫人來。」

太子屬官韓嫣，此時正在旁側待命，聞聽劉徹發話，連忙諾了一聲，轉身便走。見韓嫣領命而去，劉徹便離開寢殿，疾步行至前殿，命人速傳丞相進宮來。

不消多時，丞相衛綰應召前來。只見他衣冠不整，雙目赤紅，伏地便欲大哭。劉徹連忙伸臂扶起：「丞相，父皇駕崩，自有天數。一切照舊例，請丞相操持朝政，頒詔發喪，不可使中外人心惶惶。」

衛綰聞言，竟怔了一怔，連忙應道：「老臣知道了，當竭力去辦。」

少年天子，求賢若渴定朝綱

言畢，偷瞟了一眼劉徹臉色，才反身退下，自去張羅了。

此時大殿之上，燭光搖曳，一派靜寂。劉徹心知在哭喪之前，尚有一刻安寧，便立於空空的御座之前，凝視良久。

正默立間，忽聽韓嫣來至身後，回稟道：「太后、皇后及諸夫人均已請到。」

劉徹猛抬頭，聽得殿後傳來隱隱哭聲，這才轉身，望望韓嫣。此時，恰有一隻蠅蟲落在韓嫣眉心，韓嫣欲揮袖驅趕，又怕失禮。

正尷尬間，劉徹目光一閃，右手忽地伸出，攫住那蠅蟲，一把彈掉，長舒一口氣道：「莫慌，今日起，拜你為郎中[01]，可出入宮禁，隨時伺候。且隨我來吧。」說完便不徐不疾，帶了韓嫣，邁步向景帝寢殿走去。

原來，這位韓嫣，乃是漢初韓王信曾孫，亦即景帝時功臣韓頹當的庶孫。當年劉徹為膠東王時，曾與韓嫣同學。兩人相親相愛，如同手足。

韓嫣生性伶俐，貌美如婦，雖不能承爵位，家資卻甚豐。後劉徹做了太子，仍願將他帶在身邊。

且說景帝喪儀，處處都循例而行。至二月上旬，諸王、百官哭靈完畢，群臣便擁太子劉徹赴高廟，祭告祖宗。劉徹接過天子璽綬，登極為帝，做了普天下的君主。後世緣其諡號，皆稱他為「漢武帝」。

且說那漢景帝一生，雖待百姓尚屬仁厚，一再寬刑減賦，但也因削藩過急，引發變亂。平亂前後，又擅殺大臣，令晁錯、周亞夫屈死，民間為此多有煩言。祭告當日，照例為先帝議廟號，百官都翹首以望，不

---

[01] 郎中，官職名，戰國始置，秦漢沿置。君王侍從，掌護衛、陪侍及備顧問差遣。

知為先帝擬了個什麼字。

待到太常許昌呈上擬諡，乃是一個「景」字，眾人便一片寂然，既無贊和，也無異議，只把目光齊齊望向儲君。

原來這個「景」字，按周禮，乃是一個美諡，意謂「熟慮而功成」。劉徹立於先帝靈前，聞之並無片刻遲疑，即頷首允道：「可矣！」

許昌隨即又奏道：「高帝廟號為『太祖』，文帝為『太宗』，大行皇帝亦應享有廟號。」

此言剛落地，未及劉徹開口，群臣立刻喧譁起來。有郎中令繒賀等數人，一齊發聲，皆言不可。

御史大夫直不疑，更是跨出一步，拱手向劉徹諫言道：「廟號者，為『祖有功、宗有德』而立。臣以為：先帝雖有平亂之功，然亂之所起，不可謂無咎；若立廟號，恐天下人不服。」

直不疑話音方落，便有數十人隨聲附和，然也另有多人高聲駁斥。丞相衛綰臉色一白，忙回首以目制止。

劉徹一時無語，只是定定望住直不疑，目不轉瞬。

眾人只道是儲君發了怒，都覺惶悚，急忙閉口不語。

卻見劉徹一笑，向直不疑拜謝道：「御史大夫名如其人，素有直聲，吾幼時即知。雖曾遭人誣盜金、盜嫂，然不言自明。卿所言，為天下人心所欲言。先帝之德，誠不足以立廟號；此事，可毋庸再議了。」

群臣中有贊同立廟號的，聞此便不敢再言；眾人都伏地敬拜劉徹，齊聲稱善。更有幾個老臣在心中暗嘆，只覺這新帝行事，與前代諸帝大有不同。

待高廟祭畢，諸臣絡繹散去，武帝劉徹忽然喚住衛綰，拱手詢問

道:「衛公德高望重,曾為太傅,其時雖不久,朕卻得教誨頗多。今日朕初登大寶,諸事皆不通,還請師傅指教:朝中萬事,何以為大?」

「臣萬不敢當。陛下,以臣之見,漢家立朝,迄今已六十餘年,紛亂世事,漸已澄清。官吏略知法,百姓亦稍稍知禮,皆拜文景二帝所賜。兩代先帝,以孝治天下,可見崇儒乃是首要之事。」

「哦?朕師從先生時,即知先生崇儒。奈何漢家素重黃老,上至太后,下至販夫,唯知老子,而不尊孔。朕方即位,此事⋯⋯恐不便過急。」

衛綰就一笑,問道:「往日在太子宮習經,當日課,當日須記誦完畢,不許漏一字。陛下可還記得?」

武帝笑道:「師傅嚴謹!這個,朕自然記得。」

「那便是了。治天下,凡有弊病,皆是大害,可能等一萬年嗎?」

此時君臣兩人相對,立於高廟階陛之上,眺望得遠,可見城外曠野,已隱隱有綠意。武帝便道:「師傅說得對。漢家六十餘年,基業已牢,無須再懼王侯作亂了。然天下事萬緒百端,總還有流弊難治。」說著,指了指遠處的未央宮,慨然道,「今日我家這山河,自我起,天地須得一新!為這一日,朕幼年讀《左氏春秋》時,就曾立過誓。」

聞此言,衛綰大為動容,不顧階陛狹窄,便欲伏地下拜。

武帝一見,連忙死死拽住衛綰:「一日為師,便是百年為師;今後師傅上朝,可不必拜我。」

衛綰望望武帝,幾欲流淚,動容道:「臣為太子太傅時,也正存此心。陛下有更新天下之志,為師死亦無憾。向時為勸陛下有大志,臣曾前往石渠閣,翻檢高帝朝文牘。見有高帝遺詔,乃是他親筆寫成,告誡

惠帝須『善遇百姓，賦斂以理』，不可胡亂加徵。心中便嘆，高帝真乃仁慈之帝！有他草創，我漢家治天下，才得一反暴秦之道，令百姓有六十餘年安穩……」

武帝聞此，便是一怔，拉住衛綰衣袖問道：「師傅所見，果是高帝親筆，不是蕭曹代擬？」

衛綰便一笑：「秦始皇君臣，法家也，不欲天下人有智，焚盡了天下書。那蕭何、曹參，雖貴為公卿，也不過小吏根底，未讀過書，只識得字罷了，又如何能執筆為文？便是身邊近侍，能為文者，也不過一二。我看高帝一朝詔書，多是高帝親筆所擬。」

武帝面色便肅然，慨嘆道：「我只道先祖原是亭長，頗擅武略，竟不知他能親草詔書，文治本領也是了得！」

衛綰拱手道：「陛下知曉便好。高帝以一亭長起兵，取天下不易。今傳於陛下，陛下當奮勵，除虜患，立儒禮，文治武功都應兼備。」

「師傅教誨得好。今雖不能立即崇儒，然忠孝人倫，就是儒禮。朕明日便要頒詔，尊太皇太后、皇太后及皇后。吾母來自民間，以草芥之身登廟堂，備受辛苦。朕能有今日，全賴阿母。我既為孝子，便不能忘母恩，明日將一併封外戚為侯。」

衛綰還要答話，武帝卻一笑攔住：「告廟忙了半日，師傅已疲累。你我二人，怎可在這階陛之上議天下事。丞相這便回府吧，明日入朝來，你我再議。」

次日上朝，衛綰率御史大夫直不疑及九卿諸人，在武帝御前會議，擬定：尊帝之祖母**竇老太后**，為太皇太后；帝之母后王姞，為皇太后。另，帝之姑母劉嫖，因係竇太后長女，今尊為竇太主；劉嫖之女阿嬌，早為太子妃，今立為皇后。

少年天子，求賢若渴定朝綱

此次加尊，乃循舊例，自是沒有異議。天子及諸侯家事，自上古三代起，便是一男登正位，婦人也隨之尊貴。倒是如何加封外戚，君臣頗費了些心思，名分既要尊崇，又不可踰矩，以免引起天下人非議。

衛綰早得了武帝授意，此時見諸臣都不語，便開口道：「新帝踐位，務以孝道示天下，使百官、小民皆知禮儀，故外戚不可不封。高帝之時，征戰方休，人人有軍功，當時所定『無功不封侯』，今宜有所變易。皇太后之母、弟，亦當推恩受封。」

諸臣聽衛綰如此說，心中都會意，大多贊同。唯有直不疑猶豫道：「前朝呂太后更易祖制，封無功呂氏子弟為侯，致使天下議論洶洶。今上初登大位，便要封外戚，此事恐須謹慎。」

衛綰面色便有不豫，反駁道：「此言差矣。呂太后濫封，實為培植子弟，窺伺朝堂；新帝封母舅，則是為彰顯孝道。先景帝即位之後，便封了竇太后的兩兄弟，也不曾聽說民間有何非議。」

此時御座上的武帝，忽然開口道：「丞相所言，極有理。我漢家草創時，最看重功臣，盡皆封為侯；然侯門百家，子弟多有不肖。僅六十餘年，因坐罪而奪爵者，恐已過大半。可見舊制也有弊，不可拘泥。文帝以來，接連三朝母后，於子孫皆有教誨之功，如今推恩封外戚，理所當然。」

諸臣聞言，都不禁注目武帝。見武帝頭戴冕旒，端坐於御座之上，沉穩練達，直不似少年，眾人心中便都一凜。

直不疑怔了一怔，連忙拱手謝罪：「恕臣妄言。臣只是……不願天下有非議。陛下所言，正是商鞅所論『賢者更禮，而不肖者拘焉』。陛下今開新政，總還是欲除舊弊，臣並無異議。」

武帝一笑：「御史大夫……」直不疑連忙回道：「不敢！」

武帝不覺一怔，繼而拍額笑道：「朕倒忘了！直公素不喜稱官爵名，朕今日也隨諸臣，就稱『長者』好了。直公一向崇黃老，萬事唯守成，朕為太子時，便敬慕直公有長者風，遇事紋絲不亂。然黃老之術，以靜制動，乃是上佳的為臣之道；若久為治天下之道，恐不宜。」

　　衛綰當即附和道：「正是此理。」

　　直不疑便不再開口，只默然向衛綰揖禮作謝。

　　議了半日，君臣總算將封外戚之事議成，即皇太后之母臧兒，今已垂老，為外戚尊長，封為「平原君」，接入宮中享天年。臧兒再醮之後所生兩男，即皇太后王娡同母異父之弟田蚡、田勝，也比照前朝，推恩封侯。田蚡封為武安侯，田勝封為周陽侯。

　　朝會畢，諸臣伏地拜過武帝，起身便欲散朝，忽聽武帝在座上道：「今日朕初次臨朝，當親送諸君至大殿外。」

　　諸臣慌忙收住腳步，七嘴八舌道：「這哪裡敢當！」

　　武帝起身從御座上下來，拱手道：「各位萬勿見外。在朝諸君，皆是先帝顧命之臣，年輩長於我，見識也高於我。朕少年即位，諸事欠歷練，猛然擔起這天下，怎能不出差錯？還望諸君多多襄助。」

　　諸臣又覺惶恐，紛紛道：「陛下言重了，言重了……」

　　武帝便也不多說，伸臂恭請道：「各位長輩，請！」

　　諸臣心中驚異，都覺這少年天子，端的是老成，遂不敢存有輕慢之心。眾人互相望望，只得聽憑武帝送到殿口，才各自散去。

　　散朝之後，武帝返回宣室殿歇息。此處原是景帝住處，清理告畢才不久，武帝住進來幾日，總覺心神恍惚。此刻甫一進殿，便換下龍袍，穿上晏居常服，喚上親隨韓嫣，從飛閣複道往長樂宮，去向皇太后問安。

皇太后王娡往日住在未央宮,才遷來長樂宮幾日,見武帝步入,欣喜異常,不等武帝下拜,連忙拉住他手道:「吾兒不必拘禮,為娘今日見到你就好。」言未畢,竟有熱淚止不住落下。

武帝詫異,忙上前扶住,問道:「今日大喜,阿娘如何卻要傷心?」

皇太后唏噓有頃,方拭淚道:「徹兒,你可知咱漢家,太子繼位,無一個風平浪靜的。今日親見你登位,為娘才睡得好覺。」

武帝這才明白,連忙勸解道:「阿娘,你來自民間,知這皇家父子,亦如民間大戶般,偌大家產,各個孩兒都想爭,這也是無可奈何的事。古來商鞅、韓非子等先賢,用盡心機,說的也就是這個,然有何用?爭還是要爭的。老子曰:『善數不用籌策。』孩兒能有今日,阿娘心中是早有數的。」

這一番話說過,皇太后聽了,不禁破涕為笑:「徹兒聰明!無怪先帝獨寵你。當年阿娘懷你,曾夢日入懷,可不是哄你父皇的誑話。為娘如今成了寡母,萬事都交到你手中了,可不敢恃才大意。」

「阿娘放心。朝中大臣,盡是先帝所選,皆老成持重。朝政之事,孩兒自當放手,不使此時有何翻覆,便可無慮。」

「唔,那是自然。目下朝中多老成之輩,並無晁錯那般急躁的,當無大事。倒是內廷事,徹兒要小心。我母子有今日,姑母有大功,故而你須善待阿嬌。阿嬌雖蠻橫,你無妨忍忍就是。」

武帝臉便冷了一下,而後才淡淡道:「我自然會忍。」

「兩位母舅來自民間,根底甚淺,若有唐突處,也須好好維護。」

「這個嘛,母后勿慮。朝中我並無心腹,自是要倚重兩位母舅。」

皇太后想想,又不禁一笑:「此等瑣事,阿娘也無須多囑咐了,徹兒

恐早已有所思慮。最要小心的，是祖母。祖母雖目盲，心卻比誰都明；老人家所願，你萬不能忤逆。討了祖母歡心，諸事也就順遂；我這裡，你倒不用常來。為娘乃小戶人家出身，見識淺陋，不能如太皇太后那般，可隨時為你指畫。」

武帝連忙跪於座前，執皇太后手說道：「阿娘此番話，足夠我受用終身，哪裡還要耳提面命？」

皇太后便笑：「徹兒靈秀，就如胸中有根蓮藕，百般通透。好了，快去向太皇太后問安吧，要多在那裡說些話。」

武帝因此退下，心下大安，慶幸母后通情達理，此時情形，遠好過先父先祖登位時。便遵母囑，轉至長信殿，去見祖母太皇太后。

進殿卻不見竇老太后在，問了宮女，方知近來天暖，老太后晚間喜在庭院閒坐，正有竇太主陪著讀書。

武帝在連廊上望去，見庭院樹下，鎏金宮燈燃得通亮，老太后頭戴軟帽，正閉目倚坐。竇太主在一旁，就著燈光誦讀黃老之書。

武帝側耳聽去，只聞竇太主讀道：「一年從其俗，二年用其德，三年而民有得，四年而發號令……」便知讀的是《黃帝四經》，於是搖頭笑笑，躡足走上前去。

卻見老太后猛地坐直，輕呼道：「啟兒來了？」

竇太主一驚，放下書來抬頭看，不禁莞爾一笑：「太后，哪裡有啟兒？是孫兒來了。」

老太后便嘆口氣：「唉，十六年了，啟兒總是這般來。」

武帝連忙趨前，伏地下拜：「孫兒問安來了。」

老太后目眇看不清，只揚揚手道：「原來是徹兒，平身就好了！今日

少年天子，求賢若渴定朝綱

初坐殿，還知道來這裡看看？」

「孫兒年少，不是祖母在，怎敢擔起這社稷大事？」

「你就是甜嘴！早前惠帝即位時，也尚未成年，你如何就來賣小？」

見老太后不冷不熱，武帝就存了幾分小心，恭謹答道：「孫兒踐位，不似兩代先帝，今日只苦於無老臣輔佐，故而今後凡有事，都要來打擾祖母。」

老太后開顏一笑：「這才是個話。當今顧命之臣，皆是一班酸腐儒生，也不知啟兒是如何選的。」

「孫兒以為，當朝諸臣，都還算勤勉吧。」

「勤勉當得何用？還不是逢迎之徒？想那前朝文法吏，是何等幹練！呂太后以來，幾朝天子，哪個不是垂拱而治，還用得我這老身來操心？罷罷，孫兒年少，就莫嫌麻煩，有事便可過來問。老身我，心倒還不盲。」

竇太主在旁，忍不住笑道：「看老祖宗說的！太皇太后心不盲，眼也不盲，看人從不走眼。」

這一句話，說得老太后陡起精神，挺直了身，望住武帝問道：「可識得前朝老臣石奮？」

「認得，便是那個『萬石君』。」

「孫兒，做臣子的，須是萬石君那般，方當得大用。朝中腐儒，只知弄文，不知人事煩難。何為『文』耶？無非就是藻飾。那班浮誇之徒，哪裡及得萬石君一家，起自小吏，最善務實。他父子五人，各個二千石俸祿；真真是一門萬石，為天下楷模。」

「萬石君行事端方，家規謹嚴。不獨先帝賞識，孫兒我也是敬佩得

很。石家一門忠孝，四子皆可當大任，太后所囑，孫兒當謹記，隔日便為他們加官。」

老太后便拍拍地上茵席，微笑道：「當殿做皇帝，身邊所謂好臣子，便如這足下之土，務要踏實。那班儒生，可有個根底？還不是東風來便東，西風來便西。我及笄入宮，看過五朝腐儒做事，早把他們看到骨頭裡。」

竇太主也附和道：「正是。徹兒小時，倒還通透；稍長，卻被那班儒生蒙了眼。姑母今日也要說一句：如今做了天子，可不能只寵著美人，冷落了阿嬌。」

武帝聽得氣悶，又不能反駁，只得匆忙轉了話題：「祖母，天雖已仲春，夜來終究還是涼，不可在外久留。」

老太后便笑：「老身還算硬朗，頂得住春寒。倒是孫兒你，做了皇帝，好似由嚴冬猛然入夏，忽冰忽火，可莫要失了章法。文士者，只可輕賤他，丟他入獸圈裡去，看他如何應付，彼輩才知自己斤兩。」

「老祖宗為何要輕儒，孫兒尚不能領會；然漢家已有六十餘年，終究不是草莽……」

老太后便一舉手，截住武帝話頭：「我只問你，六十餘年漢家，是如何來的？」「這個……」

「無他！便是前面那三輩人，只信黃老，不信雜說。咱這漢家，有了黃老之術，便是好漢家；若不用黃老，便是惡漢家。孫兒，你自去體悟。」

武帝見話不投機，便也不想強辯，只默默忍了，聽老太后一人說話。

如此，在老太后處待到夜深，武帝才帶了韓嫣返回。行至複道高

少年天子，求賢若渴定朝綱

處，望見長安城內，處處更燈高懸，閃爍明滅，偌大個京城，安謐有如夢鄉，不由就嘆：「漢家定鼎以來，四朝天子，不知賠了多少小心，方保得這方安寧，朕以十六齡即位，也真是難啊！」

韓嫣緊隨在後，將燈籠舉了舉，回道：「陛下聰穎。小臣早年間，與陛下一同攀樹捉鳥，便看在眼裡。今番能得放手施展，有何不好？」

武帝回頭望望韓嫣，笑道：「倒是忘了，你自幼與我同學，也看了這許多年。你便說說，朕今日施政，當何以為重？」

韓嫣低眉一想，抬頭道：「小臣看當今，萬事清靜，只需尊老便好。」

「尊老？哼，家有耆老，小輩便出不得大氣。自然⋯⋯老太后那裡，還是要常去，你也須多提醒朕。」

「小臣明白。」

「明日要見百官，今夜心亂，怕要睡不好。你仍照常，留在寢殿陪我就好，無須去郎中署歇宿了。」

這夜，武帝與韓嫣同臥一室。韓嫣說了兩句笑話，倒頭睡了；武帝卻沒睡好，輾轉反側，嘆了許多氣，想來想去，也想不出如何秉政才好。這才知父祖兩代初登位時，是何其難也。恍恍惚惚中，覺夜色中的殿閣樓臺，如萬仞山崖，正迎面倒下⋯⋯

次日，會逢大朝，武帝頭一回受百官朝見。朝食一過，百官都持笏入朝來，在殿上分文武兩列，等著拜見武帝。

武帝打起精神，在殿後由宦者伺候，冠帶整齊，吸了吸氣，才緩步走出來，目光如隼，環視全殿。

百官見往日默默不語的太子，今日竟一變氣象，心中都驚。滿堂冠

蓋者,皆屏息斂氣,不敢有一絲喧譁。

大行官口喚「上朝」之後,便有丞相衛綰跨出一步,宣讀先帝遺詔。詔曰:「賜諸侯王以下各公卿官吏,每人晉爵一級;百姓中凡有父健在者,亦賜爵一級;天下每戶賜百錢;宮中舊有宮婢,放歸其家,終身免徵賦。」

百官聞之,頓有涕泣之聲響起,全班文武皆伏地叩首,齊聲道:「謝先帝大恩!」嗣後,衛綰又代武帝宣詔,講明了先帝奉葬、加尊太皇太后等事,然於封外戚的種種事,一言也未提及。

讀罷詔書,百官起身肅立,武帝這才略一抬手,朗聲道:「朕今日登大位,實是以少年擔天下。這數日間,朕誠惶誠恐,寢食不能安;諸君今日上朝,怕也是別有一番心情,然這全屬多慮。朕曾蒙太傅教誨,知孟子所言『立天下之正位,行天下之大道』,這『正』與『大』二字,才是君臣之道。諸君立於朝堂,心若正,自是無須忐忑。」

群臣都未料到,武帝臨朝,開言竟是這樣說,似別有用意。驚異之下,眾人皆面面相覷。

衛綰立於兩班正中,聞言也是面露疑惑,稍一遲疑,才拱手代群臣答道:「先帝驟崩,臣等傷痛於衷,唯有勉力而已。」

武帝微微頷首,望住衛綰,面色漸有笑意:「先生昔為朕之太傅,今又為丞相,此正是先帝英明之處!」

群臣心中都不禁一跳,知新帝此話,是要說到關節處了,便屏息恭聽。

武帝又接著道:「內外多年無戰事,在朝諸位,皆循序而上,自是歷練久了。朕今日不欲含混過去,且將話講明。兩代更替,時逢開元,諸

少年天子，求賢若渴定朝綱

君最忌憚的，恐是人事上的翻覆。毋庸諱言，先前兩朝，新帝出，則老臣黜，都有些風波出來。新帝喜用太子屬官，更為常例……」

話還未落地，朝堂上文武，轟地起了一片私語聲。

武帝看看，便笑道：「朕年少，不妨就直言了，這便與諸位做個知會，在朝各位，皆可安心。先帝臨終時，安排此一節，便是早已料到。丞相衛綰，受先帝顧命，又曾為我太傅。如此一來，朕初登廟堂，自是不用換大臣了。」

滿堂群臣，便是會意一笑。嘈嘈切切中，先前的惶恐之態，竟是一掃而空了。衛綰連忙施禮謝道：「陛下為學聰穎，老臣所授，僅皮毛耳。」

武帝欠了欠身，拱手道：「丞相，快平身！朕所言，乃是出於至誠。師傅昔日行事，朕為太子時，是用心看過的，知道凡事不可急。讀書時，我於《左傳》最用心，覺三代以下，凡有鼎革事，若是過急，必傷天害理。今太皇太后在，諸事還須以老人家之意為要，不可唐突。」

直不疑便上前奏道：「陛下所言，正是臣等日夜所思。如此，朝政便無可慮了。凡入手一事，臣以為，當由虛而實，由遠及近，自輕至重，徐徐而進，萬事都循著一個『序』字。」

武帝撫案讚道：「好，由虛而實……甚好甚好！老臣到底是多歷練。朝中諸事，今後一仍其舊，朕自是放心。今早想到，天下事雖多，今日則只需將大典辦好，便無他事。」

群臣聞此言，不覺都鬆了一口氣，齊齊地俯下身去，同聲敬賀：「皇帝萬年！」

散朝之後，武帝留下衛綰，告之老太后賞識石奮事，而後又道：「石

奮年邁，已不可再加官了。石奮四子中，何人能再加官？今日你我稍作商議。」

兩人在後殿商議良久，總覺尚無好缺，只得留待他日再議。衛綰道：「陛下可將此意，說與太皇太后知，勿令老人家生疑。」

武帝苦笑道：「奈何？大勢如此。料不到，今日登了位，也只能是一個熬！」

此後，時入陽春三月，地氣已動，萬物萌發。武帝親擇了動土吉日，京中王侯公卿、百官僚屬，便都結隊出行，為景帝奉葬。

行前，武帝夜不能寐。一大早起來，便召衛綰來問：「國之大事，在祀與戎。奉安大典中，不得有絲毫疏漏。先前呂太后赴渭水致祭，曾遭黑犬襲身，蹉跎得很。今日路途上，可保無事嗎？」

衛綰心中有數，當即答道：「長安城中，有中尉寧成，威震四方；所有盜賊宵小，搜捕一空。先帝病篤之後，老臣更是用心，與寧成親率差役，夙夜不休，捕獲不法之徒。如今京畿百里內，連個小盜也見不到了。」

武帝略顯詫異，繼而一笑：「丞相用事，倒只怕用力不夠！」遂放下心來，喚近侍來為自己更衣，換了龍袍，出殿登上鑾駕。

大隊北行一整日，夜宿渭水邊，次日又渡河。如此跋涉了六十里，方至陵下。

此時的陽陵，已初見規模，其地之廣，往昔不曾有過。鑾駕至陵園東門停住，武帝也不用人扶，逕自跳下車來，放眼看那涇渭合流處，陵寢高矗，煙雲繚繞，心中便有波瀾，回首對衛綰道：「早便聞說陽陵甚宏偉，果不其然！」

少年天子，求賢若渴定朝綱

　　衛綰回道：「陽陵自先帝前元四年始建，迄今已有十三年，工程尚不及半呢。」武帝眉毛便一動：「哦？有如此浩大？」

　　「先帝時，初為周亞夫督造，至老臣接手，原擬方圓二十里，哪裡能容得下？今日陵寢方圓，堪堪已有四十里了。」

　　武帝便一笑：「先帝志大，是要將那長安城，囫圇都搬來。」

　　兩人前行幾步，朝中間神道望去，見大道如砥，兩旁有林木蓊鬱。徵來築陵的數萬刑徒，已然迴避。寂寂園內，如有先帝魂魄在，威嚴無比。

　　武帝不由就打了個寒噤，對衛綰道：「今日典儀，為天下人所矚目。我雖為天子，終究是個少年。若在典儀上出頭，眾人看了，不免要輕視。還是由師傅代勞，我則垂袖觀之，或還能鎮得住些。」

　　衛綰怔了一怔，方答道：「也好。老臣便勉力為之，教那諸臣不敢輕看少主。」

　　於是，一整日的奉葬，無數繁文縟節，武帝只拱手端立，巋然不動。王侯百官於階下，只見衛綰一個白髮執宰，胸有靜氣，指揮若定，眾人便都不敢輕慢。

　　典儀末節，是五千個綵衣兵馬俑，絡繹運進南北從葬穴，對應陽間長安的南北軍，端的是威武浩蕩。

　　衛綰縱是老成持重，見此也不禁讚出聲來。

　　武帝便問：「看陵寢各處，都有未完工的，不知要修到幾時？」

　　衛綰屈指數道：「地下對應九卿之穴，半數尚未完工。若待到建成，恐還需十五年之久。」

　　武帝聽了，不禁出神，只喃喃道：「世人所見甚是短淺，只知秦始皇

有雄才，卻不知漢家遠在其上⋯⋯」

如此喧鬧一日，奉安大典總算告畢，武帝才鬆了口氣。隔日，便瞞了衛綰，喚上韓嫣，帶五十名騎郎呼嘯出宮，欲往近畿去遊玩。

未料才出端門，就見衛綰峨冠博帶，正立於道中，攔住車駕。

武帝不知是何人走漏了消息，只得下車來，向衛綰一拜：「今日休沐，小吏尚得安閒，丞相卻為何要來朝？」

衛綰也不答覆，只上前攬住鑾轡，反問道：「老臣未聞通報，不知陛下要往何處去？」

武帝略一躊躇，知道瞞不過，只得如實答道：「二月以來，忙亂無已，實是勞累得很。今日得空閒，欲往南山一遊。」

衛綰便諫道：「文景兩代先帝，登位之初，無不忧惕，苦思如何行新政。臣也知陛下疲累，若赴上林苑，自是未嘗不可；然南山此去百里，三五日內不得返歸，陛下新登殿，切不可先就喪志。」

聞衛綰如此說，武帝臉色略略一變，旋又露出笑意來，猛地問道：「丞相掌天下錢糧事，朕要問你：去歲大旱，京師太倉儲穀可足？」

衛綰聞此問，連忙斂容，恭謹答道：「去歲雖歉收，然先帝以農為本，連年勸農桑，禁止百姓採黃金珠玉，故而未傷根本。臣居丞相以來，巡行所見，京師太倉之粟，陳陳相因，充溢於外，至腐敗不可食。」

武帝聽罷，仰頭大笑道：「師傅，料你也知太倉已滿。太倉如此，民間又如何能空？倉廩既實，天子端坐就好，不宜輕易擾民。我這裡，且去逍遙幾日，你便與九卿商議，看如何添些新政。」

「這個⋯⋯臣尚未細想，實不願操之過急。」

少年天子，求賢若渴定朝綱

武帝便上了車，回首囑道：「就按直不疑所言，由虛而實，先揀那一二虛表之事，漸行新政，以不攪動人心為上。」

衛綰望望武帝，滿心無奈，只得讓開御道，任由車騎揚塵而去了。

在途中疾馳兩日，武帝見四鄉晏然，農夫正忙春耕，便更放心，笑對韓嫣道：「丞相擔憂，是怕途中或有不測，就未免多慮了。自先帝用郅都以來，京畿捕盜，網羅甚密，焉能有刺客潛行？」

韓嫣道：「陛下說得是！百姓既安居，又為何要恨陛下？」

武帝聞言，不覺若有所思：「哦？你倒提醒我了。先帝時，七國作亂，那些從亂官吏，被官軍誅殺甚多。彼輩子孫，雖未受株連，必也懷恨在心，倒要留意安撫才好。」

「罪臣子弟，陛下不必憐憫。」

「你有所不知。平亂之時，朕尚幼年，聞說此事，也是滿心震恐。想那從亂官吏子弟，也就如我一般大，卻失了父祖，是何等悽惶？便是那七國之民，多有喪亂，即便蒙赦無罪，至今恐也不能心安。」

「陛下仁心，這一節，小臣想不到。」

「子弟懷仇，代代便是仇人。倒要提防他百代了，自家也不寧，何不早些開解呢？」

韓嫣便笑：「也是。大戶自有福，又何必多結冤家？」

武帝橫瞥了一眼道：「小戶大戶，凡食五穀者，道理都一樣。」

兩人在車上一路說笑，不久便抵近南山下。眼見山路漸難行，只得將車駕停在館驛，換乘馬匹，進了山中。

那南山一帶，奇峰異石，景緻直不似在人間。雲霧飄渺中，天地像是驟然闊大了許多。

韓嫣在前頭牽馬，行得艱難，汗流滿額，不由就問道：「南山不過就是山，陛下要看些什麼？」

武帝望見蒼碧滿山，野花恣肆，全沒有市塵裡的悶氣，登時就神往，伸手指了指最高峰：「你可見那太乙山？那便是老子煉丹處。幼年時我讀《老子》，便想來看，今日終得如願。」

韓嫣也跟著望去，讚嘆道：「真仙山也！小臣早年陪陛下讀書，聽得衛太傅講，老子出了函谷關，便沒了蹤影，不知他下落如何？」

「老子西去，是化胡去了。要勸那大夏[02]、身毒[03]等國，也懂得些教化。」「哦？聖人做事，到底是匪夷所思。」

武帝眺望太乙山片刻，微微一笑：「朕今日來此，私心也想學老子，只是不敢說與丞相知。」

韓嫣咂舌道：「陛下敢想，小臣卻萬不敢想。」

「前朝始皇帝，東臨琅琊望海，勒石而歸，那才不枉活一世。來日，我定要在太乙山上建宮殿，西望瑤池，以遂大丈夫之志。」

「到那時，陛下可開恩，准小臣在太乙山上養老。」

「昏話！你我正年少，當謀大事，談什麼老不老！」

如此，一行人在山中盤桓，白日逛山，夜宿湯峪[04]，竟流連五日而不捨。末了，還是韓嫣提醒：「主上已出來多日，再不返歸，丞相要擔心了，百官恐也有疑懼。」

「哦！這便回去嗎？」武帝難捨眼前春景，揚起馬鞭，狠狠甩了幾個響，長嘆一聲，「何謂神仙？不受制於人，才是神仙。我白白做了這天

---

[02] 大夏，古國名，即巴克特里亞王國。
[03] 身毒，古國名，在今印度河一帶，亦泛指印度河以東的南亞次大陸地區。
[04] 湯峪，位於陝西省眉縣東南，秦嶺主峰太白山麓。

少年天子，求賢若渴定朝綱

子，也還是個俗人。」

話雖如此，他心中也知，天子事當不得兒戲，只得掉轉馬頭，怏怏不樂踏上返程。

回到宣室殿，正是一抹春陽照進來，滿殿春光。見案上已有奏章堆積，武帝便猛地一驚，收了心，草草洗了臉，急忙坐下來看。

當日最要緊的一道奏章，是太常許昌所奏，引先帝前例，懇請武帝頒「推恩令」，封皇太后同母異父之弟田蚡為武安侯、田勝為周陽侯。

封這兩位母舅為侯，延遲了許多日，原也是武帝之意，意在勿使天下有非議。

第二道要緊的奏章，亦為太常所呈，是為提請改元。武帝大筆一揮，便也准了奏。

改元詔下，便是冬十月，新帝元年（西元前 140 年）伊始。到此時，武帝即位已有數月，朝中並無大事。轉過年來，春回三秦，萬物復甦，武帝又忙著親耕籍田，以為農先；屢發諭旨，勸孝弟，崇有德；遣使者往各地，問勤勞，恤孤獨，只在這些揚善的虛處用力。

朝中衛綰等人，只是小心理政，無處不循舊例。武帝看上下風氣，甚是沉悶，只覺比父皇那時還要不如，心裡便不快。然轉念又想到：時雖不利，亦不可坐困，可先納人才，徐圖緩進。將天下異能之士，多多徵召，會聚在朝，待到時來運轉，便可開新政。

如此一想，才稍感寬解，隨即擬詔一道，命丞相、御史大夫、列侯、太守及諸侯國相，廣招「賢良方正」，凡有博聞廣記、勇於直諫之士，通通可蒐羅上來。

再說那朝中公卿，心懷惴惴看了數月，見武帝並未罷老臣、用新

人，各自就暗喜，不由對新帝有了幾分敬重。故而求賢詔書一下，眾人便不敢怠慢，都用心去蒐羅。不數月，便有各地俊傑百餘人，被送進京來。

武帝看過名單，見有廣川董仲舒、菑川公孫弘、會稽莊助等人，其名早有耳聞，心中便喜。當即命謁者去傳詔，召諸生入前殿，當面策問。

這日，百餘名應策士子，隨謁者入宮，魚貫上殿，拜過武帝。諸生見御座上的天子，少年而老成，舉止威嚴，各人便都精神一振，無不想一試身手。

武帝環視眾人，溫言慰諭道：「諸君能來這裡，當是萬裡挑一；今日看諸君風采，果然不凡。只可惜幾朝先帝，只用文法吏，不用書生，故而諸君不得施展，也只怪朕沒有早生幾年。」

諸生聽了，都會心而笑，拘謹之態一掃而空。

武帝這才斂容道：「朕初次問政，正是用人之際，諸君可以慶幸了——爾等滿腹學問，不致再放空。今日策問，朕只問：以往治天下，弊在何處？今後治天下，有何良策？諸君對策，長短可不拘，只需老實寫來，全不要藻飾。」

諸生聞新帝言談，爽直懇切，甚覺新鮮，便都面露欣然之色。

武帝遂一揮手，命涓人搬出案几、筆硯、簡牘等，在偏殿擺好，請諸生就座。

那偏殿正中，擺著一尊銅刻漏。有謁者對諸生道：「今日策問，計時以十刻[05]為限。到時鳴鑼，諸君便可將卷冊交上。」言畢，即拔去刻漏

---

[05] 刻，古之計時單位，一晝夜為一百刻，後又為一百二十刻。十刻，為今兩小時餘。

少年天子，求賢若渴定朝綱

木塞，任流水潺潺而下。諸生急忙提起筆，埋頭寫起來。偏殿上，瞬間一片寂靜，葉落可聞。

武帝望見應策諸生，年紀少長不等，皆是一派斯文氣，與尋常官吏大不同，心中便按捺不住。想日後漢家基業，當是由此等人物撐持，方稱大雅；立朝以來的粗野之氣，當收一收了。

待計時過半，武帝更是興起，從御座上走下，步入偏殿。見諸生或凝思，或疾書，個個都神情專注，心中便暗想：「此等人才，先帝父祖卻為何偏偏不用？」

走到董仲舒案几前，武帝見他貌雖不揚，神情卻端正謹嚴，一手小篆，頗帶隸風，寫得十分飄逸，心中便生敬佩。

正待要看他策論寫的什麼，卻見董仲舒抬起頭來，擱下毛筆，不再寫了。武帝忍不住問：「如何不寫了？」

董仲舒起身答道：「回陛下，臣已寫畢。」

武帝瞟了一眼刻漏，不由吃驚：「時未過半，董公就完卷了？」

「正是。」

「真是好才學！」

「不敢！謝陛下誇獎。」董仲舒揖禮謝過，也不多話，便拾起策論，向謁者交了卷。

武帝注目董仲舒退下，見外面晴日正好，庭樹黃葉，燦然如金，心頭便極是敞亮。

當夜，獨坐於宣室殿東書房，將那百餘卷策論拿來，逐一披覽。看了過半，卻略感失望，覺大多是拾遺補闕，並無可資政治之見。待看到董仲舒之論，眼前便一亮，展卷讀來，只覺是字字珠璣。

原來這位董仲舒，早已是天下聞名的儒者。董氏在廣川（今河北省景縣廣川鎮）為當地富戶，家有萬卷藏書。仲舒少年時在故里，便研習《春秋》，遠近聞名。至而立之年，更是開壇授徒，廣招門生，名聲遠播北地。齊魯燕趙一帶，無人不知「董夫子」。

董氏授徒，也有一奇，即是於講壇前掛一帷帳，弟子只聞其聲，不見其面。竟有聽講多年，卻不識董夫子是何等模樣的。其門下，有得意弟子呂步舒等人，學業精進，又轉相授受，門徒漸至滿天下。

至景帝時，仲舒之名，已傳遍天下。景帝慕其名，授予他博士，准他專授《公羊春秋》[06]。董仲舒此前苦習三年，家有後園，卻不曾邁入一步去賞玩。此等逸事，傳為美談，且由此化作一句「三年不窺園」的說法，傳於後世。

董氏弟子，以師門為貴，多有出任諸侯國相及各地長吏的。街談巷議，提起董仲舒，無有不服，竟有人以「董子」相稱，將他擬比古之聖賢了。

董仲舒生於文帝元年（西元前179年），至武帝策問時，年已不惑，於世事已甚為通達。此次上殿對策，他心知帝王萬事不懼，唯懼天意，便從「天人感應」入手，洋洋千言，專論「天助明君」之理，欲藉此脫穎而出。

文章起首論曰：國家將有失道之敗，而天乃先出災害以警告之；不知自省，又出怪異以警懼之；尚不知變，而傷敗乃至。以此見天心之仁，愛人君而欲止其亂也。

這一句，說得武帝心暖，知天意是偏心君王的；若有失誤，也是三

---

[06]《公羊春秋》，又名《春秋公羊傳》，儒家經典之一。所記起訖時間與《春秋》相同，相傳作者為戰國時齊人公羊高。初為口述流傳，至景帝時，傳至玄孫公羊壽，遂與胡毋生一道，將此書錄於竹帛。

少年天子，求賢若渴定朝綱

次災異警告。若一再不聽，才有覆亡之災。

武帝再看，接下來又論曰：凡帝王治下，若非大無道之世者，天意皆有眷顧，欲扶持而保全之，事在強勉而已。強勉學習，則聞見博而知愈明；強勉行道，則德日起而大有功。

讀到此，武帝已覺仲舒之論如高屋建瓴，直是撓到了癢處，便用力拍案大讚：「漢非暴秦，豈是大無道之世？其事如何，全在君王勉力與否。董公此論，真是極好！我便是要勉力行大道，做那『大有功』之君！」

當夜正逢韓嫣值宿，聞書房內砰砰有聲，以為有異，慌忙奔入問道：「陛下，何事有異響，莫不成有鬼怪現身？」

武帝一驚，望望韓嫣，遂放下簡冊大笑：「哪裡有鬼怪？朕是活見聖人了！」看到韓嫣疑惑不解，才又道，「方才讀董仲舒對策，字字合我意，故而擊案。」

韓嫣咂舌道：「深更半夜，虧得是小臣值宿；不然，要嚇到宮女們了。」

「往昔，你可曾聞董仲舒之名？」

「宮女們多來自邯鄲以北，口口相傳，豈有不知董夫子的？」

「著啊！如此大才，只恨未能做我師。你且退下，我還要再讀。」

韓嫣連忙勸道：「陛下，已是子時了；上等的文章，也不妨留待明日。」

武帝看一眼刻漏，便道：「也好，今夜便到此。」說罷，命韓嫣清理案頭，吹熄燭火，自己起身來到連廊上，憑欄仰望夜空。

此時夜氣浩茫，三星當頭，天地間的恢宏之象，壓得人就如螻蟻

般。武帝手撫欄杆，只覺血脈僨張，想那河山久遠闊大，如何就落到了自己肩上？

人生在世，不過百年，如此仰望三星，能有幾回？可憐萬千人眾，只能低首下心活一世；如今自己做了帝王，領馭萬方，又豈能忍心一日日蹉跎過去？

登位之前，只想著要棄「無為」，更張朝政；登位之後，方才覺出天下事千頭萬緒，全沒個下手處。今夜讀董仲舒對策，一句「大有功」之語，如重錘落下，直震得百骸鳴響、震顫萬里。為人君者，就是要從這「大有功」做起。

少年時讀書，觀歷代得失，只恨庸君佞臣，敗壞了偌大的基業。那庸君庸在何處，佞臣佞有幾多，還是不甚了然。多虧了此次召賢良，攬得一個異才董仲舒，方可稍解心中之惑……

正想到此，忽聞身後有腳步聲起，原是韓嫣理好了書房，提燈走來。武帝便一擺手：「莫急，你且候著。」

那韓嫣早知主上脾性，聞言只在旁側靜候，不敢出聲。

武帝回望一眼，見韓嫣手中所提宮燈，火光搖曳，心中便嘆：「掌天下者，若只知威福，便似那萬古長夜，渾渾噩噩而已。幸得天生一個董夫子，如舉燭照我。」

想到此，便脫口問韓嫣道：「你可知『舉燭』之典？」

「小臣知道。昔在膠東王宮，聽師傅講過，即是韓非子所言：『舉燭者，尚明也；尚明也者，舉賢而任之。』」

「好！」武帝便一拍欄杆，「我今即位，人看我是少主，多有掣肘，左不得，右亦不得，我總還可以選賢才！」

少年天子，求賢若渴定朝綱

韓嫣連忙提醒道：「陛下，夜已深了。即便是天子，也不可晝夜想事。」

武帝倏地一揮袖：「否！公侯之事，夙夜在公，何況為人君者？你去，將那書房燈燭重新點起。」

韓嫣驚愕道：「陛下是要……」

「董仲舒今日對策，句句是金，然似言猶未盡。我今夜，要專給他寫一道策問，明日交與他對答。」

「如何連過夜都等不得了？唉！這董夫子，也是個痴人。」

「哈，那我就是個痴皇帝！你有福，只活一世，只養一家；我卻要活千萬世，養億萬民呢。」

韓嫣一時瞠目，怔了一怔：「陛下熬得夜，小臣卻熬不得了，如此陪陛下，怕是要折壽。吾幼弟韓說，今已長成，不如令他也來隨侍，好教小臣有個喘息。」

「哦？多年不見，韓說竟然已成少年。」

「正是。韓說儀容秀美，直是在小臣之上。」

「甚好甚好！明日便宣他進宮，也做個郎官。」

韓嫣大喜，當即伏拜道：「謝陛下！有我兄弟二人隨侍，陛下就是三日三夜不睡，也撐得起。」

「只不怕我折了壽！好了，今夜你無須再陪，去朕寢殿歇宿，明晨有事，再喚你。」

這夜，武帝於燈下，胸中似有洪荒之問要湧出，拿來簡牘，走筆如飛，把一道策問寫好了，大意為：

欲問那五百年之間，守成之君，當朝之士，欲遵先王之法以經世者

甚多，然猶不能及，日漸衰滅，傳至後世而亡。是其所操持之道有誤，以致失其法統乎？是天降貴命而不察，必至運衰而後政息乎？

嗚呼，是何道理！莫非所為屑屑，夙興夜寐，只求效法上古三代，必定於事無補乎？

朕只欲教化而令行，刑輕而奸改，百姓和樂，政事昭明。試問：君王當如何修治，可致膏露降、百穀登？可使德潤四海，澤被草木，三光全，寒暑平？可使我受天之佑、享鬼神之靈，德政施於方外、延及眾生？君王當有何行，而可以彰先帝之宏業，上追堯舜，下配三王[07]？

這一篇策問，寫得大氣磅礡，所問非常人所思，直抵為政要害，便是後世千年亦不失效，直不似一位少年所能為。

寫畢，武帝擲筆於案，霍然起身，捲起簾櫳，眼望滿天星斗，長出了一口氣：「董夫子，我雖年少，恐你也不敢小看吧。」

稍後忽地想起，又拾起筆，補了一句：「朕欲聞大道之要、至論之極，凡匹夫庸常之論，勿用半句。」

擱筆後，武帝拿起簡牘來，吹了吹墨，方才輕輕放下。此時，忽聞長安街衢上，遙遙傳來更鼓之聲，果然時已過夜半了，這才啞然失笑：「也是。人生三萬晝夜，何苦就過不了今宵？」

次日，武帝召來郎中令繒賀，命他親赴館驛，將第一道策問交與董仲舒。

繒賀乃數朝老臣，少年即從軍，曾救過高祖一命，此時已是八十老翁。董仲舒見繒賀登門傳詔，不禁肅然起敬，忙施大禮拜謝。

接了策問，匆匆看過，頓時難抑胸中翻騰，知昨日對策，盡抒平生

---

[07] 三王，指夏、商、周三代的首位君主。

少年天子，求賢若渴定朝綱

所學，果然力壓群儒。只看君上這二百餘字，豈是一般的官樣敕文，直是發自肺腑，意在和鳴。如此榮寵，天下有幾人可得？當下送走繒賀，便要去閉門對答。

館驛中其餘諸生，見百名俊傑中，唯董仲舒蒙天子知遇，都欣羨不已，一齊擁來仲舒門外，要為他置酒賀喜。

董仲舒只得頻頻作揖，連稱：「對策要緊，賀酒且留待他日。愚不才，不過先發而後至，諸兄來日蒙皇恩，當遠在弟之上。」

如此，才勸退眾人，將房門關緊，提筆草擬對策。

至日落掌燈，復又秉燭通宵，歷一日一夜有餘。仲舒獨自伏案，食水不進，將一篇二千言對策寫罷。而後潤色再三，才急赴北闕，交謁者遞入。

武帝那邊，早已無心朝政，只候在東書房等候下文。見謁者呈入，急忙展開來看。

董仲舒這一道對策，滔滔雄辯，鋒芒畢露，直言興亡之事，毫無避忌。文曰：「歷代開國之君，尚知積善累德；及至後世，淫逸衰微，不能治理眾生。廢德教而用刑罰，刑罰不公，則生邪氣；邪氣積於下，怨恨生於上，上下不和，則陰陽錯謬而妖孽生，此即災異所緣起也。」

武帝不禁連連拊掌，唏噓道：「病在此，病在此！董夫子眼光，天下無人可及。」遂連聲喚道，「來人！讀董夫子文，當焚香沐浴。沐浴是不成了，去搬香爐來。」

韓嫣聞聲，即捧來一尊博山爐，點燃了薰香。煙氣騰起，滿室頓覺奇香。武帝嗅嗅，微笑道：「如此，方能解董公之妙！」

韓嫣看武帝稍有閒暇，連忙稟報：「國舅田蚡求見。」

「哦？田蚡來，只怕是又要說個不停,只教他改日吧。這幾日,朕概不見內外諸臣。」吩咐畢,又急著埋頭去看。

董文至後半,言辭愈加激烈,痛詆秦始皇焚書棄禮,以求粗簡之治,實是要盡滅先聖之道。寫至文末,更是字字如刀,直刺暴秦之惡,大意為:

自古以來,未嘗有以亂濟亂、大敗天下之民如秦者。其遺毒餘烈,至今未滅,使習俗薄惡,人民愚頑,犯法敗德,熟爛如此之甚者也。

聖王繼亂世,當掃除其跡,復修教化,方可起死回生。孔子曰:『朽木不可雕也,糞土之牆不可圬也。』今漢繼秦之後,如朽木冀牆矣,雖欲善治之,亦無可奈何。法出而奸生,令下而詐起,恰如以湯止沸、抱薪救火,越發無益也。

譬如琴瑟不調,必更張之;為政而不行,必更化之。當更張而不更張,雖有良工不能善調;當更化而不更化,雖有大賢不能善治。

武帝讀罷全文,倚坐木幾上,張大口且微微恍惚,良久方呼道:「痛──快!」

此時日已暮,寒氣漸侵,室內雖有炭火缽,仍是凜冽如冰。武帝卻全然不覺,只覺渾身百骸皆熱,有流火貫通,一時無法安坐。遂起身,繞室徘徊,一連聲地嘆道:「世事壅塞,又當如何更化、如何更化啊⋯⋯」

那韓嫣看了幾日,也知主上心有所思,幾忘冷暖,忙捧了白狐裘上前,為武帝披上,勸諫道:「董夫子對策,固然難得,陛下也須愛惜身體才好。坐上這龍位,尚有百年之數可用呢,豈在忙碌這幾日?」

武帝當即叱道:「咄!你又知道什麼?孔子曰:『十有五而志於學。』」

此時朕若不學，又如何在殿上坐得百年？」

韓嫣嘆息兩聲，忽而想起，便又進言道：「昔在膠東王宮，陛下溫課，有不明之處，常夜出，向師傅當面求教。董夫子此文既好，陛下何不夜往館驛，與夫子當面切磋，也好過在這裡著急。」

「哦？」武帝雙目睜大，望望韓嫣，略顯驚喜，片刻卻又搖頭道：「不可。董夫子這幾日所思，縝密異常。若去打攪，必擾了夫子的思緒，反倒累及他不能暢言。」

韓嫣便俯下身去，撥旺了炭火，回首扮個鬼臉道：「陛下繞室，小臣都覺暈了。這『鬼打牆』的走法，便能解得天下事嗎？」

武帝將臉一板，佯怒道：「再胡言，朕要杖責了！且去，端一碗羊羹來，我要連夜再寫第二道策問。」

如此一夜過去，清晨霧起，街衢尚在冷清時，武帝的第二道策問，便又置於董仲舒案頭了。

驛吏也知董仲舒正蒙恩寵，不敢怠慢，親奉了羹飯上來，笑臉道：「晨起，驛卒一開門，有郎中令署中一曹掾，便搶步進來，說有天子策問，刻不容緩，要面呈先生。我知先生睡得遲，不忍打攪，便謊稱有詔旨，不得攪擾先生入睡，收下簡牘，將那曹掾哄走了。先生今日，怕是又要忙了，待先生寫畢，小官願代為送至北闕。」

董仲舒也無心寒暄，只一笑，拱手謝過。待那驛吏退下，連忙展開策問來看。

武帝這第二道策問，一百餘字，個中所問，乃是有何計可以解困局。其策問大意曰：朕夙興夜寐，唯求承大統、彰宏業，數月來勸農恤孤，費盡神思，卻未獲大功。觀今日天下，陰陽錯謬，氛氣充塞，眾生

難安，黎民不濟，廉恥紊亂，賢與不肖混淆，未得其真才。今選賢良，待詔百餘人，多對曰：世事未濟，欲採上古之法，而於今難行，奈何？夫子可有所知異術、所聞殊方？盡可寫來，切磋探究，以稱朕意。

董仲舒讀畢，眼淚險些都要湧出。想那少年天子，能如此屈尊就教，竟似學子一般。所思所問，非為一家一姓之尊，乃是萬代為政之要──天下安否，黎民痛否，有司有何弊，廉恥何以喪，竟都在他胸中，實是不可思議。

讀畢再讀，如是三番，只覺今日所受知遇，便是孔孟當年也不敢想。上下千年，可曾出過一位這般雄才大略的少年？春秋五霸，何人又能勝於如此新踐天子？

遐思既久，案頭羹飯堪堪要涼，驛吏進來催，董仲舒這才將策問放下，一面慢慢用了朝食，一面便將對策的起首想好。

待驛吏來撤下碗箸，董仲舒起身推窗，見晨霧已散，庭院老槐葉落紛飛，不由就牽起了萬千心事。

想幼時在故里，讀《春秋》，始有大志，此後苦讀三十五載，而名滿天下；今又蒙新帝賞識，堪比知音，可謂生逢其時。若生在秦時，則難免有坑儒之厄；若生於楚漢間，或將遇鼎鑊之災；若起於文、景兩代，則旋起旋落之際，又如何能善終？

今新帝英氣勃發，志在千秋，當傾盡平生之所學，寫成對策，以為資政。不獨利在當世，且有望名垂萬世。只不過，有賈誼、晁錯折損在前，自己亦不可大意。

想到此，不禁自誡道：「書生議政，可上萬言策，而不可貪戀中樞啊！」

少年天子，求賢若渴定朝綱

而後，復坐案前，將筆尖在硯中蘸來蘸去。忽就深吸一口氣，展開卷，揮筆疾書。如此半日間，將第二道對策寫畢，交與驛吏，送至司馬門去了。

武帝接到對策，不由一驚：「如此之快！真不負夫子之名。」便展開來急看。只見那策問寫道：

今之郡守、縣令，民之師也；其職，為承上意而宣教化。師若不賢，則上德不宣、恩澤不流。今之官吏，既無人訓誡於下，便不遵君上之法，暴虐百姓，與奸為市；貧窮孤弱之冤苦，有司失察，甚不合陛下之意；以至眾生不安，黎民未濟，皆因長官不明也。

各地長官，多出於郎中、中郎，或二千石吏子弟，又以錢買爵，故而未必賢也。古之所謂有功者，以稱職與否為準，而非仕途日久也。故小才雖任久，仍為小官；賢才雖任期不久，卻不妨為朝中輔臣。緣此，有司諸官吏，無不竭力盡心，務善其業，而以計功。今則不然，為吏日久以取貴，任期既長以加官，以至廉恥紊亂，賢與不肖混淆，而未得其真才。

武帝看罷，只不住地頷首嘆服：「果真如此！選官之弊，正是我腹心之患。」遂又將此策看了兩遍，揀了一支硃筆，在緊要處，逐一做了圈點。

時值正午，韓嫣拿了汗巾進來，遞與武帝，笑道：「陛下額頭又出汗了。董夫子文章，強過散石湯，一讀就冒汗。」

武帝擦乾額上熱汗，只望著窗外，良久未語。韓嫣小心問道：「時已正午，陛下可要小憩？」

武帝這才回過神來，笑道：「服了散石湯，如何能睡得著？」「那小臣退下了。」

「且慢！今日後晌，還須勞累你一趟。」

見韓嫣面露迷惑，武帝便一笑：「朕這就寫第三道策問。稍後，著你出宮去，送交董夫子。」

「諾！小臣候著。」

「至館驛，親交董夫子手中，並立等夫子將對策寫畢，攜回宮來。」
「待夫子寫完，怕要深夜了。」

「金錯符交與你，哪個還敢攔阻？夜半寫畢，夜半回；明早寫完，便明早回！回來，就在朕寢殿歇息，還怕睏倦嗎？」

「諾……小臣遵命！這董夫子對策，好生厲害。便是發軍書檄文，也不過如此吧？」

武帝笑笑，不再言語，於案前坐下，提筆蘸墨，稍加思忖，便一揮而就。

這第三道策問，只追問董仲舒：「夫子既能明察陰陽造化之理、熟習先聖之道，如何言猶未盡，莫非於當世之務有顧忌？先生條分縷析，卻闡說未終，其困局何解、弊端怎除，隻字未提，莫非是嫌朕昏昧不明？讀先生策文，大道之極已明，惑亂之端亦知；然如何究治，如何復禮？請再對來，朕將親覽，請務必明言之。」

當日薄暮，董仲舒接過武帝第三道策問，略掃一眼，額頭便有汗出。

韓嫣見了，強掩笑意，連忙拱手道：「有詔命，令我立等。夫子亦不必急，小官可等得一夜。主上與你，可謂君臣心相通，看了彼此文章，都是要出汗呢。」

董仲舒連忙客氣道：「哪裡敢勞足下立等？」遂去喚了驛吏來，接了韓嫣去別室休憩，自己則獨坐沉思，半晌才打好腹稿。

日將暮時，董仲舒方提起筆，飽蘸墨汁，從容寫來。其間，幾易其稿，反覆斟酌，至完稿謄清，側耳聽更鼓，已近夜半。這才將簡冊捲好，打上封泥，去叩響別室門扇，喚韓嫣起來。

韓嫣於酣夢中驚醒，一骨碌爬起，睡眼惺忪道：「夫子寫好了？不知已是幾時？」

董仲舒答道：「亥時將過。既已半夜，不妨明早返回。」

「小官豈敢？主上不見我回去，今夜恐是通宵都睡不得。」

「哦？這般時候，如何進得宮門去？」

「有詔，令司馬門值守人等，通夜不得眠；見我回，立即開門。」

董仲舒脫口驚道：「主上果然在等！」遂向韓嫣謝道，「不才駑鈍，寫得慢了，累你也辛苦了半夜。」

韓嫣便笑道：「主上看重先生，先生怎可謝我？天子師，便可做得丞相，想董夫子不久即可掛相印，我這裡倒要先賀了。」

董仲舒聞言，忽然臉色一沉，拉住韓嫣衣袖，疾言道：「荀子有言：『國之命在禮。』此等戲言，無禮之甚，萬不可對主上提起！」

韓嫣一驚，臉色頓時慘白，連忙伏地，向董仲舒謝罪道：「恕小臣無知，不知前輩規矩。今後縱有膽，也不敢與先生閒話。」言畢起身，以袍袖攜了簡冊，便匆匆奔出門外了。

新任儒臣，遭遇禍災險中生

且說董仲舒驟蒙聖恩，日有垂問，朝野也都有風聲傳出，丞相衛綰便不能安坐。

這日，初冬寒意侵骨，衛綰多年未習鞍馬，頗覺體虛，耐不住風寒，只得在家中溫酒禦寒。此際，眼見萬木蕭疏，心頭不免也一派枯寂，想到連日來，唯自己一人領班朝會，主上並未露一面。欲往求見，謁者也只是擋駕，說是天子偶有小恙，不擬問朝政。

衛綰心知有異，遣了心腹一人，去向宦者令打探，方知主上正日日筆墨往來，與董仲舒問對切磋，心下便更覺不安。恰在此時，有閽人進來通報，稱御史大夫直不疑求見。

衛綰連忙起身，趨步至中庭，將直不疑迎入，笑問道：「如此寒天，直公竟也來訪，便不怕染了風寒？」

直不疑拱手答禮，正色道：「如今之勢，心中之病，恐要甚於體感風寒。」

衛綰瞟一眼直不疑，心中會意，連忙低聲道：「你我密室裡去談。」遂吩咐家僕，另溫了一壺好酒，送入密室。

兩人相對坐下，衛綰便先開口道：「直公此來，所為者何，不說老夫也能猜到。我且問你，新帝即位，堪堪已有一年，你我舊臣，好在安然無虞；然此等情勢，可能長久乎？」

直不疑便一拜：「丞相大智，下臣此來，正是為此事。」

「公不妨盡言。」

新任儒臣，遭遇禍災險中生

「下臣見丞相近日行事，多有急躁，以為大可不必。」

「哦？何以見得？」

「主上不重黃老，頗有雄心，下臣是看在眼裡的。然即位一年，終究未動老臣，顯是不欲摒棄黃老。故我等顧命之臣，不宜投其所好，只管自重就好。」

衛綰一笑：「直公到底是長者，沉得住氣。而以老夫看來，今日情勢，恐要生變，主上置你我於不顧，只日日與那董仲舒切磋，我等若無舉措，豈非要將權柄拱手讓人？」

「董仲舒意欲何為，下臣還看不透；或是欲勸主上尊儒，也未可知。然下臣素信老莊，不信其他。莊子曰：『人皆知有用之用，而莫知無用之用也。』你我老臣，立於新帝陛前已一年有餘，便是所謂『無用之用』。無論今日董夫子怎樣，我等只是不動為好。丞相自郎官做起，到今日高位，一向守道無為，熬到此時，萬不能心慌。」

「唉！直公知我。我也原是不欲多事，然看今日情勢，董仲舒者，無乃又是一個賈誼？我輩若無主張，前朝周勃、申屠嘉之厄，豈不又將重現？」

直不疑看看案上，一壺醴酒已然溫好，便執起壺來，斟滿兩杯，舉杯對衛綰道：「丞相為三朝元老，所歷人事，遠多於下臣。若想有所舉措，還是以務虛為好，不宜輕言律法廢立。」

衛綰便舉起杯，與直不疑對飲了一回，頷首道：「這個我自知。那董仲舒既然尊儒，我便順勢而為，諒也不至觸怒主上。」

直不疑笑道：「也罷，丞相是知輕重的。天寒體弱，以溫酒禦之，便不用烈火炙烤了。」

衛綰便大笑：「長者謀身，到底是勝人一籌。」

兩人又將朝中事議了一番，見天色已暗，直不疑便起身告辭。

衛綰笑笑：「直公廉直，來敝舍坐了半日，竟不肯賞臉用了飯再走嗎？」

直不疑擺擺手道：「丞相與我玩笑了！丞相廉直之聲，遠在我之上，我哪裡敢破例？」言畢，便出門登車而去了。

送走直不疑，衛綰獨坐廊上，望見天色黑盡，方才回屋去進餐。食畢，便進了書房，研好墨，提筆寫了一道奏疏。

書曰：「今各地所薦賢良，或治法家申韓之術，或好蘇秦張儀之言，所學皆無關世治，其言險僻，徒亂人心。臣請一概罷歸，免得生事，僅留公孫弘、莊助等數人，教授儒學，以彰禮教。上有所倡，諸生方知大義，可免新垣平之流再起。」

翌日，衛綰上朝，將奏疏遞入。武帝此時，正耽於董仲舒高論，在東書房接到衛綰奏疏，便壓下未閱，只顧細讀董仲舒第三道對策。

原來，前一夜，武帝坐等韓嫣返回，竟是終宵未眠。至平旦時分，見韓嫣一臉惺忪之態，跟蹌進來，呈上董氏手筆，便欣喜道：「董夫子寫了一夜，你也甚辛苦，奈何我就是等不得了。」

韓嫣苦笑道：「主上見美文，如見美色，小臣是知道的。」

武帝佯怒道：「休得胡言，且退下，朕要安心來讀。」

晨光照進窗櫺，武帝展卷甚感愜意，但見董仲舒寫得洋洋灑灑，大意為：

竊以為，天有所予，當為至公；所受大者，不得取小。既已受大，又取小，天不能給足，而況人乎？此即是小民之所以囂囂不平，乃苦於

新任儒臣，遭遇禍災險中生

不足也。身寵而居高位，家富而食厚祿，又倚仗富貴之資，與民爭利於下，民安能不苦！

今觀豪門之家，眾其奴婢，多其牛羊，廣其田宅，博其產業，畜其積財，日夜營謀無已，以迫促民；民則日削月減，漸以大窮。富者奢侈滿溢，貧者窮急愁苦；窮急愁苦而無人救，則民不樂生；民不樂生，便不避死，又安能避罪？此即為刑罰愈繁，而奸邪愈眾者也。

故而受祿之家，應食祿而已，不與民爭利，然後利可均布，而民可家足。此為上天之理，亦為太古之道，天子當效此以為制，大夫當循此以為行。豈可居貴人之位，而與庶人爭利哉？天子、大夫者，下民之所效，遠方之所望；爾好義，則民求仁而風俗善；爾好利，則民好邪而風俗敗。

《春秋》大一統者，天地之綱常、古今之通義也。今百家之論，眾說紛紜，上無以持「一統」，下亦不知所守，天下又焉有章法可循？

董仲舒這一道對策，洋洋灑灑，直斥時弊，揮灑古今，端的是書生意氣，直上雲霄。

武帝一篇閱罷，豪興大起，猛地起身推窗看，見正是白日當頭，滿庭豔陽，心中便一派澄明，忍不住想：「我以少年執國柄，正是天降大任；所為之事，當震爍古今。今有董生為我指明，只應崇正闢邪，尊儒術，罷百家邪說，行『大一統』，傳於千秋後世，此生便也算不枉活。」

於是捲起簡冊，喚了韓嫣來，吩咐道：「去傳命太史官，謄好副本，存入石渠閣，為我漢家萬世所宗。」

韓嫣將簡冊小心捧起，笑了一聲：「董夫子，好生厲害，抵得上三四個丞相了。」武帝立時一聲斷喝：「妄言！」

韓嫣渾身一激，哐了哐舌，急忙往太常署去了。

董氏這三篇對策，自此名傳千古。因是從「天人感應」說起，故後世名之為〈天人三策〉，又名〈舉賢良對策〉。

董仲舒潛心向學多年，一鳴驚人，於揮筆之間，便扭轉了乾坤。其宏論，先論興太學，再論求賢才，三論教化「大一統」，力主獨尊儒術，罷黜百家，為君臣萬民定下了一統綱紀。

有此一尊，則千萬人之德行，皆有所從。那萬里河山，也才能聚攏一處，綿延承繼，不至長久分崩。[08]

武帝於當日，獨立窗前良久，看日影在落葉上移過，只覺人生苦短，不可倚仗年少而荒廢。當下甩了甩袖，轉身坐到案前，拿起堆積的奏章來看。

先撿起的，便是丞相衛綰的奏疏。武帝看過，心中暗笑：「師傅謹嚴一生，晚年反倒沉不住氣。也好，吾意也正是如此。」

當下便准奏，著令丞相府草詔，頒行天下，所有應召賢良，除了通儒學的二三人外，皆罷歸不用。並曉諭諸生，德行業合於禮教，不得以邪說亂世。

批閱畢，武帝不由想到，衛綰這老臣，以弄車雜耍之技入仕，無一謬言，無一悖行，老老實實做到了三公，正合了董仲舒所言，「為吏日久以取貴」。當下承平時日，如此為官，倒也不至有紕漏；然欲開新政，或突逢事變，這等庸官又有何用？

想到此，不禁就嘆息：「人人誡我：不得用賈誼、晁錯。然世無異能之臣，如何做得了異能之事？」倚著几案發呆半晌，就覺頭痛，渾身乏

---

[08] 兩千餘年間，董氏此舉，屢遭人非議；然彼時彼地，卻是獲漢武帝盛讚，以之為萬世之計。

新任儒臣，遭遇禍災險中生

力，滿腔豪興頓時減去了大半。

當夜，武帝赴長樂宮，向兩位太后請安。來至太皇太后處，見她仰倒在榻上，頭覆汗巾，身體似有不豫，便急忙上前跪拜：「祖母，莫非有小恙？兒臣來遲了。」

竇老太后聞聲，兩腳動了動，卻也不睜眼，只輕哼了一聲。

時值竇太主也在側，正為老太后按摩兩肩，瞟了一眼武帝，也未張口。武帝心中奇怪，便問竇太主道：「姑母，祖母患的是何病？」

竇太主冷冷道：「我也不知，你問祖母就好。」武帝更是惶惑，直望住老太后不語。

老太后此時忽睜開眼，冷笑道：「孫兒懂事了，也知祖母會患病？哀家無有他病，唯有心病！」

武帝便知事有蹊蹺，忙伏地請罪道：「孫兒問政不久，百事不諳；若有紕漏，還請祖母問罪。」

老太后語氣幽幽道：「是何人教你罷歸諸賢良，僅留公孫弘等二三人？」

武帝心下大悟，遲疑片刻，才回道：「乃丞相衛綰所奏，為告誡臣民，敦行禮教。兒臣深以為然。」

老太后霍然坐起，面有怒色道：「哀家卻不以為然！」

「這個……還請祖母訓示。」

「漢家自高祖起，便尊黃老，數代天子不敢更張，天下遂告太平。我也知你自幼聰明，然終究還是小兒，不知利害。哀家早年即入宮，世事翻覆，已看過幾回了，今日便將醜話說與你聽：用人不當，必將禍遭天下！看你今日策問，明日召對，半月來不理朝政，只想著董仲舒……」

「祖母，那董仲舒，一儒生耳，好作大言而已。」

「哼！昔日那晁錯，也喜作大言。天下書生，埋頭讀書便好；若言政，便是難捨功利。祖母老了，越發厭見儒生，更不欲再見兵荒馬亂。」

「祖母言重了。董夫子，究竟是個夫子，不懂轉圜，今日諫發兵，明日諫營造，兒臣也正不耐煩得緊。來日或可任太子師，豈能令他掌朝政？」

「那也不成！他來教書，儲君還能守本分嗎？」

「兒臣知道了。當用董仲舒為諸侯國相，必不令他留長安。」

老太后容色這才稍緩，復又躺倒，朝竇太主指點道：「嫖兒，再捏我肩頭這裡⋯⋯」

武帝便覺尷尬，吞吞吐吐道：「祖母，罷歸令已下，總不好這就收回。」

老太后擺擺手道：「下就下了，今後此類事，總要令我先知。那衛綰也是，一個車戲出身的莽夫，本不習六藝，如何也要尊儒？怕不是有心阿諛？」

「孫兒也疑心是。」

「師傅阿諛學生，亙古以來，倒是未有。漢家立朝，不過才六十多年，士風卻越發的不行了。」

「衛綰為人，還算恭謹，為官許多年，並無疏漏。」

老太后聞言，忽然想起來，面色就一沉：「孫兒不說，我倒還忘了。嫖兒，你去我內室，將那些告狀信盡都搬來。我盲了，看不真切，便教我這孫兒來看。」

竇太主便起身去了殿後，不一會兒，捧出許多簡牘來，置於武帝面前。

新任儒臣，遭遇禍災險中生

老太后指指簡牘道：「你來看，長安官民，各色人等，都恨透了當朝丞相。」武帝大出意外，面露惶惑道：「緣何事告狀？」

老太后便猛一拍臥榻：「不提還罷，若要提起，立朝以來從未有過！」武帝更是惶恐，呆望住老太后，口不能言。

竇太主便在旁插言道：「先帝病篤時，長安人心惶惶，街談巷議，時有不免。衛丞相竟親率差役，四處捕人。偶有語涉先帝病者，即關入詔獄，拷問凌虐……」

「有這等事！」

老太后冷言道：「孫兒還不信嗎？那幾日，長安人人震恐，道路以目。老叟們皆言：又似回到了秦始皇時。當時，你正侍奉你父皇，哪裡知這長安城，已成囚籠。」

「哦？此等惡例，萬不可開。」

「若僅一二人說起，祖母倒也不信。自你即位以來，告狀信接二連三，都遞到了我這裡。原來那時，長安各衛都四處濫捕，無辜者滿坑滿谷，笞刑之下，非死即傷。你父皇駕崩後，雖都放出來了，但人家哪裡能服？」

武帝聞言，頓起怒意：「若各衛濫捕，當容人申冤。」

「你每日問政，可知有哪個昭雪的？」

「如此，丞相當問罪。此事容我詳察。」

老太后便譏笑道：「孫兒聰明絕頂，焉有不知道的事？」武帝頓覺羞愧，忙伏地叩首道：「不敢。」

竇太主此時忍不住插嘴道：「徹兒聰明，自是無疑；然書讀得多了，人情上也不能薄。你平日待阿嬌，便是欠周到。」

老太后一笑，贊同道：「正是此理。你姑母囑咐，莫只當風吹過。你得以做天子，是姑母用了力；你做成了天子，便不能辜負阿嬌。」

「孫兒謹記。阿嬌性強，我平素並不敢慢待。」

老太后就笑：「阿嬌若生有一子，性子便不強了，你總要多用些心。」

竇太主也附和道：「就是！女兒家，你須得好好哄著，莫要只顧與近侍戲耍。」

武帝暗嘆一口氣，俯下身去，叩了幾個響頭：「孫兒早有承諾，金屋藏嬌，今日必不背諾就是。」

自長樂宮返歸，武帝獨坐東書房燈下，想想皇后阿嬌事，也只有連連嘆氣。

原來，武帝尚未成太子之時，便與阿嬌定了親，兩人當時尚在幼年，倒也相悅。待劉徹年稍長，娶了阿嬌為太子妃，反倒生分起來。

那阿嬌生於貴冑人家，其父陳午富甲一方，其母劉嫖原為長公主，今為竇太主，家世無人可及。自幼薰陶，脾氣就不免驕橫。

劉徹能坐上太子位，又由儲君為新帝，全賴姑母劉嫖之力，陳阿嬌自恃娘家擁戴有功，言語之間，更是傲慢。偏那武帝也是性強之人，雖感激姑母，卻耐不得阿嬌的蠻橫，即位之後，反倒甚少召幸。

兩人淡漠若此，阿嬌自然是日久無子，雖有至尊名分，卻不如民家夫妻那般相偕。武帝每念及此，便心生不快。

如此在東書房呆坐，挨至半夜，忽見韓嫣探頭進來，催促去就寢。

武帝便一甩衣袖，嘆氣道：「料不到，帝王家事，竟也不如小戶美滿。罷罷！不想那許多了。」

新任儒臣，遭遇禍災險中生

韓嫣提了宮燈，送武帝去寢殿，見武帝不樂，忙勸解道：「陛下，莫為皇后事煩心。小臣知道，民間女子，也有可人意的，不妨納幾個美人進來。」

「你個鬼精，知道什麼？」

「先帝為太子時，後宮便多有美人。」

「朕非先帝，朕有大事要做。什麼美人，今後休得再提起！」

韓嫣訕訕道：「小臣雖是……貌美，然也願看美人臉嘛，今後不提就是。」

武帝聞言，不禁大笑，覺胸中鬱悶消去了不少，便吩咐道：「稍後，你去傳令宮女，召皇后來侍寢。」

韓嫣便覺奇怪：「陛下既不耐皇后脾性，如何又要召幸？」武帝苦笑道：「幼年一諾，如今是萬難解脫呀！」

這夜，陳皇后應召侍寢，武帝心中有事，好歹哄得陳皇后開顏，便倚枕長思，良久方寢。

次日朝會畢，待群臣退下，武帝獨留住直不疑，問道：「先帝病篤時，長安搜捕妄言者甚多，你可知此事？」

「臣大略知曉。」

「中尉府可有濫捕之事？」

直不疑臉色一變，言語便支吾起來：「中尉寧成，為人苛急，或多捕了些，只是……」

武帝立時沉下臉來：「直公，先帝用你為顧命，是敬你忠直，有何事不可直說？」

直不疑沉默片刻，方才開口道：「當時，非獨中尉府，京中各衙都曾

四處捕人。且所拿獲者，皆為市井，不過偶有漫語，實無大不敬之罪。詔獄中，一時冤獄充塞。」

「那麼，此事丞相可知？」

「丞相主領其事，當知詳情。」

「你如何不加阻諫？」

「事急，臣阻諫不及，事後也曾勸過衛公。衛公謂我曰：非常之時，當有權宜之計。故羈押兩月餘，所捕之人，便盡放出。」

武帝面露怒色，責備道：「公與丞相在朝，為執宰，焉能如此行事！律法者，至公之道也；豈可臨事從權，強誣人以罪？」

直不疑慌忙伏地叩首：「臣有罪，願受責罰。」

武帝揮揮袖道：「罷了，此事休再提起，朕也不過問問而已。」

直不疑滿面愧色，唯唯退下，心中便知不妙，或將難逃嚴譴。

如此過了半月，卻不見有何動靜。直不疑正慶幸間，卻不料這日上朝，未等衛綰開口，便有謁者當殿宣道：「聖上有詔，諸臣聽命。」

眾文武心中便一凜，料定是有意外。大殿之上，頓時一派肅然。

只聽謁者宣詔道：「向時先帝病臥，京中各衙，四處濫捕；獄中冤情，數不勝數。丞相衛綰未能明察，致民怨滔滔，至今未息，實有負先帝之託。念衛綰多年無過失，今又多病不能執事，詔令免歸故里，不另問罪。丞相一職，由魏其侯竇嬰接掌……」

讀到此，滿堂文武臉色驟變，都不由面面相覷。

卻聽那謁者又讀道：「御史大夫直不疑，知情不舉，失之察；亦詔令免歸，其空缺待選。中尉寧成濫捕，革職不用，下獄論罪。另有太尉一職，已罷廢多年，今復之，由武安侯田蚡接任，統領兵事。欽此。」

新任儒臣，遭遇禍災險中生

眾臣聽罷，一陣騷動。衛綰、直不疑難掩驚恐之色，連忙出列，伏地謝恩。

一日之間，執宰盡罷，實出眾人意料，各個都不免驚懼：原來這新帝雖年少，卻絕非仁厚之輩，即位一年間，不露聲色，今朝卻突然發難，迅雷不及掩耳。

那新任三公之中，**竇嬰**為竇老太后之姪，田蚡為王太后之弟。論身分，皆是國舅。如此安排，乃是挾外戚以壓朝臣。此等老辣手段，實不能以少年視之。

罷朝之後，衛綰與直不疑走在一處。只見衛綰臉色慘白，似驚魂未定。

直不疑因受過武帝責備，心中早有預料，倒還鎮靜，連忙勸慰道：「衛公請寬懷。今日你我二人，以顧命之臣而罷歸，雖顏面掃地，所幸未受凌辱，總還強過周勃父子。明日卸了職，回鄉養老便是，夫復何言？」

衛綰仰天望望，嘆了一聲：「在下自文帝時起，得蒙皇恩，只覺戰戰兢兢，無一日不耗心費力。今日恩盡，就算是解脫了吧。」言畢，朝直不疑匆忙一拜，便以袖掩面，上車去了。

數日之後，兩人出京還鄉，此後再無聲息；因爵位未奪，晚年尚屬體面。衛綰為建陵侯，爵位傳於子，後其子因過失而被奪爵。直不疑為塞侯，爵位傳至孫，其孫亦因過失被奪爵，皆為後話了。

武帝出人意料，突然換相，原是已醞釀了多時。前幾日，讀了董仲舒對策，便有心建萬世之功，卻見眼前執宰之臣，只知循例辦事，無一計可以除弊，如何能當得大任？正巧竇太后提及冤獄事，武帝思慮數日，便打定主意換相，並向老太后討主意。

老太后聞聽武帝欲換相,反倒笑了:「那衛綰恭謹寡言,當朝為相,孫兒豈不是自在?」

武帝連忙道:「祖母這是說反話。想那衛綰,位居顯要,無一計可興利除弊,甚或連拾遺補闕亦不能。他為官之道,只知守本分;遇事又喜逢迎,所措多乖張。如此丞相,教孫兒如何能治好天下?」

「車戲者出身,怕也是技止此耳。」

「另有御史大夫直不疑,孫兒也想換掉。」

「哦?直不疑有何過失?」

「無非也是為官慎言,但求無過。此人於私德上用心太過,只想討個好名聲。看似敦厚,實是無能。」

「如此看,一併免去也好。只不知丞相一職,何人可以勝任?」

聽得竇太后問到要害處,武帝連忙前移,試探道:「孫兒原以為,田蚡可當大任。」

老太后略一蹙眉,連連擺手道:「不可不可!田蚡其人,起自閭里,未經多少歷練,哪裡就可做丞相?」

「母后常與我言:田蚡舅曾自習經史,所涉甚多。他入朝奏對時,亦多能言事。」

「他一個郎官,能言什麼事?不過有個國舅身分,受推恩而封侯。我在東宮,他倒是常來問安。我看他,不過為人伶俐,生得一張巧嘴,到底能助你多少,實不可知。」

武帝當即答道:「太后所言,孫兒也早已有此意。田蚡舅資歷尚淺,不任丞相也罷。若此,丞相一職,唯有起用魏其侯竇嬰,方得朝野信服。」

新任儒臣，遭遇禍災險中生

老太后撫額想想，頷首道：「如今看天下，也無他人可用了，唯有竇嬰資望還夠。你這表舅，雖有平亂大功，然性狹氣躁，你父皇便不肯用他為相。今日你給他面子，用為丞相，諒他也不敢再冒失。」

「既如此，田蚡舅多才，也還是不宜閒置。先前周亞夫為相之後，太尉一職便撤廢。孫兒欲復置太尉官，由田蚡舅接掌，領天下兵事，祖母以為何如？」

老太后怔了一怔，便笑道：「也罷。你身邊無能臣，朝中大局，就由你兩個舅父來撐吧。」

經竇太后允准，武帝這才放手任免，將朝中人事斷然更新。在朝諸臣，見識了武帝手段，不禁心生敬畏，相互間都提醒，今後須小心行事，萬勿輕易冒犯。

卻說武帝如此用人，不覺間，卻是由田蚡操弄。田蚡新用事，哪裡有甚主張，於是廣招賓客，善待之。凡有名士閒居在家者，無不結交，欲以此輩之力，傾軋朝中諸文武。

聞得衛綰失勢，田蚡便心有所動，欲謀丞相之位。偏巧田蚡跟前，有一親信賓客，名喚籍福，為人練達正直，勸阻田蚡道：「魏其侯竇嬰，久為貴人，朝野無有不服。今將軍初起，名聲大不如魏其侯，即使君上令將軍為相，也必處下風。不如推魏其侯為相，將軍必為太尉。太尉與丞相，尊貴相當，將軍卻得了讓賢之名。」田蚡聽了這番話，大為讚賞，當下就去見王皇太后，極言竇嬰可為相。

王皇太后見田蚡能讓賢，更是信任不疑，幾次說與武帝，武帝這才屬意竇嬰，與竇太后不謀而合。

自拔擢了兩位外戚,武帝備覺氣壯,不欲再忍因循。料想那竇嬰、田蚡兩人,得蒙恩寵,必不至掣肘,尊儒之舉便可放膽為之了。

　　次日,竇嬰、田蚡接掌印綬,入朝謝恩。武帝對二人溫言道:「二位舅父,今後你們便是朕之干城,一切不必顧忌。」

　　田蚡連連叩首,幾欲泣下:「臣不知有何德能,得蒙陛下大恩。昨夜輾轉,幾不能眠;當竭力效命,以死報之。」

　　武帝就笑:「哪裡就能說到死!田蚡舅才能超眾,旁人不知,朕卻是了然的。朝政事,你與魏其侯多商議就是。」

　　竇嬰連忙謙辭道:「丞相職分,乃朝政要樞;臣實無此才具,陛下是錯愛了。」

　　武帝望住竇嬰,微笑道:「如此說,朕是選錯了人?你平亂有功,名震天下,只需耐住性子,諸事便可順遂。今有田蚡在你左右,當無疏漏,朕是放心的。」

　　田蚡精神便一振:「陛下寵信我等,臣自是不疑。然朝中諸事,千端萬緒,臣從未坐此大位,當如何入手,還須陛下明示。」

　　武帝哂笑道:「此等事,應是我問二位,豈是二位前來問我?」田蚡臉便一紅,望望竇嬰,不敢再作聲。

　　竇嬰連忙上前道:「荀子曰:『以一行萬,始則終,終則始。』朝政之事,當如是。」

　　武帝仍是面有疑色:「萬法歸一,自是不錯。然這個『一』,又是何物?兩位愛卿自去思量。朕於近日,只顧與董仲舒書簡來往,切磋儒學,朝政上的事,倒是想得少了。」

　　竇嬰與田蚡互相望望,立時都會意。竇嬰便道:「那董仲舒既有大

新任儒臣，遭遇禍災險中生

才，何不就此重用？」

武帝便搖頭嘆息：「太皇太后難容儒生。董仲舒對策得當，名震京師，反倒難在朝中立足了。若是強留於朝，少不了又是一個賈誼，故而，朕擬派他為江都國相。」

田蚡聞聽董仲舒不得重用，只暗喜少了個對手，便搶先應道：「臣等明白了。容臣與竇丞相商議妥，從頭釐清天下事。」

待謝恩畢，兩人下殿，在階陛之上望見漫天飄雪，未央宮千幢殿閣，黑瓦皆白，滿庭似披了縞素。

竇嬰感嘆道：「臣子伴君王，便如這白雪，今日皎白，明日即汙。你我今日驟貴，須多加小心才是。」

田蚡卻不以為然：「魏其侯多慮了。想那列子曰：『無知也，無能也；而無不知也，而無不能也。』你我飽讀詩書，便是有知；以有知而侍奉君王，又有何不能？」

竇嬰便一笑：「好個武安侯，果然是喜讀雜書。你這就教我：以今日之勢，當如何侍奉主上？」

「這有何難？主上既看好董仲舒，顯是重儒；你我不妨蒐羅天下儒者，舉薦於上，自是恰合上意。」

「嗯，甚好！那董仲舒對策，早已傳出，講的無非就是求賢才。我識得代地儒生趙綰，曾師從大儒申公，為人厚重，擅治《詩》，美名傳於海內。今直不疑既免，不妨就薦了趙綰，接任御史大夫。」

田蚡拊掌大讚道：「趙綰其人，我亦知，才具足可任御史。另有蘭陵人王臧，亦是申公門下弟子，主上為太子時，曾為太子少傅[09]。主上即

---

[09] 太子少傅，官職名，西漢置。位居太子太傅之次，掌太子教諭事。

位，他便免歸在家，至今尚閒置，不如也一併薦上。」

竇嬰望望田蚡，笑讚道：「公雖讀雜書，也強過那班文法吏。衛綰、直不疑為官，不過是學了些場面上規矩，處處小心，不踰矩而已。若似武安侯這般通達，豈能因無為而免官？」

下得階陛來，庭前已是瑞雪一片。竇嬰見此，滿心愜意，撥出了一團白氣。田蚡也是喜不自勝：「我輩登堂，便見豐年之兆，定是百事順遂！」

隔日，竇嬰便與田蚡聯名上奏，舉薦趙綰、王臧入中樞；並特意言明，趙綰素通儒學，德才兼具，可當御史大夫之任。

武帝接了奏疏，覺二人舉薦不無道理，當下就准奏，拜趙綰為御史大夫、王臧為郎中令，又用了老臣張歐為中尉。至此，趙綰躋身「三公」，督察外朝百官；王臧為內廷之首，統領宮中諸郎。兩人權傾一時，都思有所作為。朝中人事，當即一新。

如是，建元元年（西元前140年）這一年，有丞相竇嬰理朝政，上下用事，都堪稱清明。至春二月，一陽初動，萬木復甦。武帝心情也大好，下詔赦天下，賜民爵一級。又嫌前朝錢幣太濫，令官衙新鑄三銖錢，以利流通。百姓只道是新天子出，施行寬政，漢家捱到了好時光，都不免額手稱慶。

至秋末一日，逢武帝在東書房召見趙綰、王臧，問及如何尊儒，那趙綰高聲答道：「春秋以來，人心思詐，古之禮蕩然無存。今欲復禮，都中當設『明堂辟雍』。」

武帝精神便一振：「哦？昔年讀書，也曾聞太傅講起，古有明堂辟雍。只不知，此物有何大用？」

新任儒臣，遭遇禍災險中生

趙綰便答：「明堂，為周禮至聖之所在，置於國之陽。今漢家典儀，朝賀在前殿，祀祖在高廟，祭天在雍郊，往返奔波，實為不便。陛下可在長安城南，起造明堂，為天下之中軸。明堂既立，國之禮教便立，陛下宜於此頒詔令、受朝賀、告祖宗、祭天地……一應典儀，盡在於明堂，可以一尊而令天下畏服。」

「明堂之用，朕懂了。那麼，辟雍又有何用？」

「明堂之外，有環水，即為辟雍。」

「好，此議甚好。但問二位可知道，那明堂辟雍，規制究竟何如？」

趙綰聞此問，一時竟語塞。王臧見此，連忙答道：「明堂辟雍，周禮也，已失傳甚久。陛下若問其詳，臣等當考據古籍，方可詳知。」

武帝便道：「也是。周禮之失，已有百年，兼之秦始皇焚書之禍，天下有幾人還可知書？你二人且去考稽。那古之典籍，繁多如海，不急就是。」

正說到此，有公車令兩個屬員一前一後擔了一籮簡牘進來。武帝便指了指籮筐，對二人笑道：「前時徵召賢良，有名喚東方朔者，上書自薦。其書洋洋萬言，竟有簡牘三千片之多。若無兩月，朕焉能看完？你二人這幾日，無須上朝，且去翻看古籍，少不了也要費些時日。」

趙綰便道：「這個東方朔，臣也久聞其名，乃平原郡厭次縣（今山東省德州市陵城區）人，少時即聰明，可謂博覽百家。」

「此人，竟有如此大才？」

「然其性，放任不羈，所言多諧謔。」

武帝便笑：「哦，天下還有這等人物？朕倒要好好看看了。」

待兩人退下後，武帝拿起東方朔上書，只見起首寫道：「臣東方

朔，少失父母，賴兄嫂養成。年十三學書，歷經三冬，所學文史，即足用……」不覺就哂笑，又埋頭看去，見後面所寫，越發玄奇，「……十五學擊劍，十六學《詩》、《書》，誦二十二萬言；十九學《孫吳兵法》，即知戰陣兵器，通曉進退鉦鼓，亦誦二十二萬言。至此，臣亦誦四十四萬言矣。孔門七十二弟子，臣唯服子路，願『君子死，冠不免』。」

讀至此，武帝不禁失笑：「果然敢自誇。」

接著再看，見後面又寫道：「……臣東方朔，年二十二，身長九尺三寸，目若懸珠，齒若編貝，為人勇捷廉信，可為天子大臣矣。」

武帝也無心再細看，只是笑個不住，拍案道：「偉哉，偉哉！文辭不遜，自視也甚高。那齊魯之地，到底是孔門之鄉，出得這等奇才。」

此時，正逢韓嫣抱炭進來，添進暖爐。見武帝笑，便問道：「陛下如此歡喜，莫非又讀到了好文章？」

武帝放下簡牘，對韓嫣道：「前有一個董仲舒，已令我眼界大開；今又有一個東方朔，更是奇才，寫了這五萬言來，裝了一籃！待讀罷這三千片簡，不知要到何時。罷罷！你去知會竇丞相：令東方朔待詔公車[10]，給些薄俸供養著。何時朕讀完了他這些上書，再拜官也不遲。」

過了幾日，不見趙綰、王臧前來回稟，卻見兩人聯名遞了一道奏摺上來。其奏曰：「蒙陛下垂詢明堂事，臣等受命，遍查古籍，卻無所得。欲明此事，還須仰賴高人。臣等曾師從魯儒申公，申公精於儒學，稽古有素，上古之禮無所不通。望陛下特旨徵召，延入朝中詢之。」

武帝覽畢，半信半疑，忙傳了竇嬰來問：「我曾聞，魯地有一位申公，專治《詩》學。舅父可知否，這申公是何等樣人？」

---

[10] 公車，漢代官署名，臣民上書與應徵召入朝，都由公車接待。

新任儒臣，遭遇禍災險中生

「大儒申公嗎？先帝平亂時，曾名揚四海。」「哦，竟有如此大名？」

「正是。申公，魯地名儒也，昔與白生一道，在楚國為重臣。二人於吳王濞倡亂時，曾苦勸楚王戊，不可附吳王作亂。然楚王戊不聽，反倒貶黜二人，罰當眾舂穀。後楚王戊兵敗自盡，申公方得返歸故里，從此在家授徒。」

「如此說，門生也有上百了吧？」

「豈止是上百？他門下子弟，迄今已逾千人。天下學《詩》者，無不以申公為尊。」

「原來如此！日前趙綰、王臧二人，言及建明堂之事，卻不知其詳。今二人上書，稱是申公門生，向我薦了申公。既如此，我便擬召申公來問計。」

「申公為飽學之士，天下皆仰之。陛下如欲徵召，不可不隆重。」

「這個自然。我這便遣使，以安車蒲輪[11]、束帛加璧[12]召之。那申公，已是耄耋年紀了吧，不知耐不耐得路遠？」

「申公如今，年已逾八十，怕是……」

「哦——」武帝仰頭想了想，斷然道，「愈是如此，愈當有誠意，不可僅遣使去詢問，務必迎入朝來。要教那天下人都知，朕有崇儒之意。」

竇嬰一怔，連忙拜伏道：「臣明白了。召一長者來，以動天下人之心。」

「正是此意。舅父，這便擬旨吧！」

---

[11] 安車蒲輪，古時迎接賢士之禮。指被徵召者坐於安車之上，用蒲葉包車輪以減震。
[12] 束帛加璧，古時聘請或探問時所贈重禮，五匹帛上再加美玉。

君臣當下對視一眼，都開懷大笑。二人又商議一番，遣了太常卿[13]趙周，為朝中徵聘使，遠赴平原郡，召申公前來。

　　那趙周受命，當即出京，趕路一月餘，到得厭次縣，向縣吏打聽清楚，便來叩申宅之門。

　　待向閽人報過姓名，在庭中候了良久，方見一白髮老叟，健步來至中庭。

　　趙周急忙伏地，行大禮道：「太常卿趙周，今奉詔前來，徵聘申公入朝，在此拜過前輩。望先生這便收拾行裝，隨下臣入朝。」

　　那申公只淺淺一揖，算是還了禮，即拈鬚笑道：「趙周？好生了得！令尊趙夷吾，昔在故楚為太傅，與老夫情誼甚篤。只可惜吳楚亂起，令尊殉難，不意小子今日，竟做得好大的官！」

　　趙周眼睛便覺溼潤，答道：「當年家父，不肯從楚王戊作亂，不幸殉難。小子因家父之功，得封高陵侯。今上即位，又拔擢小臣為太常。」

　　「好好，真乃光耀門楣也！今日賢姪不避霜寒，奔波兩千里，來聘老夫，也是難為你了。自景帝三年起，老夫歸家，至今已十六年，從不見官府有人來。今日一來，便是九卿屬官，世道真是不同了。」

　　趙周連忙答道：「今上尊儒，素重儒生。新任御史大夫趙綰、郎中令王臧，皆為先生弟子，故而主上有此召。」言畢，即命隨從奉上帛匹、玉璧，恭恭敬敬擺在申公面前。

　　申公眉毛便一動：「束帛加璧？莫非太常此來，還有安車蒲輪？」

　　「正是。天子之聘，出於至誠。此刻，安車正候於門外。」

　　申公便拱手道：「老夫年邁了，施不得大禮，這便謝過聖上之恩。賢

---

[13]　太常卿，官職名，太常署次官，掌宗廟禮儀。

新任儒臣，遭遇禍災險中生

姪此來，跋涉兩千里，顯是勞累已極；且不忙，請入堂上一坐，老夫有話要問。」

那申宅，前後共有三進，軒敞宏闊。庭院之內，遍植黃槐，端的是一派清雅氣。

廂房中，有學子數十人，正朗朗誦讀。趙周步入堂上，便覺肅然。

待入座，見申公一味沉吟，未置可否，趙周不免心生焦躁，便開口道：「申公為我父執，晚輩不敢有虛言。今上問政年餘，有心倡儒學，朝中人事，已煥然一新。先生應召入朝，可就儒家之禮，有所獻計。」

「那儒家之禮，古來有之，無非是修建明堂之類。」

「正是。此等古禮，經暴秦焚書，天下已無人可知。先生若不應徵，今世便再無禮儀可言。」

申公仰頭笑道：「賢姪大謬了！老夫年已八十，常年杜門不出，除授徒外，一無所能。」

覺出申公有不應召之意，趙周不由情急，眼淚幾乎要湧出，連連叩首道：「我受王命，為徵聘使者，今日若請不動先生，將如何覆命？」

申公卻不為所動，直盯住趙周道：「賢姪之意，是勸我出山；然那新天子，未脫少年氣，他欲尊儒，可做得了主嗎？」

趙周不禁大惑：「如何做不得主？」

「世事變幻，賢姪還是見得少了。想那往昔，令尊在故楚為太傅，老夫為中大夫，皆榮寵一時，其後如何？更有前朝晁錯、周亞夫，名震天下，終局又如何？」

「先生有所不知，今日朝政，已不似當初。」

「如何就不似當初？孟子曰：『士之託於諸侯，非禮也。』老夫大難

不死,得長壽,此生便不想再履險地,將老命託庇於君上。」

趙周見申公堅拒,一時竟至淚湧:「賢姪實不明白:徵召入朝,如何就成了履險地?」

申公也不理會,只獨自起身,立於窗前凝望片刻,方轉身道:「此庭前有樹,係我青壯時所栽,數十年間,歲歲有一枯一榮。那君王眷顧雖厚,也終有竟時,賢姪你新登朝堂,不知利害……」

趙周也不答話,只是伏地不起,渾身戰慄。

申公見了,又覺大不忍,默然良久,只得長嘆一聲:「也罷也罷!我若不應召,令尊於九泉之下,心也不寧,便隨你走一趟好了。」

趙周這才轉悲為喜,連忙起身,扶住申公道:「蒙先生成全,小姪沒齒不忘。」申公搖頭苦笑道:「此去長安,老夫能否成全自家,尚不知呢!」

趙周只是緊拽住申公衣袖,一刻不敢放鬆。待申公家僕收拾好行裝,一行人便匆匆上車,離了縣城,奔長安而去。

再說長安這一邊,武帝屈指算著天日,候了兩月有餘。這日忽得函谷關飛騎報稱,申公車駕已入關,不日即至長安。

武帝聞報大喜,即喚來竇嬰,令他好生安排,以大禮迎候。

入城這日,安車自霸城門入,至未央宮端門停下。一路但見有宮人灑掃,有兵卒警戒,排場儼如藩王入朝。

端門外,申公下得車來,便見趙綰、王臧自門內趨步迎出,伏地行弟子禮。

申公略一躬身,還了禮,仰頭望望巍峨殿閣,讚了一聲:「蕭丞相當年,修得好宮殿!」

新任儒臣，遭遇禍災險中生

趙綰、王臧連忙起身，從左右扶住申公，齊聲道辛苦。

申公語氣中便有責備意：「你二人得了紫綬金印，也就罷了，如何卻要牽累為師？」

趙綰面露尷尬，連忙賠笑道：「不敢。今日朝中，不比以往因循怠惰，正是用人之際。師尊應召前來，當為天下復禮獻計。」

「呵呵，你二人往日從我學，並非優才；然入仕順遂，卻是了得！只不知，君上召我，到底要問些什麼？」

「當是建明堂、改曆法、易服色等事。」

申公便露出一絲冷笑：「跬步未積，便欲至千里，何其難也。」

趙綰正欲答話，卻見有謁者疾步而來，高聲宣道：「有詔，宣申公上殿！」

兩人神情一振，當下扶住申公，入端門，沿御路往前殿去。路兩旁，有郎衛成列，執戟而立，一路傳呼迎候，甚是隆重。申公邊走邊望，對趙綰、王臧笑道：「我居鄉十數載，已成鄙陋匹夫，今日莫非是夢？這陣仗，便是孔子在世，也要折煞了。」

王臧便打圓場道：「師傅莫怪，這般恭迎，足見天子誠意。」

行至殿口，只見竇嬰、田蚡立於階下，長揖相迎，亦甚是恭敬。兩下裡寒暄畢，一行人便攙著申公，緩步邁上階陛。

大殿之上，武帝冕服嚴整，端坐恭候。見申公相貌高古，飄然若仙，心下就起了敬意，忙喚謁者道：「為先生賜座。」見申公欲下拜，又連忙勸道，「先生乃長者，不必施禮，我這裡先行拜過。」

待宦者鋪好茵席，眾人攙扶申公坐下，武帝便溫言道：「子貢有言：『夫子之文章，可得而聞也；夫子之言性與天道，不可得而聞也。』朕

久聞先生大名,只恨路遠,不能親聆論道。今日得見先生,可遂心願了。」

「臣萬不敢當!老夫徒有虛名,在鄉間授徒,所授也難稱高明,無非是些虛浮詩文。」

「哪裡。先生擅治《詩》,朕早已知。那《詩》三百篇,多言興廢事。今召先生來,願聞教誨:古今治理之道,何以為重?」

申公瞇起眼睛,打量了武帝一回,方緩緩吐出兩句話:「為治不在多言,但看力行何如。」

武帝便連連頷首,拱手一謝,又端坐恭聽。卻不料,那申公卻垂袖而坐,一動不動,再無下文了。

竇嬰等人,也都斂容屏息,要聽申公講些什麼,堂上靜寂,竟是針落可聞。見申公住口不語,趙綰、王臧撐不住,不免暗暗發急,額頭上冒出汗來。

武帝心中也覺奇怪,又候了片刻,見申公並無開口意,只得一笑,打破尷尬道:「先生跋涉千里,必是勞頓得很。今日相見,雖僅止二語,也勝過旁人千萬言。朕之誠意,趙綰、王臧俱知,既聘先生來,必有所顧問。朕擬加先生為太中大夫,常隨左右,不知先生意下如何?」

「老朽無能,只能勉為其難。」

「那好,先生請暫居魯邸,與趙綰、王臧二人,議妥建造明堂、改歷易色、巡狩封禪等諸事,以助朕重興禮教。」

趙綰、王臧聞言,連忙上前,與趙遹一道扶起申公。申公起身來,向武帝緩緩一揖,也無言語,便由三人扶下殿去了。

武帝見申公等人走遠,方回首問竇嬰、田蚡道:「此公是何意?」

新任儒臣，遭遇禍災險中生

竇嬰想了想，回道：「世上高人，多有異言異行，不足為怪，且看他明日所言便是。」

田蚡也附和道：「然也。那申公既受命，當不至計無所出。」

武帝這才釋然，揮揮袖道：「也罷！多少事，從來都急不得，朕就等他開口。」

待到次日晨，趙綰、王臧遵武帝囑，一早便至魯邸，問過申公起居，便低首下心，向申公討教，那明堂辟雍等古制，究竟是何等樣式。

申公起得遲，當二人之面，慢慢盥洗完畢，卻只是端坐於席，微笑不語。

趙綰、王臧摸不著頭緒，想自家師傅昔日講授，滔滔不絕，為何今日竟無一語？面面相覷之餘，也不便追問，趙綰只得訕訕道：「師傅一路受累了，且好生將息。堪堪新年將至，諸王都要來朝賀，事務甚劇。待新年諸事忙畢，學生再來討教。」

兩人出了魯邸，王臧便納罕：「先生無語至此，莫不是病了？」

趙綰慘然一笑：「師傅哪裡有病，病在太皇太后。」

王臧頓時有所領悟，不由蹙眉道：「也是。這又如何是好？莫非，尊儒之舉尚未移步，便動彈不得了？」

「說來鬱悶，君上凡有所措，皆須請命於老太后。老太后言東，便不得向西；老太后喜白，便不許說黑。」

「如此，君上還做得何事？」

「朝政之弊，師傅心中有數；今日應召而來，你教他如何敢言？即便言之，又有何用？你我唯有上奏，請禁太皇太后問政。否則，必將百事不可為。」

066

王臧便略顯遲疑：「如此得罪太皇太后，或將有不測……」

「王臧，你我蒙聖恩，踰越前代賈誼，當思報恩。今日百路皆通，唯此一途阻塞，我等不為君上分憂，又更待何時？」

王臧聞此言，臉孔一紅，當即慨然應允。

兩人遂同赴趙家，於密室中商議了一番，擬好奏疏。隔日，便聯名上奏，其奏曰：「陛下親政已有年餘，聖明睿智，天下人皆知。古之禮，婦人不得預政；故臣等奏請，不必諸事皆請命於東宮。」

當時竇老太后所居長樂宮，在未央宮之東，故臣僚凡言及「東宮」，便是意指老太后。

武帝遽然接到此奏，心中就一凜，讀畢放下，復又拿起，低頭猶豫良久，終是嘆了一聲，將此奏置於案頭，留住不發。

卻不料，老太后於未央宮中，早有許多眼線。此事未過半月，便為老太后探悉，當下震怒，立遣人至未央宮，召武帝去長樂宮問話。

武帝覺事有蹊蹺，不敢延宕，當下換好袍服，就要登複道過去。臨行，忽又想起，詢問韓嫣道：「我案頭奏章，除你而外，可有他人動過？」

韓嫣不明就裡，連連搖頭道：「這東書房，郎中令也不得擅入，何人敢來亂動？或有小宦者前來灑掃，料也不敢窺看。」

武帝「哦」了一聲，放下心來，便匆匆出門而去。

到得長樂宮，武帝想到天氣正寒，老太后必居於溫室殿，便徑入溫室殿，高聲喚道：「祖母，祖母！」

不料有宮女出來，答道：「太皇太后並不在此。」

武帝不禁滿心疑惑，復又往各殿去找，仍是不見。如是，接連找

新任儒臣，遭遇禍災險中生

了四五處，一班涓人，全不知老太后在何處，武帝大惑，額頭就冒出汗來。

躊躇片刻，只得往王太后那裡去問。王太后自武帝登極後，百事不問，只顧享清福。此刻見武帝滿面驚惶，進門便問老太后在何處，倒是吃了一驚，忙問道：「孩兒，看你慌的！老太后今日並未來過，有何事出了紕漏嗎？」

武帝便告知老太后召問事，怏怏道：「兒臣實不知是何事。」

王太后見武帝心急，反倒不急了，命宮女撥旺炭火，在暖爐上烤了烤手，方緩緩道：「今日聽身邊侍女說，你遣使赴平原郡，禮聘了一位白頭老儒來？」

「是有此事。」

「召他來何干？」

「兒臣欲問建造明堂等事。」

王太后便嘆息一聲：「明堂是何堂，為母也不想知道。為母只知，老太后素厭儒學，你又何必召個老儒來，惹得老人家煩心？」

武帝便一驚：「果然是為此事？」

「十有八九。你各處尋不著老太后，可去清涼殿看過？」

「數九寒天，老太后怎能在清涼殿？」

「凡事皆有奇數，若論常例，當年你又怎能做得太子？快些去那裡探看！見了祖母，萬不可頂撞。今日忍一時，也好過今後委屈多年。」

武帝連聲然諾，掉頭便往清涼殿去了。

果然，走近清涼殿，嗅到陣陣龍涎香氣，裡面還有宮女多人，便知老太后定是在此處。武帝連忙搶進，果然見老太后倚坐榻上，殿內建有

數個銅盆，燃著炭火，不覺就驚道：「祖母，嚴寒之日，如何來這清涼殿？孫兒遍尋不見，險些被驚嚇到。」

聞聽武帝到來，老太后便冷冷一笑：「一刻尋不見老婦，如何就慌了？」

武帝心頭一跳，暗自叫苦，慌忙伏地叩拜，敷衍道：「祖母，此殿空曠，四面不遮風，切莫著涼了。」

「哀家一老婦，哪裡就如此嬌貴？倒是心裡燥熱，來此處涼一涼。」

聞聽老太后說到「老婦」，武帝便知趙綰、王臧所奏已洩漏，只得伏地不起，請罪道：「孫兒願聽太皇太后責罰。」

老太后緘默片刻，方幽幽問道：「你聘了那位老儒來，有何用處？」

「孫兒是想……」

「是想學呂太后？當年呂太后，請了商山四皓來，還算是有些威風；你今日只請來一皓，又當得何用？」

「孫兒我……」

不等武帝辯白，老太后忽就滿面怒容：「你便直說，請那皓首匹夫來，是誰人的主意？」

「乃是御史大夫趙綰、郎中令王臧，二人聯名舉薦。」

「什麼趙綰、王臧，狂悖之徒！竟是從何處冒出來的？」

「趙綰、王臧皆為儒生，名重一時。二人曾師從平原郡申公，故而薦申公入朝，以備顧問，無非是為建明堂、改曆法等事。」

「建明堂、改曆法？怕是還要易服色、擬封禪吧？」

「正是。如今天下已富庶，唯風俗不振；孫兒欲興儒學，是為教萬民知人倫。」

新任儒臣，遭遇禍災險中生

「人倫？你用的趙綰、王臧，又懂得什麼人倫？『不必諸事皆請命於東宮』，此乃何意？那二人，不是儒生嗎？既然尊儒，如何就敢以疏間親，魅惑主上，做那不孝不親的事？曲學阿世者，無過於此！你平素理政，或有過，或不及，我都閉目不問了。不想這兩個孽臣，竟離間到我頭上來了，如何就能饒過！」

武帝只想迴護二人，連忙叩首道：「趙綰、王臧多才，確非虛名。早前丞相、太尉聯名舉薦，孫兒曾詳詢，知其可當大任。」

老太后聞言，更是怒不可遏：「你說竇嬰、田蚡？不說你兩個舅父還罷，原來是他二人作的祟。外戚居高位，本就擔著天下議論，如此胡亂薦人，是何用意？孫兒，你也不必曲為迴護了，今日事，哀家絕不放過。竇嬰、田蚡二人，不配居三公之位，著即免官。趙綰、王臧那兩個混帳，發下大理衙，從重治罪。」

武帝伏在地上聽了，只覺如雷轟頂，仰起頭來，強忍住淚道：「祖母，如此措置，未免太過⋯⋯」

「你休得多言！河水可倒流，彼等之罪不可恕，且下去吧。」武帝緩緩起身，不由就有淚水湧出，灑落衣襟。

老太后冷笑道：「你片刻尋不著哀家，便驚慌失措；想那朝中事，若無祖母把舵，如何能順暢？」

「孫兒謹記。」

「哼，那個平原郡老儒，還算他知趣，未敢發狂言，不然也一併處置。」

武帝一臉哀戚，諾諾退下。自清涼殿返歸，僵坐於東書房，不能理事。其間，韓嫣進來數次，或添炭火，或奉羹湯，見武帝臉色，只不敢

出一語發問。

　　日斜時，韓嫣又進來，問何時可用夕食。武帝忽地想起，問道：「老太后足不出戶，如何探得趙綰奏疏之意？」

　　韓嫣只是苦笑：「太后耳目，遍布兩宮。我等近侍諸臣，如何防得了？」

　　武帝想想，神色越發黯然。如此呆坐至日暮，心知事已不可為，便是大臣們不掣肘，太皇太后這座山，亦是無可踰越。所謂興儒事，老太后只需一語，便如朝露飛散。所有壯志，不等到老太后壽終，則全屬妄想。忖度當今之勢，只得先將趙綰、王臧收入詔獄，待老太后氣消，再設法轉圜。

　　於是，默默拿起筆來，草擬了一道詔書，斥竇嬰、田蚡薦人不當，著即免官；趙綰、王臧倚仗新晉，奏語狂悖，發下大理衙論罪。寫畢，立喚來韓嫣，令他速去長樂宮，交與老太后過目。

　　韓嫣接了簡牘，匆匆而去。不多時便返回，將草詔交還，一臉沮喪道：「老太后將此詔擲還，有懿旨曰：『趙綰、王臧，佞人也，妄言儒學以亂天下，堪比昔日之新垣平。不誅殺，不足以示懲，還留著何用？』」

　　武帝不禁呆住，默然接過草詔，擺擺手，令韓嫣退下。

　　捱了一整夜，武帝輾轉難眠；待次日晨，仍是下不了筆。如此，又捱了半日，眼見得已至午時，日影居中，這才提起筆來，按老太后之意，重擬一詔，再送去東宮，方得老太后允准發下。

　　這半日間，宮中消息，便已走漏了出去。竇嬰、田蚡聞知，都似吃了一悶棍，大感沮喪，立時辦了交卸，吩咐吏員清理好公廨，準備歸家。

新任儒臣，遭遇禍災險中生

時王臧正在趙綰邸中議事，聞御史衙中有人來報，臉色便慘白，望住趙綰道：「太皇太后震怒，主上是拗不過的。你我二人，下獄是不可免了，不知死罪可得免乎？」

趙綰只是滿懷悲憤：「你我清白，可對天日。今日事，非我輩之過也，乃天命也，還捨不得這條命嗎？」

王臧便大驚：「趙公之意是……」

「事已至此，如何還能心懷僥倖？不如自行了斷，免受其辱。」

王臧當下領悟，緩緩立起身，凝視趙綰良久，方深深一拜：「與公同死，此生也是無憾了！」便大步出門而去。

至當日後晌，兩人便各在家中懸梁自盡。

消息傳出，朝野一派震恐。竇嬰、田蚡聞知，都悲不自勝，接了詔旨後，連陛辭也無心去，在家中閉門不出。

再說那平原郡申公，在魯邸喘息方定，忽聞邸中屬官紛傳，兩門生被老太后嚴譴，已畏罪自盡，內心不由大駭。當下閉目坐定，食水不進，任旁人如何相勸，只是僵坐了一日一夜。

原來，當日申公勉強應召，原是不信少年天子能成大事。待上殿細看，不獨天子未脫稚子氣，便是竇嬰等左右重臣，也不免浮躁；於是模稜兩可，只說了兩句不著邊際的話。此時想來，也幸得嘴巴守得牢，否則也將禍從天降。

此時正是新年過後不久，街衢上尚有火燒爆竹聲，喜氣未散，然官宦人家，卻都是一派驚恐。魯邸內眾人，各個躡手躡腳，不敢大聲說話。申公僵坐了十二個時辰，方睜開眼，吩咐邸吏，取了筆墨來，寫成奏書一道，稱病辭官。

武帝接到奏書，趁老太后顧不到申公這裡，連忙准了奏，暗囑申公悄悄返鄉，保命為上。

　　只這數日間，朝中「三公」非死即罷，天下不免議論紛紛，都以為太過酷烈。武帝傷悲半月，朝政等於廢弛。左右近侍，也如驚弓之鳥，只不發一語。

　　這日黎明，武帝早起憑窗，聞鳥雀啼鳴，仍歡快如常，忽就痛入肺腑，知中樞不可久空，只能強打起精神，收拾殘局。

　　於是，復又臨朝，拔擢原太常許昌，為新任丞相；另又拔功臣之孫莊青翟，為御史大夫。太尉一職，本就為田蚡而設，如今索性罷撤。這一番安排下來，朝野人心，才日漸安穩。

新任儒臣，遭遇禍災險中生

張騫出使，西征萬里覓強援

武帝初問政，便遭挫折，心中不免戚戚，無以抒懷。數月裡臉上竟無一絲笑容，也知只要老太后活一日，便無一日可伸展手腳。閒下來後，宮禁中的日子，夜短晝長，只是備覺難熬。

近寵韓嫣看在眼裡，心中也急，便欲助主上解脫。這日，似漫不經心閒說道：「昨日路遇太廄令[14]，說是天子六廄[15]中，出了新鮮事。」

武帝便覺好奇：「那地方，有何好事？」

「太廄令屬下，新用了一批侏儒，專司養馬。」

「養馬？要矮人做什麼？」

「想來甚是有趣，陛下不妨去觀看。」

武帝仰頭想想，遂將手上奏章一擲，起身帶了韓嫣，往六廄中去察看。

入了廄門，果然見各處槽頭上，有一群侏儒在忙。那太廄令聞聽天子駕到，慌忙迎出來，伏地叩拜。

武帝揮袖道：「平身吧！如何弄了這許多矮人來？」

太廄令不敢起身，戰戰兢兢答道：「回陛下，此乃太僕[16]有令。」

「太僕灌夫？好有閒情！這些矮人，能當得何用？」

不想那群侏儒中，忽有人大聲應道：「有用！」

---

[14] 太廄令，官職名，太僕屬官。掌養馬事務。
[15] 天子六廄，漢代皇家馬廄。
[16] 太僕，官職名，始置於春秋，秦漢沿襲。為九卿之一，掌皇帝的輿馬和馬政。

張騫出使，西征萬里覓強援

武帝轉頭去看，原是一年稍長者，停了手中活計，滿臉的不服之色。太廄令正欲喝斥，武帝卻一笑，招手喚那人過來問：「你名喚什麼？」

那侏儒也不畏怯，搖搖擺擺走來，伏地拜道：「小人樊愛君，拜過天子。」

「這名字倒還好。你且說，侏儒有何用處？」

「《禮記》中說有用。」

「哦？《禮記》是如何說的？」

「小人未曾讀過，只聽人講過：聾啞、跛子、斷肢、侏儒、百工，皆有其才，可為國器，可由官養。」

一番話，說得武帝開心，大笑道：「樊愛君，你原是無師自通！快平身吧，侏儒既與百工並列，當有大用。」言畢，又吩咐太廄令道，「備十匹好馬，朕要與侏儒出城，往驪山道上一遊。」

太廄令喚人牽出馬來，武帝打量了一番，頷首道：「甚好！著令侏儒十名，隨朕出城。我今日倒要看看，侏儒們如何上馬？」

那班侏儒得令，推選了十人出來。而後，兩個挾住一個，用力一拋，中間那人在空中一滾，便穩穩落於馬背上。

武帝看得哈哈大笑，不禁拍掌道：「好身手，果然可為國器！」

此時，韓嫣也去選了兩匹馬來，催促武帝道：「陛下，天時已遲，宜早些出城。」武帝便打了一聲呼哨，翻身上馬，帶了一隊侏儒，北出司馬門，馳驅而去。

一路上閒人，見了這一隊人馬，都不勝驚異，紛紛閃避。那班侏儒見天子高興，更是有心討好，於是各炫其技，或倒立刻背，或藏身馬

腹，弄出了千奇百怪的樣來，直惹得武帝笑聲連連。

韓嫣見武帝如此，不由心花怒放，掣出腰間長弓，摸出幾粒金彈來，四面望望，便往道旁枯樹上射。

長安小兒，都知韓嫣有此癖好，見他在隊中，即有數人歡踴尾隨。聞聽弓弦一響，便去搶那落地的金彈。

武帝見了，更是樂不可支：「好你個韓嫣！早聞聽都中有民謠：『苦飢寒，逐金丸。』原是你作的祟。」

韓嫣便笑：「人生短，晝不永，不樂更欲何為？」

到得洛城門下，門吏望見這一行人怪異，正欲攔道喝斥，忽看清侏儒們擁的一個少年，竟是當今天子，便慌忙揮手，命門卒開了中間御道門。

眾侏儒以往進出城，從未走過御道門，今見中門大開，都一陣歡呼。

那門吏率眾卒伏於道旁，正要高呼「皇帝萬年」，武帝卻低聲喝道：「不得聲張！」便一揚鞭，率馬隊疾馳而出。

出得城門來，唯見天地一派蒼茫。四野寥廓，村舍、樹木點綴其間，宛如枯筆畫意。

武帝勒住馬，長吸兩口清冽之氣，心情就大好，對韓嫣笑道：「世間萬民，若都似侏儒一般，治天下還有何難？」

如此，經韓嫣百計寬解，武帝方覺釋然，漸漸收拾起心情，欲再做他圖。

當此時，正是建元二年（西元前139年）元旦，雪後長安，滿城黃葉落盡，顯出冬意來。城中，有諸王前來朝賀，車馬輻輳，熱鬧非凡。

張騫出使，西征萬里覓強援

諸王之中，淮南王劉安最負文名，於入都當日，便獻上大作一部，名曰《淮南鴻烈》，竟有皇皇二十萬言之巨。

武帝見涓人抬簡冊上來，如同山積，不覺就吃了一驚，忙解開首卷來看。一卷讀罷，便擊節不止，大讚道：「好書！黃老莊列之術，叔父想必是要說盡了。」當下召淮南王來宣室殿，賜宴謁見。

武帝看看滿席美饌，指著其中一盤，笑對劉安道：「叔父煉丹，煉出了一道佳餚；今四海之內，都知吃豆腐了。」

劉安拱手道：「不敢。臣也是無意間弄巧成拙。此物原名『菽乳』，民間俗陋，喚作了『豆腐』。」

武帝仰頭大笑：「也好！我身邊文士，雖也通古今，然終無叔父之奇才。」

二人就此談古論今，興致甚濃，從朝食起，直說到夕食尚未休。武帝命涓人添了酒菜，談興未減半分。

席間說到古之騷人，劉安便道：「周以下賦頌千篇，臣最折服者，無如〈離騷〉。」武帝雙目便精光一閃：「叔父也愛屈子乎？」

「正是。《國風》好色而不淫，《小雅》怨憤而不亂，〈離騷〉則可以兼之。臣以為，屈子之志，堪與日月爭光。」

武帝聞言，抬眼望望窗外，含笑道：「與叔父相談，不覺晝長，此刻竟是日暮了。」劉安連忙起身告辭：「陛下有事要理，臣不可以閒情打擾。」

武帝也起身，拱手道：「哪裡。蒙叔父指教，姪兒這一日，可勝過一年所獲。」劉安返回淮南邸，安歇一夜。晨起，忽聞司閽來報，有宮中詔令到。

此時天還未明,長安坊間可聞雞鳴。劉安不知是何事,來不及梳洗,只稍作裝束,便接了旨。

讀罷詔令,才知是君上命即作一篇〈離騷傳〉呈上。劉安不敢怠慢,請傳詔宦者稍候,轉身以冷水擦臉,醒了醒神,便伏案冥思起來。

且說劉安素來多才,〈離騷〉可以倒背如流,故而不多時,一篇腹稿便已成。當下研好墨,揮筆成篇。

待到朝食,武帝正在用飯,便有傳詔涓人奔回,報稱淮南王文章已成。

武帝頓覺驚喜,放下筯,接過簡冊來看。讀至「天者,人之始也;父母者,人之本也。人窮則返本,故勞苦倦極,未嘗不呼天也;疾痛慘怛,未嘗不呼父母也」,不禁出聲叫好,讚道:「此等文采,我怎可及?」

繼而又見「屈平正道直行,竭忠盡智以事其君。讒人間之,可謂窮矣;信而見疑,忠而被謗,能無怨乎」之句,不由想起近日之事,便嘆道:「今後用人,當寬厚,不可冤枉。只可惜那趙綰、王臧了!」

自此,武帝知淮南王大有城府,非同一般,自是格外敬重。

時至陽春,朝中風波漸息,武帝心頭之痛也漸平。自從看了淮南王著書,只覺自家淺薄,於是悶在書房裡讀史,足不出戶。

待讀畢春秋五霸事,不禁雄心復萌,遙想當年高祖提劍,手創天下,豪氣可以干雲;子孫氣概卻不及祖先萬一,心中就有愧,決意不做則罷,要做就要功追始皇。

於此一想,便欲尋得一塊好地,為自己起造壽陵。時值春日正好,看看朝中無事,便領了公孫弘、莊助與幾個術士,往長安城外查勘地勢。

> 張騫出使，西征萬里覓強援

按帝陵「左昭右穆」之制，景帝陽陵位在長安東，武帝陵便須在長安西。這日，一行人出了直城門，即一路西馳，來至一處開闊原上。

武帝手搭遮陽望去，見原上平闊，浩茫無際，滿目春草隱約如霧，心中便喜，對隨行諸臣道：「諸君，朕受命於天，唯願不負先祖，做成千古大事。朕之壽陵，不能輸於驪山。公等看此處，襟帶百里山河，不正是福地？」

莊助舉目望之，也由衷讚嘆道：「好一個原上！北有九峻，為陸賈隱居處；南依太乙，有老子傳道之樓。陛下擇壽陵於此，當有百世威福，惠及子孫。」

武帝便笑：「莊大夫做得絕世好文章，出口便有典故，只可惜令尊早亡，只做得故梁王幕賓，不曾隨朕左右。令尊生前，曾有好辭曰：『哀時命之不及古人兮。』我輩今人，如何就不及古人？公等為天下異才，隨了朕，且看朕有何等抱負。」

公孫弘在旁聽了，連忙讚道：「陛下襟懷，直追古人。臣等幸而生於當世。」

武帝回望公孫弘一眼，笑道：「公孫先生亦是奇才，四十發憤而習《春秋》，六十而舉賢良，壯心不輸姜太公。有公等輔佐，朕何愁大功不成？」

公孫弘連連稱謝道：「陛下謬獎。姜太公垂釣渭水，乃不世出之高人；小臣僅牧豬於海島，見識終究淺陋，萬不敢攀古人。」

「哪裡，先生謙遜了，能牧得豬羊，便能牧民。你為胡毋生門徒，朕知你有大志，來日治天下，有的你施展之處。」

武帝率眾人，在原上環視一周，駐望西面，忽而就良久不語。

諸近侍看得奇怪，都覺不便問，倒是有一術士，不辨深淺，貿然問道：「君上西望，可是憂匈奴之事？」

諸人聞之大驚，武帝倒不以為怪，對眾人揮袖一笑，回望那術士道：「正是！匈奴滅東胡、破月氏，自東至西，浩漫之土皆為他所占，如斷我兩臂。」

那術士道：「雖如此，漢家有關山之險，諒那胡騎也不敢入塞。《易》曰：『揚於王庭，孚號有厲。』今有勁卒守朝廷，敵虜可退。陛下不必深憂。」

武帝便笑：「你這江湖人，竟也知北邊大勢！想那往昔，高帝三十二萬兵馬，尚被困於平城；文帝以周亞夫等人為將，胡騎猶能抵近甘泉宮；那單于，怎能不欺我少年秉政？諸位看，我祖陵在此，社稷即在此，僅憑漁陽至玉門關塞，如何能守得萬世？朕有大臣上百，官吏上萬，何人能解得此憂？」

諸近侍聽了，便都臉色黯然，無言以對。

武帝看見，拂袖一笑，轉了話頭道：「罷了！今日乘興，不提這些，爾等只看著地勢何如？」眾人察看再三，都覺此地甚佳。武帝便問隨行術士之意，那幾個術士，摸出羅盤來，操弄了一番，都說「此地山環水繞、負陰抱陽，實是天賜」。又指北之九峻山，即為青龍；南面太乙山，則為白虎。有兩山拱衛，中間便是龍脈。

武帝聞之大喜，遣了兩個隨行宦者，去左近村舍問過，知此地為槐里縣茂鄉。

武帝面露驚喜道：「槐里，乃太后故里，莫非此係天意？」遂又環顧諸人道，「此地，古之廢丘也，乃周王舊城，地甚祥福。朕之壽陵定於此，甚妥，可名為茂陵。回宮後，知會丞相，於此地置茂陵邑。」

張騫出使，西征萬里覓強援

眾人當即踴躍，齊聲稱善。

武帝駐馬眺望，豪氣滿膺，揮臂道：「當徙四方民戶，倚壽陵成邑，再由長安修大道至此，可不負母后之恩了！」

談笑間，茂陵之地就此議定。此處原上，山川形勢甚是壯闊。後世，又陸續有漢帝陵多處選在此，故得名「五陵原」。

自槐里選址返歸，武帝每日閱奏章，便有些心不在焉。常欲舉大事，又甚顧忌竇太后，想起在原上所發豪言，只覺得氣悶。

這日，罷朝無事，喚了韓嫣來東書房，雜七雜八地閒聊。說到高祖以來諸事，武帝忍不住嘆息：「今世為人，固是有幸；然生不逢時，亦是無趣得很。」

韓嫣便將美目一閃，笑問道：「漢家承平，已近七十年，哪裡就不逢時了？」

「我未與高祖同世，便是至憾。」

「呵呵，這有何難？可在夢中與之同。」

武帝便瞪起眼睛，佯作怒叱道：「你又譏我！」抬首望望窗外景色，又道，「高祖雄才，朕常思及；不如趁此春光，赴長陵一謁。」

此語提到「長陵」，卻觸及韓嫣心中一事，忍了忍，終於說道：「陛下，我父祖久在北地，得知許多舊事。今陛下說起長陵，臣有一事不得不稟……」

武帝便警覺一瞥：「你要說什麼？」「陛下可知……太后家事？」

「太后從未說起過，然聞聽涓人提及，也不過隱約數語，言太后入宮之前，曾為人婦。想來，必定是草野人家。」

韓嫣望住武帝，試探說道：「陛下今日為至尊，可想知道母家舊事？」

　　武帝便斂容坐直，語意誠懇道：「我這至尊，萬人莫敢仰視，唯有頌聲盈耳，自有閉目塞聽之弊。你儘管說來，朕不怪罪你。」

　　韓嫣這才放下心來，娓娓從頭說起：「太后入宮之前，家住長陵邑。」

　　武帝便一凜：「哦？怪不得你要提起。」

　　「所嫁夫家，名喚金王孫，原是農夫。」

　　「看母后處處節儉，果然是苦人家出身！」

　　「時朝廷選宮女，太后心有大志，遂絕婚而入宮。入宮之前，家中已有一女。」武帝眼睛立時瞪大：「太后曾有一女？莫不是我有個長姐？」

　　「正是。聽家父說起，陛下長姐，名喚金俗，今仍居長陵邑。」

　　「哦，有這等事？何不早說！」

　　那韓嫣臉便漲紅，急忙叩首道：「即是今日，小臣也是壯了膽，方敢言及。」

　　武帝頓時領悟：「倒也是。按律，今日才說也不遲，朕不怪你。」當下喚來宦者令，命他遣人赴長陵邑，去問三老嗇夫，尋得這個金氏女。

　　隔日，出使宦者歸來，報稱長陵邑果有其人，已嫁人生子，居於閭里。

　　武帝聞報，眼淚險些要湧出：「阿姐吃苦了。」遂吩咐韓嫣道，「罷罷！後晌無事，你便隨我赴長陵，將我那長姐尋到。」

　　韓嫣倒是吃了一驚：「陛下，何必如此之急？隔日宣進宮就是。」

　　武帝遽然起身道：「我享至尊，家姐卻屈居草萊，教我如何能等得半

張騫出使，西征萬里覓強援

日？太后不言，倒也罷了；今我既知，心便一刻也不能安。」

時方過午，武帝點起涓人、郎衛二百餘人，同韓嫣登上御輦，出了橫城門。

且說那長陵邑，距長安三十五里，就在高帝長陵之北，建成已有六十年，早成了熙熙攘攘的一個所在。

隨行諸甲士，手執黃鉞金瓜，前呼後擁。城西北官道上，頓時揚起煙塵一片。

那長陵邑百姓，平素見慣了天子、百官前來謁陵，倒也不奇怪。有里正、縣吏出來察看，見一行人鮮衣怒馬，也知是天子鑾駕到了，連忙驅散閒人，關閉裡門。

未料天子鑾駕進入邑門，卻不去陵寢，轉轡馳入坊間小市，來至金氏所居裡門之外。

那裡門也早已緊閉，人蹤全無。前導宦者下了馬，上前高呼開門。里正在門內聽到，不知是何人喊叫，心中害怕，只是避匿不出。

那宦者久呼不應，武帝在輦上便不耐煩：「長陵邑民，怎的如此刁鑽？兒郎們，撞開門入內！」

郎衛們得令，即一擁而上，掄起金瓜、黃鉞，砰砰亂鑿，撞開了木門。一行車騎，就此呼嘯馳入。

裡巷內百姓，見有車馬闖入，立時驚散。或呼「天子來了」，或喊「強盜來了」，一派喧嚷。

武帝憑軾大笑道：「爾輩懦弱如此，便是天子來，也想做強盜了！左右，去捉個曉事的來。」

眾郎衛闖入房舍搜索，捉得里正，來至駕前。武帝瞥了一眼，哂笑

道：「裡巷之中，只你一家房舍堂皇，怎的卻不管事？有外人叩門，管他是天子還是強盜，你總要出來答話。」

那里正受了驚嚇，渾身顫抖，連連謝罪道：「小的見識短淺，不敢來見天子。」

「你在閭里，好歹是個斗食吏；食朝廷俸祿，怎的就不敢來認我？若是強盜來，也是這般躲起，又如何對得起百姓？」

「小的有罪。」

「罪倒也沒有，只是膽子忒小了些。且平身吧，前面引路，朕要去金氏家中。」里正渾身一顫，也不敢問究竟，慌忙爬起，引著一眾人馬來至金氏門前。

這二百餘人，自長安殿閣中出來，猛見眼前的金氏房舍，僅茅屋三間，頹敗不堪，不過蔽風雨而已，一時竟都怔住。

武帝心內頓覺不忍，唯恐長姐受驚逃掉，便命眾騎郎將房舍圍住，勿教放走一人。又命眾卒入內，直呼金氏女之名。

門內老少，皆蓬頭敝衣，見有兵丁闖入，嚇得四竄。那金氏女在屋中，也是慌得不行，急奔入內室，藏在床下。

騎郎們問遍家中男女，只不見金氏女蹤跡。經上下搜索，方見金氏女匿於床下，只露出衣裙一角。任由騎郎如何相勸，那金氏女就是不肯出來，眾騎郎礙於體統，又不敢去強拽。

武帝等候得心焦，連聲喝斥騎郎無用。韓嫣見事不諧，忙向隨行宦者使眼色。幾個宦者便搶步進去，將金氏女拽出，挾持出門來。

待走近駕前，宦者叮囑金氏女道：「你無須驚慌。在上者，為當今天子，來與你姐弟相認，快快拜謁就是。」

張騫出使，西征萬里覓強援

那金氏女早已昏了頭，只懵懵懂懂下拜，不知如何應答。武帝見這女子，風霜滿面，似老非老，心中就一酸：「嗐！大姐，這許多年，如何深藏在此？」

金氏女忽聞「大姐」之稱，便抬頭去看，見那少年華服冠冕，並不相識，一時便怔住。

武帝連忙下車，扶起金氏女，溫言道：「大姐，吾母便是妳母，我便是妳阿弟。」金氏女這才醒悟，顫顫地伸出手來，拽住武帝，驚道：「吾母尚好麼？」

武帝一笑：「大姐，妳勿疑！今日請隨我來。」便命宦者扶住金氏女，上了副車，馳返長安城。

路途之中，金氏女只覺惶恐，低聲向宦者打探：「官家，民女微賤，何處來的這阿弟？」

宦者都不禁掩口竊笑，將王姁當年入宮、嫁與太子事，向金氏女略略道來。

金氏女依稀還記得幼年事，這才恍然大悟，然卻更加惶悚：「原來，我阿娘入宮，已成大貴！」

「豈止是大貴？令堂早已是太后咯！」

「太后？莫非，這飛來的阿弟，竟真是⋯⋯」

「即是當今天子啊！」

「哦哦！天子，皇帝⋯⋯民女曉得了！」便以手掩面，喜極而泣，幾近痴癲，一路也不得安寧。

車入橫城門，直接去了長樂宮。入得宮門，武帝命謁者先去通報，遂領著金氏女來至長定殿，進謁王太后。

金氏女望見宮中殿宇巍峨，連廊深幽，只疑是在夢中，一路便嘮叨：「罪過罪過，裙衣都未及換……」

　　武帝聞言，回首望望，只是笑，也不言語。

　　那長定殿中，王太后正坐在榻上，見武帝進來，面色顯疲憊，不禁就奇怪：「吾兒滿面倦容，是去了何處？」

　　武帝搶上一步，伏地急道：「兒臣今日去了長陵，覓得我長姐，與之俱來。」隨即回首，吩咐金氏女道，「阿姐，請謁太后！」

　　金氏女連忙伏地，叩拜如儀。

　　王太后見此，不覺就驚起：「妳，妳是……吾女俗兒嗎？」

　　「回太后，正是。」

　　王太后渾身便戰慄：「俗兒，真是妳嗎？當年離鄉，尚是孩提，今日竟成了婦人。老身不是在做夢吧？」

　　「不敢騙人，妾就是金俗。」

　　王太后躬身扶住金氏女，忍不住就泣下：「俗兒，只苦了妳！」

　　金氏女自幼別母，二十餘年未見，此時哪裡還能說出話，只伏於地上不住痛哭。王太后輕撫其背，連聲勸慰，那金氏女反倒嚎啕起來。武帝看不過，連忙上前，

　　扶起長姐勸道：「今日重逢，當大喜，不當哀哭。且與阿娘一敘別情。」三人這才相對坐下，金氏女拭乾眼淚，講起自己身世。

　　原來，當初王姁棄家而去，入宮做了女官，拋下金氏父女兩人。金王孫便未再娶，只苦了金俗自小無娘，備嘗艱辛。待金俗長成，金王孫一病不起，撒手人世。金俗孤女一個，守著三間草屋，無奈只得招贅了一個夫婿，生下一子一女，迄今尚年幼。如此男耕女織，苦撐家業，只

張騫出使，西征萬里覓強援

能勉強餬口而已。

金俗講這些，武帝全然陌生，如聽世外奇聞。倒是王太后聽了，憶起當年苦楚，備覺心酸，將金俗擁在懷中，眼淚直流。

武帝見王太后哀傷，又不知要哭到何時去，連忙傳旨御廚，命涓人擺上酒饌來。這才將太后勸住，三人同入席，為金俗接風。

武帝親奉酒卮，為母女兩人斟滿酒，先舉杯，對王太后祝道：「太后，大姐歸來，可稱傳奇，堪比祖母當年尋兄。兒臣今日，圓了母后這一夢。母后當從此無憂。」

王太后轉顏笑道：「吾兒自小精鬼，將來，還不知要做得何等大事！」

武帝見長姐面對美饌發呆，便對金俗道：「大姐，弟也要祝妳。進得這宮門來，往日草蓆布衣，便可永世拋卻，只管在長安享福。」

王太后望住武帝，微笑道：「你不說，娘倒還忘了。金俗那夫婿兒女，總不能虧待。」

「這一節，兒臣在歸途上，即已想好。大姐，妳這一來，便是邁進了福窩。我當賜妳錢千萬、奴婢三百、公田百頃、甲宅一座，從此錦衣玉食，妳看可好？」

一番話，聽得王太后也咂舌：「謔矣！皇帝大度，竟有這般賞賜，無乃太破費了！」

武帝就笑：「阿娘如此說，教兒臣如何敢當？大姐辛苦半生，兒臣只覺，補也補不足呢！」

見金俗舉箸猶豫，仍是拘謹，王太后便道：「俗兒，既相逢，今後宮中便是妳家，可不必見外。」

金俗眼中便又溼潤：「女兒並非見外。平日在閭里，生計實為不易，

不知肉味，乃是常事。今日見滿桌是肉，全不似人間物，女兒哪裡見過這些？也不知該咋個吃法。」

此語觸動王太后，不禁又落淚：「俗兒受苦了！皇帝家便宴，算不得什麼，妳多吃些就好。」

「女兒生於閭巷，哪裡有啥見識？平時與人閒談，老少皆說：皇帝家進食，怕不是要一餐吃十五碗湯餅！今日見到，怕十五碗還不止，這些個吃食，在夢裡也沒見過，女兒竟不知如何下箸。」

一語說得王太后、武帝皆笑。武帝忙端起杯勸道：「今日相逢，不是訴苦之日。阿姐命中，有否極泰來，便不必糾纏昨日。將姐夫、子女都接來，永離閭巷，只管做個貴人。」

說到此，三人越發興起，各自痛飲。王太后更是哭了又笑，笑了又哭。

武帝見此，膝行前移，向王太后進言道：「大姐此來，尚未見三公主之面。同胞姐妹，今日當相認，願太后召三人來見。」

王太后大喜道：「正是！當此際，怎能少了三公主？你便遣人去召來。」武帝便喚了謁者來，吩咐出宮去宣召。

原來，所謂「三公主」，乃是王娡與景帝所生三女，長為平陽公主、次為南宮公主、末為隆慮公主，皆是武帝胞姐。三女如今各已出嫁，家都住在長安。

等候之時，王太后瞥一眼金俗身上，所著衣裳，竟好似當年自家所用，心頭便又一酸：「俗兒，妳這衣裳，怎的舊敝至此？稍後，阿娣們來瞧見，實是不好看。」說著便起身，示意金俗跟隨，來至內室。吩咐宮女找出一件鳳袍來，為金俗裝扮好。

待裝束停當，宮女們又為金俗塗了胭脂，打好妝頰。眨眼工夫，一個寒素村婦，便成了一位華袞帝女。王太后在旁看了，不覺笑瞇了眼：「這才是我家女子嘛！」

正嬉笑間，忽聞外間喧譁，王太后知是三公主已到，忙領了金俗出來相見，不消說又是一番悲喜。

武帝佯怪道：「女兒會聚，便是這般聒噪！三公主既來遲，便不忙寒暄，也入席來飲吧。」

這一夜，一家同胞六人，生平頭一次聚齊，把酒相對，都嘆人間苦樂不可料。直至更鼓頻催、三星已斜，方才散去。唯金俗留在太后處，與母同榻歇息。

翌日，武帝臨朝，與諸臣講了尋親始末，諸臣也是驚奇。隔日又頒下詔，賜金俗田宅奴婢等，一應許諾。因生父血統之故，金俗不得封公主，僅賜號「修成君」。

自此，苦命孤女金俗，便翻身而棲高枝，將夫婿子女接來長安。只可惜那夫婿，命中無福，好日子消受了才數月，竟染病身亡了。金氏女悲傷難抑，只嘆人世無常。王太后也頗感傷，對金氏女更加關照，多有優恤不提。

且說武帝自選定陵址後，雄心大起，不甘心就此世代枕戈以防匈奴。於是，便命謁者去尋一個降人來問。

時不久，謁者在長安里坊中，覓得一個歸降者，引進宮來。

謁見當日，武帝在東書房宣進降人，命賜座。但見那降人，身著漢服，猛看去已不似胡人。落座之後，那人只顧去看架上的琉璃杯。

武帝命人端上瓜果來，溫言問道：「歸降以來，生計可好？」

那降人已熟知漢禮，伏拜答道：「蒙陛下恩典，所有降人，無不安居。」「胡人來歸，多在塞下放牧，何以你願居長安？」

那降人略一支吾，而後答道：「回陛下，長安……錢多。」武帝不由大笑：「你莫不是生意人？」

「陛下聖明！小民在匈奴時，便是行商。漢家這邊，小民亦常來。」

「那麼，你往日向西，可曾到過蔥嶺[17]？」

「西域路險，小民行腳所至，僅烏孫、車師，未及蔥嶺。」

「可知那西域萬里，有何大國？」

「小民曾聞，有月氏部在敦煌、祁連之間，文帝初年，為匈奴右賢王所破，大部西逃，奔至蔥嶺以西，建大月氏。現下，其國甚大，縱橫有數千里。」

「哦？蔥嶺西，莫不是穆天子西行之途！不知那大月氏，人口幾何，可還繁盛？」降人叩首道：「小民寡聞，實不知這些。」

武帝又問：「方才見你，只顧望住那琉璃杯，此中有何深意？」

「此杯乃大夏國之物。小民昔年，見西域客商曾攜來匈奴。」

「那大月氏，可通大夏？」

「客商皆曰，自大月氏向北，是為大宛[18]；大宛向北，即是大夏了。」

武帝拍案大喜道：「你所言甚好，朕今日要重賞你。那大月氏，想必是人強馬壯，我漢家，當與之交通。」

降人不知武帝心思，惶恐拱手道：「那大月氏，強便強了；然小人並

---

[17] 蔥嶺，即今帕米爾高原。
[18] 大宛，古西域國名，即今費爾干納盆地。

張騫出使，西征萬里覓強援

無功，萬不敢受陛下之賜。」

「足下言及大月氏，便是一大功。今日朕事多，就免了賜宴，且賜你百金，以為獎賞。」

降人感激不盡，叩頭接了賞金，告辭退下，邊走邊回望宮闕，心中暗自慶幸。

此人姓甚名誰，在史上未留絲毫痕跡。當此召問之際，他萬不能料，方才數語，已激起武帝雄心萬丈，欲聯結大月氏，共擊匈奴。華夏史上一次空前的開疆，也就從此始。

打發走降人，武帝憑欄西眺，覺流年匆匆不可追，通西域之事，萬不能再有拖延了。然西出隴西郡（今甘肅省天水、蘭州一帶），即有匈奴阻隔，漢使如何能穿越過？

想到此，武帝立召丞相許昌前來，商議西域事。武帝先問許昌道：「行三銖錢以來，天下錢糧，可還豐盈？」

「託兩代先帝的福，今日即便窮鄉，也是倉廩盡滿，府庫盈餘。京師之錢，更是累積多至百億，錢繩朽爛不可用；糧穀溢位囷，至腐敗不可食。若無水旱之災，則人給家足，絕無飢腸轆轆者。」

「呵呵，竟有如此之富！錢糧既足，漢家不妨舉大事。」

許昌只道是武帝要用兵，連忙勸諫：「陛下，海內頭緒百端，萬不可輕開邊釁。」

「丞相猜錯了，此舉非關用兵事。朕聽聞匈奴降人講，出隴西，入西域，有一大月氏國，其勢甚強⋯⋯」

「陛下可是要遣使通西域？」

「正是。月氏向有控弦之卒三十萬，也曾是匈奴勁敵，文帝時，被

冒頓單于擊破，遠遁西域。近聞，其眾在西域，新建大月氏國，聲勢復振。朕之意，當聯結大月氏，共擊匈奴，可斷匈奴右臂，不知丞相意下如何？」

許昌稍作沉吟，方答道：「陛下之計，為遠慮。臣於西域事，也略知一二。出隴西，即是敦煌、祁連，荒野接天，人跡罕至。入西域，有焉耆、輪臺等一眾小國，皆臣服於匈奴，匈奴設『僮僕都尉』以轄之，不與我通。然大月氏在何處，臣實不知。今遣使前往，路甚遠，不知有何人可勝任？」

「這個，朕也已想好：重賞之下，必有勇夫。不妨徵募勇壯之士西行，事成，可得封侯。」

許昌嘆道：「也只能如此了。出西域，九死一生，唯願有壯士可做使者。只是……此行禍福難料，不啻喋血戰陣。」

武帝抬頭遠望，有浩氣起自肺腑：「正是！通西域，正是攻取匈奴之首役。」許昌忽就渾身一震，望住武帝，瞠目許久。

君臣議畢，不久便有詔書下，張榜於北闕徵募，卻是數日無人響應。武帝正疑惑間，忽有郎官張騫，赴北闕揭榜應募。他一帶頭，哄傳長安，人人皆知張騫之名。旬日之間，便有百餘人爭相效仿，踴躍應募。

武帝大喜過望，特召張騫上殿來見。

前殿上，武帝望去，見那張騫身材精壯，兩目灼灼有神，先就笑了：「郎官之中，有你這等人才，朕不知用，是朕的錯！不知你籍屬何方，年紀幾何？入宮之前，做的什麼？」

張騫昂然答道：「陛下，臣乃漢中人，弱冠時為郎，今已二十四，年

張騫出使，西征萬里覓強援

齒徒長，卻無從建功。臣之過往，陛下不問也罷。想入侍以來，全賴家人供養，心中便有愧。今陛下徵募勇士，竊思正是良機，唯願一試。」

「便不怕西行有險嗎？」

「西行雖險，總好過營營碌碌。臣自幼健壯有力，不畏寒暑，足可肩負王命。成則建不世之功，敗亦絕不言悔。」

「然出隴西，即是匈奴所占之地，足下又如何能潛行？」

「臣在衙署中，同僚都謂臣『寬大信人』。今應募者已有百餘人，陛下若用臣為使，集百餘人之力，西行雖險，也必有一路可通。」

武帝聞此言，拊掌讚道：「好個壯士！事成，必得封侯。大丈夫如此，也不枉活一世。」

張騫慨然道：「臣不以封侯為意，只恐虛度此生。」

武帝喜極，當下喚過丞相許昌、大行令過期二人，命擬詔令，以張騫為使者，率百餘人出關。所有文書、符節、車馬、錢糧等一應物事，皆由兩府備好。

授節之日，張騫壯懷激烈，當殿領命，接過犛頭節杖，伏地謝恩道：「臣此去，若有辱君命，誓不叩關而還！」

武帝也甚為動容，起身扶起張騫，勉勵道：「漢興之時，公卿多是少年，家國有活氣。立朝既久，老邁之臣漸多，朝政因循，漸至沉悶不堪忍。君今日西行，將闢漢家新天，惠及萬世或不止。還望途中小心，善以智鬥，不唯逞勇，說服那大月氏，與我共除百年之患。」

張騫頓時淚流，應道：「臣微末一郎官，有何德負此重託！既蒙陛下大恩，當萬死不辭。臣也知路途險惡，當小心過祁連，覓得焉耆、輪臺通路，入大月氏。一年或數年，定當還都覆命。」

下得殿來，許昌、過期與張騫商議啟程事。許昌對張騫道：「君行祁連，胡騎遍地，不可無嚮導。」

　　過期說道：「丞相所言至要。下臣知堂邑侯家中，有一胡奴，熟知祁連山川形勢，可為嚮導。」

　　張騫大喜，議畢，即親赴堂邑侯陳午邸中，說明情由，懇請贖出那胡奴。陳午也知是武帝有詔西行，滿口應允，遂將那胡奴喚出。

　　張騫當面問過，知其名喚「甘父」。那甘父正值壯年，善射，精通胡漢語，端的是個好嚮導。張騫問罷，連聲稱善，向堂邑侯交了贖金，再三叩謝，領了甘父而還。

　　當年春末，祁連雪融時，隴西天氣也轉暖。張騫一行人，即換了尋常衣衫，扮作行商，出直城門啟程。

　　出發之日，大行令過期冠帶整齊，主持祭路。祭畢，親送一行人至城門下，斟酒與張騫壯行：「今上掃北之志，我等臣子心知。君萬里涉險，出使西域，功可載於青史。出得陽關去，諸事便處處難料，當好自為之。」

　　張騫接過酒盞，一飲而盡，向過期謝道：「大行令此言，下臣自當銘記。大丈夫，死國亦無憾，定不辱君命。」說罷，翻身上馬，率隊出城，一路向西而去。

　　其後，馬不停蹄，翻山過河，疾行了一月有餘，終見到隴西郡城狄道（今甘肅省臨洮縣）。眼前景象，一派殘陽荒煙，其蒼涼意難以形容。

　　入得狄道，郡守早在衙署恭候，少不了有一番款待。次日晨，郡守又親送張騫至邊塞。

　　張騫勒馬於障城門外，正欲作別，那郡守忽就泣下，叮囑道：「下官

張騫出使，西征萬里覓強援

在此五年，唯見出塞者眾，返歸者寡。……朝使此去，須多加小心。」

張騫回望漢家邊塞，巍峨如長安城一般，心中也一熱，灑下淚來，執郡守之手道：「足下請回！有此別情，我行萬里亦不懼；歸來時，當與故人再飲。」

出得邊塞後，但見那祁連山一帶，荒野接連天際，風勁草低，頓覺詭異之氣大起，似有險象四伏。張騫手擎犛頭節杖，向諸人高聲道：「諸君願隨我立功，生死榮辱，便自今日起！」

甘父應了一聲：「願從使君之命，生死無悔。」便一馬當先，倚仗著路熟，專揀無人蹤的僻路上走去。

一行人曉行夜宿，萬分留心，遙望見草野中有牧人，便遠遠趨避，只不願遭遇胡人。不料，才行得兩日，後面便追來一隊胡騎。草野深處，一時間馬蹄嘚嘚，煙塵大起，有胡笳聲穿空而來。

張騫回望一眼，面色即變，欲下令奔逃，無奈隊中有馬馱負重，不能疾馳，直是逃無可逃。

轉眼間，數百胡騎追上來，各個彎弓搭箭，將張騫等人逼住。甘父連忙跳下馬來，上前周旋，詐稱是漢地行商，欲含糊過去。

那領頭的百長偏不信，看張騫貌似領袖，便只捉住張騫，詳加盤問。張騫見事無可轉圜，只得如實道出。眾胡騎聞聽眼前人即是漢使，都不禁面面相覷。

那百長思忖片刻，斷然道：「無單于詔令，便是漢地羔羊，也不得放過一隻。」當即下令搜身。

如此逐個搜過，又盤問了半日，百長見確是使者無疑，卻也不肯放行，將張騫一行押解至右部諸王帳中。

諸王問明張騫身分，亦覺驚詫，皆嘆此前聞所未聞，忙派遣得力兵卒，將一行人解往王庭，交由軍臣單于發落。

　　可憐張騫這一行人，被奪去佩劍刀戟，縛了手腳，置於轆轤車上，前往漠北王庭。

　　一路日落月升，朔風撲面。雖是春夏之交，晨昏間，亦覺寒意穿透衣衫。張騫幾度與甘父密語，欲尋機逃脫。然那甘父舉目四望，只是搖頭道：「荒原無路，食水難覓，你我又失了坐騎，逃脫亦是死。」

　　張騫只得長嘆：「未見祁連雪，壯志竟先冰消。我無能至此，不如自戕，實無顏再見天子了。」

　　甘父連忙勸解：「使君請無憂，萬不可尋短見！單于尚不至敢誅漢使，只須留得性命，小臣當不離使君，一同尋機脫逃。」

　　張騫聞此言，心情才稍振，抬眼望四周，留心記住沿途景物。如此跋涉了三千里，閱盡一路荒原，方來至王庭。

　　單于在穹廬大帳中聞報，也是連聲稱奇：「漢家天子，不懂事就罷了，竟有如此奇想！」便命將張騫帶上來。

　　眾侍衛為張騫解開繩索，張騫整好衣冠，昂然入大帳，肅立拱手道：「漢使張騫，奉詔出使西域，不意被擒，在此見過大單于。」

　　軍臣單于隼目微張，睨視張騫道：「匈奴之地，非漢家疆土，豈是可隨意往來的？漢使今往西域，究竟意欲何為？」

　　「我主聞蔥嶺西有大國，名大月氏。今臣欲往大月氏，與之通有無。」

　　「笑談！月氏在吾地之北，漢使何以得往？除非你生出雙翼！呵呵，也是甚無道理 —— 倘若吾邦欲遣使赴越，漢家肯聽憑我穿越乎？」

張騫出使，西征萬里覓強援

　　張騫也知潛行理虧，只得沉默不語。

　　單于遂輕蔑笑笑，又道：「漢天子初登位，心雄萬夫，尚不知吾邦之強。遣使月氏，竟是何意？莫非欲學他先祖，夾擊楚霸王乎？小兒之心，甚荒唐！漢使張騫，我看你篤實精幹，可堪大用，不如便歸降吾邦。若降了，可封你為王，統帶人馬一部，亦不失為富貴。總好過萬里跋涉，終落得個屍骨無存。」

　　張騫猛然起身，亢聲道：「萬無此理！我為堂堂漢使，單于若准我行，我便行，尋路入大月氏；單于若不准行，則聽憑處置，或罰或誅，絕不言悔。漢臣在外，富貴可失，義利之辨則不可失。我只知不辱君命，不知有他。」

　　「哼，你那君命，就是亂命！大月氏離此地萬里，你僅百十餘人，糧草無多，又不辨路徑，如何可至蔥嶺西？」

　　張騫將手中漢節一舉，慨然答道：「我持漢節不失，終可探得西行之路。手足可縛，此心不可縛，大王若要處置，臣當含笑赴死。」

　　單于便仰頭大笑：「忠直如此，倒也令人敬佩，我怎能忍心殺你？降與不降，全在足下之意；這便為你覓地居留，好好去省思。」

　　果然，數日後，單于即下令：將百餘人拆分，交與各部安頓。特將張騫等十數人，流放至匈奴西境，遠離漢地，交右部諸王管束。又令張騫等人著胡服，披髮左衽，以期回心轉意。

　　令下，便有一名百長帶領兵卒，前來催行。此後數月間，又是一路顛簸，發遣至西境，與牧民混居。未幾，又有使者傳來單于口諭，強令張騫娶胡女為妻，並賜給牛羊若干，任由自食其力。

困窘至此，張騫也是無可奈何。每出氈房，立於荒野，都止不住仰天嘆息。

　　唯可喜之處，畢竟還有甘父忠心耿耿，盡心伺候。甘父常寬慰張騫道：「小臣本胡人，知胡人起居亦有他之道理，使君盡可安心。單于娶漢家公主，是為和親；使君在此，娶了胡女，也不妨一嘗和親之樂。」

　　張騫聞言，只是苦笑不語。每見隨從忙碌放牧事宜，總要口誦古詩不止：「北風其涼，雨雪其雱。惠而好我，攜手同行……」[19]

　　其聲悲涼，迴盪草原。甘父雖不明其意，聞之也不免惻然。

　　就此，漠漠孤煙裡，張騫抱節東望，無一刻不思東歸。日復一日，春霖秋霜，竟在胡地足足淹留了十年，這已是後話了。

---

[19]　見《詩經・邶風・北風》。

張騫出使，西征萬里覓強援

歌姬得寵，紅袖添香近帝側

這年陽春，武帝因與長姐骨肉團聚，心情復振，總算將年初的慘事稍稍淡忘。時逢上巳[20]日，當行「祓禊」大典，便親率一干文武，往長安城東的灞水邊，洗浴祭祖。

禮畢返歸，恰路過平陽公主宅邸，武帝興起，便教諸臣先歸，只帶了韓嫣等親隨，入公主家歇息閒敘。

這平陽公主，乃是景帝與王夫人所生長女，與武帝同父同母。本稱陽信公主，後嫁與曹參曾孫、平陽侯曹壽[21]為妻，故又稱平陽公主。公主見武帝忽然登門，滿心都是喜，哪裡還肯放他走，連忙吩咐後廚備筵。

武帝自幼為太子，見慣了阿姐們的巴結，此時不以為怪。見此時已近暮，也樂得在公主邸中暢飲一回。

開筵之初，武帝只顧與曹壽閒談，全未留意平陽公主。那曹壽輩分雖低，年歲卻長於武帝，性素持重。

武帝望望曹壽，笑言道：「尚記得幼時，平陽侯帶我戲耍，白駒過隙，才幾多年，你竟也是老成之人了。」

曹壽連忙應道：「不敢。臣駑鈍，才具不及祖上萬一，不能輔佐君上。」

武帝便慨嘆：「漢家為你我祖輩手創，如今這天下，卻還要兒孫

---

[20] 上巳，上古以「干支」紀日，三月上旬的第一個巳日，謂之「上巳」。舊俗此日在水邊洗濯污垢，祭祀祖先，即為「祓禊」。
[21] 曹壽，又名曹時。

歌姬得寵，紅袖添香近帝側

來守。眼看勛臣皆老去，兒孫輩又得幾人？再過幾年，將又賴何人來守？」

「陛下聖明，當從平民中選拔異才。」

「呵呵，正是！韓非子言：『宰相必起於州郡，猛將必拔於卒伍。』先聖之言，不可不信。年前舉賢良，好在還有些英俊之才。」

「此事朝野紛議，都稱陛下善選賢才，量其器能，超拔用之。所選董仲舒、莊助、公孫弘、吾丘壽王等，皆為英才無疑。漢家今日，學風已大盛，即是草野之士，譬如平原人東方朔、蜀人司馬相如、吳人朱買臣等，也是一時人傑。」

武帝便大笑：「平陽侯也知這幾人！我在朝堂，若目不明，則天下便無可用之人。我若目明，俊傑哪裡能用得完？」

曹壽連忙拜讚道：「彼輩異才，即便待詔，也可使天下人皆知陛下愛才；四方俊傑，自會踴躍自薦。」

「朕正是此意！」

兩人且飲且聊，酒興愈濃。飲至數巡，帷幕後忽有美女十餘人，魚貫而出，各個持酒杯，輪番向武帝祝酒。

武帝抬眼望望，不禁就笑：「平陽侯，如何養了恁多美姝，不怕阿姐心疑？」曹壽含笑不答，只拱拱手，又望著平陽公主笑。

原來，那平陽公主素多心計，知武帝不喜陳皇后，至今無子，便有意討好阿弟，採選良家女多人，蓄養在家，打算伺機進奉。適逢今日武帝來，恰是良機，便通通喚了出來，任由武帝挑選。

武帝心下明白，拿眼略瞥過，見都是些平常女子，並無妙處，便向曹壽一笑：「皆是好女子！然則，定不是平陽侯親選。」言畢，只顧低下

頭去飲酒，不再理會。

平陽公主見武帝不稱意，臉上一紅，連忙擺手，命眾女子退下。又向武帝賠笑道：「阿姐眼光，實是淺陋，皇帝莫要怪就好。家中還有歌女數人，可以遣興。」當即喚了一班歌女出來，即席彈唱，曲意勸酒。

武帝這才微露笑意，一面飲酒，一面聽曲。

一時間，席上絃歌悠揚，曲聲清亮，似有和風自仙境來。武帝也懂音律，不禁拍膝擊節，搖首陶醉。

忽而，耳邊有一高音響起，婉轉嘹亮，如畫眉啼鳴枝頭。

武帝一驚，抬眼望去，見歌女隊中有一長髮美姝，儀態娉婷，正引吭高歌。其貌之美，其質之清，其髮之秀，恍似雲夢澤畔神女。

武帝當下呆住，痴痴望住那女子，酒也不飲了。

那烏髮美女，自是伶俐，也覺出了武帝心思，不時便有媚眼撩過，如波光一閃。武帝越發心旌搖盪，全不顧體統了，連連擊掌叫好，幾欲忘了身在何處。

平陽公主在旁看得真切，掩口笑笑，湊近問道：「阿姐家女子皆平常，這歌女衛氏，可還悅目？」

武帝怔了怔，半晌才回過神來：「好，好！這個衛氏……喚作何名，是何方人氏？」

「此女籍屬平陽，名喚子夫。」

「哦哦，好一個平陽衛子夫！」武帝讚罷，便坐立不安，轉頭四處張望。平陽公主瞥見，忙問道：「陛下可有事？」

武帝一笑：「阿姐，酒飲得多了，腹脹，容我更衣。」原來，這「更衣」二字是婉詞，即是如廁之意。

歌姬得寵，紅袖添香近帝側

平陽公主連忙道：「阿姐疏忽了。」心下就暗喜，招手命衛子夫近前，吩咐道，「妳侍奉陛下，往我尚衣軒去更衣。」

衛子夫領命，翩然起身，上前來扶住武帝。

武帝低首看去，見衛子夫巧笑倩兮、烏髮如瀑，更是不能自持，一臂搭在衛子夫肩頭，踉蹌入內。

此一去，良久不見出來。平陽公主心中有數，自是不急，與夫婿同坐堂上，無語靜候。

過了許久，才見武帝出來，滿面都是愜意。平陽公主料得好事已成，一面暗笑，一面便招呼武帝入座。

又過了片時，那衛子夫才姍姍而出，但見雲鬢斜倚，一副含羞模樣。

平陽公主瞥了一眼，笑道：「我家中女子，心細當數子夫；侍奉陛下更衣，也這般仔細呢。」

武帝隨聲望去，愈覺得衛子夫溫婉可人，當即說道：「阿姐，妳夫婿封邑中，出得好女子！我在世上，未曾聞有如此歌喉者，當賜阿姐千金為謝。」

平陽公主連忙謝恩：「子夫色藝絕倫，原是天生；阿姐受賜，倒是有愧了。不如就將子夫送入宮去，旦夕隨侍，陛下豈不自在？」

「那也好，倒要阿姐割愛了。至於平陽侯嘛，不要吝惜就好。」

一語說得夫婦兩人大笑。衛子夫只顧低了頭，雙頰緋紅，更顯出嬌羞之態。

平陽公主見事已妥，喜得眉眼攢做一處，命衛子夫快去後堂整好妝，並收拾細軟。

稍後堂上飲罷，筵席都撤去，衛子夫方整妝出來，容光一新，映得滿室生輝。

送客時，衛子夫隨在武帝後，正要登車，平陽公主忽然撫其後背，低語道：「此去，別是一番天地，當努力加餐，勉力為之。待大貴之時，願勿相忘！」

衛子夫連忙道個萬福：「公主萬勿出此言。奴家來日無論貴賤，公主之恩，不敢有一日忘卻！」

一行人出了侯邸，馳驅入宮，已是夜深時分。武帝偕衛子夫下車，來至宣室殿前。正要挽起子夫同入寢殿，再續歡情，猛然就瞥見前面有一人擋路！

武帝定睛一看，便渾身發涼，原是陳皇后阿嬌，正昂首立於御路中央。

見武帝踟躕不進，陳皇后發了聲問：「陛下清晨既出，忙了一整日，竟帶了何人歸來？」

武帝略一支吾，只得答道：「皇后也無須掛記，朕歸來，不過順路去了平陽公主家。此乃公主家奴，阿姐有意，送來宮中充作雜役。」

阿嬌向前兩步，藉著庭中宮燈微光，打量了幾眼衛子夫，冷笑道：「好個婢女，這一身上等裙釵，倒像是公主家親眷了，惹得陛下整日不歸！」

武帝連忙辯白道：「朕歸來得遲，是公主強留飲酒，皇后可不必生惱。」

「好好！陛下不寂寞便好，我多操心了。」阿嬌言畢，猛一甩袖，便往椒房殿去了。

衛子夫見此陣勢，早嚇得臉發白，垂首而立，大氣不敢出。

武帝知阿嬌已存了戒心，遂不敢作他想，嘆了口氣，遣人送衛子夫往別室安頓。而後，才緩步往中宮去，向阿嬌賠罪。

走近椒房殿，武帝愈想愈惱，只恨阿嬌不近情理。然一想到祖母、姑母兩人面孔，也只好忍住氣，換了笑臉入內。

阿嬌坐在榻上，望見武帝進來，只顧掉轉了臉不理。

武帝走到阿嬌面前，佯作調笑道：「一日不見，便陌生了嗎？」阿嬌冷臉回道：「陛下是來錯了，當往美人屋中去。」

「奴婢就是奴婢，哪裡是什麼美人？」

「狐狸張了口，會不吃雞麼？」

武帝聞此譏諷，心中一怒，然忍了忍，還是賠笑道：「阿嬌是貴人，話不要太難聽。今夜，你便陪我在宣室殿，免得疑神疑鬼。」

「今夜是今夜，日後久長，我又怎防得了那狐媚？」

武帝沉吟半晌，遂一頓足道：「罷罷！皇后之外，我理當非禮勿視。那個奴婢……衛子夫，不過是善唱曲。皇后既然不喜，打入冷宮就是，我永世不見，免得說我背諾。」

阿嬌望住武帝，笑一笑道：「衛子夫？妾記住這名字了。北宮那裡清淨，收拾好了，可令其獨處，便是如何放歌，也無人再去打攪。」

武帝嘆了口氣，隨即出門去，喚來宦者吩咐了一番，將衛子夫連夜送去了北宮。

那衛子夫正在別室安歇，聽罷宦者傳詔，全然不知究竟，昏頭昏腦，隨著宦者去了北宮。入了室內，方知自己被幽禁，再想脫身，已是

萬萬不能。自此，長鎖於冷宮，再不得見天顏，只能耳聞晨鐘暮鼓，苦挨歲月，不知何日方能出頭。

如此苦守深宮，竟然一挨就是一年。武帝那邊，只顧防著老太后動怒，佯作無大志，終日優遊，竟將衛子夫忘在了腦後。

皇后阿嬌起初甚是用心，三番五次遣人，往北宮窺看動靜。日久，見武帝無意沾惹，便也漸漸放下心來。

轉眼一年過去，建元三年（西元前 138 年）春上，忽有齊地文書報稱，黃河之水氾濫，淹沒平原郡。郡中鬧起饑荒，百姓無糧，竟至人相食。半月間，崤函道上驛馬相遞，每日都有急報，飛送至長安。

武帝見告急文書迭至，心中憂戚，召丞相許昌來，蹙眉嘆道：「人相食，上了史書，便是刪也刪不掉了。朕這皇帝，要被後人責罵！」

許昌連忙勸慰：「既有天災，便不是人禍；就算是人禍，也是郡縣無能，陛下又有何過？命郡縣多予賑濟就是。」

武帝臉色仍是黯然：「那平原郡百姓，骨肉相食，不是慘極嗎？朕每日進食，見美酒珍饈，只覺不忍……」

「陛下萬勿做此想！貴賤賢愚有別，自古已然。平原郡有災，朝官固不宜多享樂，可令京中官吏，節食省用，不得靡費。」

「不錯，朕先就不能靡費！近年朕常思，宮女過多，也是沒來由的耗費。明日可傳詔下去，裁減其半數，放歸家中。」

許昌就一喜，叩首回道：「陛下聖明。宮女皆為良家女，久在宮中，只怕誤了終身大事。今日開恩放歸，任其擇婿，民間必將感恩陛下。」

武帝微微頷首道：「天下事，有千端萬緒；你我君臣，卻只得一心

可用。稍有疏忽，小民便不堪其苦。丞相今後，當多提醒朕。平原郡災民，可令其徙至茂陵邑，每戶給錢二十萬、田二頃，任他生息，方為救濟良策。」

許昌連聲然諾，將諸事都記下，自去辦理了。

未過幾日，宮女放歸令下。深宮一班女子，聞訊都喜不自勝，恨不能早日脫樊籠。又聞放歸之日，由天子點驗名冊，或留或放，當殿定奪；各人心中，便是忐忑不安。

那去留名冊，早由宦者令擬好。放歸當日，武帝親臨偏殿，坐於榻上。一眾宮女，列隊等候喚名。喊到一個，便出列一個，由宦者令指明去留。

一時偏殿之上，鶯鶯燕燕，竟是有百樣面孔。聞聽留下的，都難忍悲戚，掩面而退；聞聽可放歸的，則喜極而泣，連聲謝恩，急奔下殿。

那佇列中，也有衛子夫在。當初衛子夫入北宮時，形同囚犯，飲食起居俱有人管束。稍後時日，方得了些許自由，然也是不能出高牆。時日既久，萬念俱灰，已無心再收拾容顏。這日，只粗粗攏了一頭烏髮，呆立於隊中，等候發落。

武帝查看宮女去留，覺宦者令行事倒也公允，所有放歸者，不是年長就是姿色平平，稍顯伶俐的，盡都留下了。

正當此際，忽聞宦者令點名道：「衛子夫！」武帝就一怔，轉過頭看去，見衛子夫略施粉黛，一頭烏髮依舊如雲，只是較前消瘦了許多。想想相識那日，竟是一別經年了，心中便覺一熱。

只見衛子夫應聲上前，未等宦者令發落，便伏地向武帝叩首。再抬起頭時，已是淚流滿面，哀懇道：「今日得見陛下，臣妾萬幸，夢中亦不

敢想。妾本無長技，留之也無用，願陛下開恩，放小女子出宮去吧。」

聞此哀切之音，武帝心中有愧，忙道：「哪裡！你且留下，朕自有主張。」衛子夫面露驚異，欲再力爭，終是不敢違命，只得起身，隨眾退下了。

當晚，未央宮內並無消息，衛子夫便沒睡好。至次日晝間，仍是音訊全無，子夫更覺心神不寧。至夜，忽有宦者來，傳旨宣召，命速往宣室殿。子夫的一顆懸心，這才放下，知天子並未忘舊情。連忙裝扮好，隨宦者來至宣室殿。

此時二人相見，都覺甚奇；搖曳燭光中，更是恍如夢寐。

衛子夫心一酸，便欲下拜。武帝也覺傷情，忙上前攔住，一把將子夫攬入懷中。兩人有千言萬語，只覺說也說不盡。

武帝喃喃道：「今夜，便不要離去了。」

衛子夫知武帝情篤，心中便感踏實，嘴上卻偏要說：「臣妾命賤，不當再近陛下。若是娘娘探知，妾身死不足惜，只怕是陛下要多些心煩。」

一語說得武帝臉紅，連忙安撫道：「這是哪裡話！宣室殿遠離中宮，你留宿於此，哪個敢來打擾？」

「既有娘娘，陛下又何必在意臣妾。」

「你實有不知，我昨晚得一夢，夢見你所站立處，旁邊有幾株梓樹。梓與子，音同也，這便是上天之意。朕至今無子，常懷抱憾之心；生子之事，當是應在你身上。」

衛子夫望了武帝一眼，嫣然一笑：「哪有這麼容易！」武帝只顧抱著子夫不放：「上天之意，焉能不信？」

歌姬得寵，紅袖添香近帝側

兩人遂卿卿我我，語意愈濃，終是在鴛鴦帳中，再成好事。

至次日，武帝將衛子夫安頓於別室，吩咐涓人嚴加護衛，不容他人攪擾。有空時，便召子夫來宣室殿歡會。如此，不覺就是數月過去。

或是緣於心誠所致，只這一夜，衛子夫竟然有了身孕。武帝聞之，不覺大喜，每逢朝政稍有空閒，便來看顧。兩人恩恩愛愛，猶如平民家小夫妻一般。

衛子夫蒙寵，喜結珠胎，此事雖隱祕，日久卻也洩露了出去。皇后阿嬌得知，惱恨異常，直赴宣室殿去責問武帝。

若在平常，遇阿嬌蠻橫無理，武帝總讓著幾分。此次見阿嬌冷臉來問，武帝卻不想再忍，只淡淡回道：「皇后無子，朕另幸衛子夫，於禮並無不合。」

「早年之諾，便不作數了？」

「今日妳仍為皇后，便是朕從未背諾。朕倒要問，阿嬌有何可惱？」

「既有金屋，便不容有他人。此話，難道還須我阿娘來對你說嗎？」

兩人僵立，四目相對。阿嬌縱是搬出竇太主來，武帝也是不睬，只仰了頭道：「帝嗣不可斷。我只求有子，不問其他。」

提起子嗣，阿嬌自覺理虧，心知再爭也是無益，只得憤憤退下。

回到椒房殿，愈想愈覺膽寒。想到若久無子嗣，待阿娘百年後，這皇后之位，怕是要難坐穩！

於是，此後數月，阿嬌頻頻遣人出宮，四處求醫，只覓那宜生男的藥方，無論蟋蟀蜈蚣、雪水幽泉，皆顧不得那許多，通通拿來服下。

無奈天公不作美。百計過後，阿嬌肚腹中，仍是毫無動靜。哀嘆之餘，便又起了謀害之心，密遣了身邊心腹宮女，或暗送鴆酒，或流布謠

言，直欲將那衛子夫置於死地。

這邊廂，武帝早料到阿嬌善妒，定有謀劃不利於子夫，便也百計防之。衛子夫所居別室，有涓人、甲士環繞，連鳥雀也飛不進。雖有幾次遇險，然嚴守之下，卻也無大礙。

阿嬌屢試不能得手，對武帝就更無好臉色。武帝恨阿嬌量窄，越發不肯再往中宮去。兩人為一個衛子夫，竟勢同水火。

事既至此，阿嬌終感技窮，只得不顧臉面，去見竇太主，哭訴遭武帝冷落之事。

竇太主聞之大驚：「這個彘兒，如何就敢放肆！阿嬌，我只知他待你平平，不料竟寡恩若此，為何不早說？」

阿嬌泣道：「我心竅少，方有此苦命，不敢教阿娘知曉，唯恐惹妳生氣。」

竇太主怒而起身道：「什麼話！金屋藏嬌，莫非僅只玩笑嗎？我這便去問他。」

阿嬌連忙拉住阿娘，急切道：「不可！君上今日，非比幼衝時，阿娘不可做逆鱗之事。」

竇太主想想，只得嘆口氣坐下：「阿嬌說得是，奈何？今上已非四歲幼童，其為人，素來固執，老太后的話都可不聽。我這姑母，又能何如？」

阿嬌見阿娘也無甚主張，更覺心傷，又幽幽地哭起來。

竇太主只得把阿嬌拉進懷中，輕撫其背，勸慰道：「女兒莫急，容我從長計議。」

阿嬌這番哭訴，惹得竇太主怒起，留心了數日，忽探得長安縣的

歌姬得寵，紅袖添香近帝側

建章營[22]中，有一小吏，名喚衛青，乃是衛子夫同母弟。心下就起了歹意，暗囑心腹家僕，往長安縣將衛青逮住，囚繫於府邸後堂，意欲殺之。

說起這衛青，後來雖是聲名顯赫，然在此時，卻只是一苦命兒。其母衛媼（ㄠˇ），嫁與平民衛氏，先後生有一男三女，即，長子衛長君、長女衛君孺、次女衛少兒；那第三女，便是正蒙上寵的衛子夫。

衛媼其命，也是坎坷，人到中年忽就喪夫。輾轉生計間，不得已入了平陽侯家中幫傭，做了個洗涮婢女。

幫傭之際，寡女未能籠住春心，與侯邸小吏鄭季，有了私情，生下一男，便是衛青。

那鄭季，本已有妻室，其妻強悍，不便納衛媼為妾。衛媼只得獨養衛青多年，無名無分，其間飼育艱難，不可盡言。

眼見衛青漸長，寡母衛媼獨力難支，無可奈何，只得將衛青送歸鄭季。那鄭季縱是懼內，也不便拒之門外，只好硬起頭皮接納。

鄭家早已有數子，並不缺這一男，鄭妻嚥下這苦果，到底心頭有難解之恨，萬不肯視衛青為己出。鄭季於兩難之中，只得令衛青為自家牧羊，視若童僕，任意喝斥。那鄭家諸子，更不能視衛青為手足，嘲罵輕賤，自是家常便飯。

某日，衛青隨他人至甘泉宮獄，匆匆行走間，一囚徒忽然喚住他，要為他相面，相罷大驚道：「小子，你命中乃貴人也。今雖潦倒，來日卻是官至封侯！」

衛青笑道：「我為奴生之子，不受鞭笞責罵，即足矣，安得有封侯之

---

[22] 建章營，建章營騎所在。建章營騎，即羽林郎的前身，掌天子近身護衛。

事?」那人道:「我精通相術,又安得有錯!」

衛青望一眼那蓬首囚徒,只道了聲:「謝過!來日做夢,或可有此事。」便掉頭而去,對此未留意。

可憐衛青,小小年紀寄人籬下,粗衣劣食,忍辱偷生,嘗盡了人間炎涼。如此草草長成了少年,終不能忍受鄭家虐待,還是返回了母家。

衛媼見衛青歸來,衣衫襤褸,竟與乞丐相類,不禁抱住衛青痛哭。無奈之下,只得厚起臉皮,去央求平陽公主。幸得平陽公主心軟,收下了衛青,做個隨身騎奴,算是暫離苦海。

衛青回歸母家,想想與生父鄭季之間,已無骨肉之情,便跟從母家,冒姓了衛。又因衛氏已有一長子,故自己取了一個表字「仲卿」,意謂排行第二,與衛氏兄姐認了同胞。

時衛家三女,各有歸宿。長女衛君孺,已嫁與太子舍人公孫賀。次女衛少兒,與平陽公主家中小吏霍仲孺私通,生有一子,即後來大名鼎鼎的霍去病。三女衛子夫,已被送入宮中。

衛青自從做了騎奴,覺微賤之命或還有轉機,便不甘淪落,去尋了些書來看。少不了發奮一番,終至粗通文墨,能淺涉經史。

做了兩年騎奴,識得公孫敖等幾個騎郎,相與往還,頗有情義。諸人憐惜他,為他引薦,在建章營騎做了一名小吏。

且說衛青正埋頭當差間,忽被竇太主家僕擄去,囚於密室,渾不知罪從何來,眼見將有不測。此時,公孫敖得知消息,急忙奔走打探,方知原委,便決意出手相助。當下召集了壯士,潛往囚室外,趁竇太主家僕不備,破門而入,將衛青救回。

公孫敖也知,竇太主必不肯善罷甘休,便一面安頓衛青,一面託宮

歌姬得寵，紅袖添香近帝側

中涓人轉達，將此事稟報武帝。

武帝聞之，向衛子夫問明來龍去脈，愈加憤恨阿嬌。遂面召衛青來問，見衛青虎虎有生氣，不禁相惜，索性將衛青拔為建章監。後不久，又擢衛青為侍中，出入護駕，負璽陪乘，成為貼身近侍。

不止如此，為給阿嬌一些顏色看，武帝索性封了衛子夫為夫人，納入後宮。此後，又擢升衛青為太中大夫，掌諫議之職，居內廷要職。連帶衛青同母兄姐，也一併得享榮寵，不數日間，即受賜累積千金。

衛青同母兄衛長君，官拜侍中。長姐衛君孺，乃公孫賀妻；公孫賀在武帝為太子時，曾為太子舍人，此次因衛氏得寵之故，更升官至太僕，躋身九卿。

二姐衛少兒，原與霍仲孺私通，後又看中陳掌，與之歡好。這位陳掌來歷頗不凡，乃元勳陳平曾孫。其兄名喚陳何，因劫奪人妻，坐罪棄市，陳平傳下的侯門，就此斷絕。陳掌家道中落，多年寄寓在都中，做了一名小吏。此人面目秀美，乖巧玲瓏，為衛少兒所喜，遂棄了霍仲孺，嫁與陳掌為妻。

那霍仲孺與衛少兒本無婚約，見衛少兒另覓高枝，雖是惱恨，卻也只能放手。

此次衛氏受賜，武帝見陳掌是勳臣後人，如今又成連襟，便拜了陳掌為詹事[23]。

至於援救衛青的公孫敖，也獲武帝嘉賞，超拔為太中大夫，與衛青同列。公孫敖乃義渠縣（今甘肅省慶陽市寧縣）人，只因這次拔刀相助，竟一躍而成天子近臣，後更與衛青一道，成為漢家一代名將。

---

[23] 詹事，官職名，秦始置，漢初沿置，掌太后、皇后、太子諸宮庶務。

所謂「一人得道，雞犬升天」，便是如此。那武帝不敢去碰阿嬌一根寒毛，卻將衛氏親戚一齊加官，看得阿嬌目瞪口呆。

　　阿嬌日夜所思，只想驅走衛子夫，豈料弄巧成拙，反令衛氏親眷遍布內外，自家更覺勢單了。眼看與皇帝近在咫尺，卻不得親近，滿心無奈，終日愁眉緊鎖。

　　此事自是瞞不過老太后，武帝入長樂宮請安，老太后臉色便不好：「徹兒，你做皇帝，不過才二三年，便將你姑母當成東郭先生。」

　　武帝佯作惶悚道：「祖母，如此做比，孫兒當不起！我如何就成了中山狼？」

　　「忘恩負義，便是狼也不如！」

　　「阿嬌至今仍居中宮，即是藏在金屋，孫兒並無他意。」

　　老太后也知武帝只在敷衍，嘆口氣道：「你自幼便執拗，來日權愈重，還不知要惹出何等禍來！」

　　老太后嘮叨得愈多，武帝就愈心煩，想想內外施展都不易，只得與文學近臣優遊往還，以遣時日。

　　自選賢良以來，有那莊助、司馬相如、東方朔、吾丘壽王等人，已先後待詔。其中詞賦最佳者，當數莊助、司馬相如一流；登堂從政者，當數公孫弘一流。另有東方朔則是滑稽一流，隨侍左右，好比倡優取樂。

　　當時，東方朔正待詔公車。這「公車」，乃是衛尉屬下一個衙署，專掌臣民上書與徵召，以公車令為長官。古時徵召四方名士入都，都是公車迎送，無須私費，故而得名。

歌姬得寵，紅袖添香近帝側

東方朔在公車署閒得無聊，向公車令領得些錢糧，應付飢寒，卻未有一文俸祿。

淹留既久，只不見君上召見，不免就有些焦躁。

東方朔這日在城內閒遊，見一班侏儒，著涓人服飾，驅馬而過，便知這是天子六廄養馬人，心下就不忿：「我枉自才高，在此吃閒飯，竟不如矮人有用嗎？」便心生一計，搶上兩步，對那班侏儒道：「在下東方朔，見過諸位。君上召你輩來，將有大用乎？」

有侏儒領袖樊愛君，恭敬回道：「即是在六廄養馬。」東方朔問道：「敢問大名？」

「太廄尉樊愛君。」

東方朔便哂笑：「只恐君不愛你！養馬，何人不能養，偏要用你輩乎？」樊愛君一怔，連忙拱手道：「願聞先生指教。」

「恐不是好事。君上召你等來，乃是圈套耳。」「哦呀！天子如何能有圈套？」

「君上嫌你輩無益於郡縣，若耕田務農，力不及眾人；若坐堂理政，才不能治民；若從軍殺敵，則又不通兵事。拿了俸祿，能做得何事？」

眾侏儒聞聽，面面相覷，心中頓覺惶然。樊愛君急切道：「天子特召我等，俸祿優厚，又怎能嫌我輩無能？」

東方朔一笑，接著又道：「既於國無用，又費衣食養活，天子是閒得無事嗎？乃是以此為餌，召無才者入朝，聚而誅之！」

眾侏儒頓時譁然。樊愛君冷笑一聲，反駁道：「朝中庸官，亦有不少，如何不聚而誅之？」

東方朔故意仰起頭，想了想方才答道：「庸官固然庸，望之，總還有

七尺之軀吧。」

樊愛君聞此說，竟至啞然。眾侏儒見領袖無措，一時大恐，競相涕泣，全不顧鬧市中有人圍觀。

東方朔見恐嚇見效，心中暗喜，佯作嘆息道：「我看爾等，也是可憐，將要無辜受戮。庸官做了蠢事，尚不至死；你等有長技在身，反倒活不成。人間事，便是這般，無處可講道理。我今有一計，可以救諸君一命。」

眾侏儒早嚇得臉色慘白，忙不迭地央求：「先生可憐可憐在下！」

東方朔望了未央宮一眼，指點眾侏儒道：「我聞宦者言，天子今日將從此過，你輩不妨攔路請罪，或可有個活路。」

眾侏儒哪裡還有主張，只連聲謝過，便退在路旁等候。

等候良久，果然見街衢那邊騷動起來，有人奔走呼道：「天子來了——」

眾侏儒便也不顧禮數，一擁而出，堵在路口，伏地號泣道：「聖上，聖上！萬不能枉殺呀！」

武帝乘鑾駕至此，見侏儒跪了一地，也是驚異，忙問道：「青天朗日，這又是為何？」

樊愛君叩首悲戚道：「適才聞東方朔言，陛下欲殺盡吾等。吾等無能，在此請罪，只願留得一命。」

武帝思緒一時不能接洽，怔住半晌，才又氣又笑道：「太廄尉，爾輩養馬，養死了馬匹麼？」

「未有。」

「那便是了。既無過失，朕如何要濫殺？」

歌姬得寵，紅袖添香近帝側

「那……始皇帝也要坑儒呢！」

「胡言！要坑儒，也須你輩是儒，而非侏儒。且回吧，朕不殺便罷，要殺的豈是你輩？」

眾侏儒知是東方朔誑語恐嚇，不由都轉悲為喜，「祖宗」、「阿爺」地一番謝恩，才起身退去。

武帝眼望侏儒遠去，恨恨道：「好個東方朔，冒名竟冒到了我名下！」待返回宮中，立召東方朔入內，當面責問。

數月以來，東方朔只愁無緣見駕，盼的就是此刻。聞宦者傳詔，立即興沖沖來至宣室殿，伏地聽命。

武帝怒叱道：「秦以來，敢矯詔者，僅趙高、李斯耳。君是何等膽量，敢冒朕之名，恐嚇侏儒？」

東方朔也不慌，叩首奏道：「陛下，請稍息怒。臣有一言，死活也要奏上。那班侏儒，身長三尺餘，俸祿可得一囊粟、錢二百四十。臣身長九尺餘，亦是俸祿一囊粟，錢二百四十。侏儒得此粟，可吃到飽死；臣得此粟，卻是要餓死。可憐臣之父母，又何必多生出我六尺來？」

「放肆！什麼話？」

「臣以為：若臣言可用，請待臣以禮；若不可用，請罷之。只不要令臣如乞丐，日日去索那長安米。」

武帝聽了，止不住大笑道：「原是懷才不遇！君素有名節，當獨立於世；為何見不到朕，便覺心慌？豈不是徒有虛名嗎？」

東方朔聞武帝譏笑，便知計謀得逞，故作膽怯道：「臣重名節，名節卻不能供溫飽。溫飽不足，便無臉面；臣盼見陛下，是要討個臉面。」

「以君之見，儒生只活個臉面嗎？」

「若俸祿豐足，臉面也可不要了。」

一句話，竟惹得武帝大笑：「先生聰明，算準了造謠也可無罪。好，你且平身，便命你待詔金馬門，隨時聽用。」

「陛下，如何還是待詔？臣滿腹詩書，要幾時方販賣得出？」

「呵呵，先生心急，朕卻不急。何時你心氣平和了，方可召用。」

「謝陛下大恩，然臣實不知：那金馬門，究竟是何門？」

「天下儒生，無不急於進用，只怕朕看不見，朕偏要磨你一磨！那金馬門，乃宦者署也，在宣室殿左近，門旁有銅馬。你待詔金馬門，離朕便近了，也好從速起用。」

東方朔聞武帝此言，想了想，也只得謝恩道：「蒙陛下不棄，待詔也是好的。」便起身退下殿去。

且說金馬門既在宮中，東方朔遇見武帝，果然便不難。

時至建元三年（西元前 138 年）初，武帝於宮中，常召來術數之士，令彼等射覆。以覆盆置於案上，內藏一物，令術士打卦，猜盆下是何物。

這日聚眾射覆，東方朔湊巧也在旁觀。武帝命人暗將一壁虎置入，令諸術士猜。諸人各個起卦，皆不能猜中。

武帝便笑：「不過一尋常活物，婦孺來猜亦不難；諸君素有神通，如何就技窮了？」

眾術士皆愧不能言，東方朔看得心癢，遂向武帝一拱手，自誇道：「臣也曾研習易理，實非難事，請允臣射之。」

武帝望望東方朔，忍不住笑：「又是大言！若射不中，朕要杖你屁股。」

歌姬得寵，紅袖添香近帝側

東方朔坦然道：「中或不中，全屬易理。臣固然不如術士，總還強於婦孺，若不中，甘願受罰。」

武帝便頷首應允：「你便猜吧。」

東方朔當下拈起蓍草，另設一卦。卦成，凝神看了一會兒，忽就口占數語道：「臣以為，此物謂龍又無角，謂之為蛇又有足，跂跂脈脈善緣壁，若非守宮即蜥蜴。」

所謂「守宮」，便是壁虎，因其伏於壁，善捕蚊蠅，故名為「虎」。古醫者以為，以硃砂飼壁虎，焙乾為粉末，塗於女身，倘有越軌事，色便脫，故別號為「守宮」。武帝聞東方朔說出「守宮」二字來，臉色微微一變，繼而大笑，吩咐宦者揭開覆盆來看。

眾術士皆以為奇，紛紛探頭去看，那盆下，果然是一隻壁虎！

武帝便拊掌讚道：「神人神人！敢矯詔者，腹內果然有物。來人，立賜東方先生帛十匹！另還有何物？都拿來令先生猜。」

東方朔謝過，又凝神再猜。宦者便將雞蛋、蠶蛹、巾帛、團扇、盒罐等，拿袖掩了，逐次置於盆下。東方朔隨物起卦，竟是連連猜中。

眾術士一派驚呼，無不折服。武帝定睛看去，心中也稱奇，每見東方朔猜中一物，即高聲吩咐：「賜帛！賜帛！」

不過片時，東方朔竟受賜帛近百匹，驚得眾人瞠目結舌。

時有宮中寵優郭舍人，也在旁觀看。這位郭舍人，本也是滑稽一派，常隨武帝左右，以供取樂。這時看了東方朔本領，心生妒意，便上前一步，拱手道：「東方朔，狂人也；僥倖猜中，而非精通術數。臣願取一物，令東方朔再猜。若他猜中，臣甘受杖責一百；若猜不中，也無須他受杖，只賜帛與臣就好。」

武帝笑笑：「皆是滑稽一派，今日倒要較個高下了。」便欣然應允。

那郭舍人抖擻起精神，疾步往射覆案後，密取了一個樹上的「寄生」，放在盆下。回過身來，笑望東方朔道：「狂者，你便來猜！」

這寄生，原是生於樹幹的菌類，貌似小蟲。東方朔凝視覆盆良久，再次起卦。卦畢，沉吟片刻，方含糊道：「不過一小物耳！」

郭舍人聞之大笑：「就知東方朔猜不中，徒有狂言耳。」

東方朔卻伸手一攔，高聲道：「舍人，慢！下臣話還未完。」說著，負手踱了幾步，轉身望住郭舍人道，「生肉，名之為膾；乾肉，名之為脯。名不同，而實同。你所置物，著於樹上，為寄生；置於盆下，為小物。」

旁側宦者聞言，當即掀開覆盆，眾人觀之，果然是寄生，頓時就起了一片笑聲。

武帝也強忍住笑，一指階下，對郭舍人道：「滑稽歸滑稽，然諾歸然諾，舍人請自去了結。」

那郭舍人不由大窘，臉上紅白不定，也知躲不過，只得走下階去，翹起屁股，伏於庭中地面。

左右宦者得武帝令，持了竹板上前，掄起來，雨點般地笞打下去。郭舍人忍不住痛，只是連聲呼叫。一時間喝斥聲、呼痛聲，交相並作。殿前景象，頓顯滑稽。

東方朔湊近觀看，樂不可支，和著責打聲，拍掌道：「奇景也……咄！口無毛，聲嗷嗷，尻益高！」

郭舍人羞恨交并，強忍至受笞畢，一瘸一拐走上殿，哭訴於武帝座前道：「東方朔詆毀天子從官，罪當棄市！」

歌姬得寵，紅袖添香近帝側

　　東方朔拍掌戲謔，武帝也已聽到，聞郭舍人這一說，也頗覺不悅，便望住東方朔道：「究是為何故，你要詆毀他？」

　　「臣不敢妄言詆毀，乃是與他作隱語。」「隱語？那麼，說的是什麼？」

　　「口無毛者，狗洞也。聲嗷嗷者，鳥反哺巢中也。尻益高者，鶴俯身啄狀也。有何毀辱？」

　　不待武帝反問，郭舍人早耐不住，應聲道：「臣亦願問東方朔隱語，他若不知，亦當受笞。」

　　東方朔當下拱手道：「你且說來！說來！」

　　郭舍人胸中文墨不多，急切中怎能說出妙語，只得隨口亂說道：「令壺齟，老柏塗，伊優亞，狋（ㄧˊ）吽（ㄡˊ）牙。你便說，此何謂也？」

　　東方朔聞之，初一怔，隨即仰頭笑道：「料不到，舍人也有好學問！這有何難？令者命也，壺者盛物也，齟者齒不正也。此其一。」

　　武帝不禁一笑：「哦？那麼二呢？」

　　「老者人所敬也，柏者鬼聚之庭也，塗者泥塗之徑也。此其二。」

　　「末句呢？」

　　「伊優亞者，辭未窮也。狋吽牙者，兩犬爭也。此即其三。請問郭舍人，下臣所解，可有誤？」

　　東方朔應聲答對，機鋒百出，就連殿上一眾涓人，聞之亦驚詫。

　　那郭舍人本就是信口胡謅，並無深意，此時被東方朔一問，竟是無言可對，只得深深一揖道：「在下服氣，不敢與先生鬥智。」

　　武帝也聽出奧妙來，朗聲大笑道：「好個東方朔，無怪連詔旨也敢

矯！你隨口即是妙語,教郭舍人如何再謀食?罷了罷了,今日起,就隨我左右,為常侍郎。不要胡言了,只出妙語就好。」

自此,東方朔深得武帝寵信。出入皆從,時作諧語,引得武帝開顏一笑。

東方朔性本放達,有此憑依,更是脫略形跡。偶爾出語冒犯,武帝也不責備,反倒常呼東方朔為「先生」。

這年夏日入伏,循例有詔,為內廷侍從賜肉。肉置於案上,只等主事者來分。其時,炎陽如火,眾郎官立於廊下,個個汗流浹背。

直等到日斜,主事的太官丞[24]仍遲遲未至。東方朔不耐煩,獨步出列,拔劍割下一塊肉,對同僚道:「伏日天炎,當早歸。靜候肉腐,不如自取,下官這便受賜了!」言畢,將肉揣於懷中,大步去了。

眾人看得發呆,都不敢動,直至太官丞來到,宣詔賜肉。待點過名冊,獨不見東方朔,太官丞怪之,問過眾郎,才知東方朔已割肉而去,不禁大怒。掉頭便往宣室殿去,奏報了武帝。

次日晨入朝,東方朔趨步上殿,恰為武帝看見,伸臂攔住問道:「慢!昨日賜肉,你不待詔,以劍割肉而去,是何故也?」

在旁眾郎官聞之,都圍攏來看,料定東方朔要難堪。

那東方朔卻並不慌,摘下頭冠,伏地叩首道:「錯在臣,無須太官丞告狀。」

武帝未料東方朔並無辯解,倒也不氣了,稍釋顏道:「哦?那麼先生請起,自責便罷。」

東方朔再拜,而後仰起頭道:「朔來朔來,受賜不待詔,何其無禮

---

[24] 太官丞,官職名,秦漢少府屬官,太官令之副。

歌姬得寵，紅袖添香近帝側

也。然拔劍割肉，一何壯也；割之不多，又何廉也；歸送小君，又何其仁也！」

且說那古禮，諸侯之妻稱為「小君」；故東方朔話音方落，眾人都忍不住笑。

武帝也大笑道：「我令先生自責，如何反倒自譽起來？好好，不怕得罪至尊之君，卻只念『小君』，朕今日，便允了你吧。」當下傳令左右道，「再賜先生酒一石、肉百斤，回去送他小君。」

同僚在旁圍觀，都讚東方朔機警，於一片譁笑中，稱羨不止。

此後，東方朔更是放浪不羈，幾無顧忌。武帝於此時，常因陳皇后事不悅，便召東方朔來，賜食於御前。君臣二人對坐，把酒閒談，任由東方朔戲謔萬端，聊以解愁悶。

每飯畢，東方朔因賜肉之例，只顧將盤中所餘肉，三把兩把抓起，揣入懷中攜回家。時日一久，衣襟盡汙。

武帝見了，便有煩言：「先生縱是滑稽之人，到底為宮內侍從，汙成這般樣子，威儀又何在？」於是每每賜給縑帛，令東方朔製作新衣。

東方朔也不推辭，逢有賞賜，謝過主恩，扛起帛匹就走，穿行於宮中，毫無愧意。

在古時，縑帛便是財富。東方朔受賜多了，竟成了小富。偏他又好色風流，以受賜錢帛為禮，覓城中姣好女子，娶為妻。然迎娶僅一年，又棄之，再娶新婦。如是所受賜錢帛，盡給了女子。

武帝身邊諸郎，大半呼東方朔為「狂人」。武帝聞之，也不以為怪，只笑道：「東方朔任事，唯此瑕疵，你等安能及之？」

諸郎聞武帝此言，皆自愧不如，只恨無一張詼諧利口，可討君上歡

喜。緣此，東方朔行走殿中，有郎官便半妒半羨道：「人皆以先生為狂呢！」

東方朔橫瞥一眼，昂然道：「呵呵，狂又何妨？如我東方朔，乃避世於朝廷間；古之人，則避世於深山中。」

又有諸郎聚飲，東方朔在席中，飲得酣暢，即伏地作歌曰：「沉淪塵俗裡，避世金馬門。宮殿可保身，何必深山中？」其放浪之態，令滿座皆驚。

時有洛陽進獻一矮人，入謁武帝。那侏儒拜過起身，見東方朔在側，神色忽就一變：「謔矣！此人慣竊西王母桃，何以在此？」

武帝亦覺吃驚，忙問道：「你何以得知？」

那侏儒答道：「回陛下，西方有王母，擅種桃，三千年方結子一次。此人品性不良，已偷桃三次了。」

武帝雖聽慣各色大言，聞之仍吃驚，回首瞥一眼東方朔，問道：「如此說來，先生竟有⋯⋯萬年之壽了？」

東方朔拱一拱手，含笑道：「怎敢？千年萬年，總要合天意。」

武帝久視東方朔，搖搖頭，嘆道：「先生或是異人，只不肯承認！朕一心要請教：始皇帝東可至琅琊，西卻不能及瑤池；朕於來日，可否西至瑤池？」

東方朔當即一躬到地，機警答道：「念茲在茲，或能及之。」

武帝一怔，轉瞬又笑道：「你姑且說，我姑且聽。先生年長於我，可不要太早乘鶴歸去。既已活了萬年，不妨延壽，助我遂此心願好了。」

自此，東方朔不羈之名，騰起於朝野；民間輾轉相傳，竟成個半仙半聖之人了。

歌姬得寵，紅袖添香近帝側

時至當年八九月中，瓜熟果香，正是好時光。武帝與諸近臣談笑，日久也生厭，君臣便商議，不如趁天涼，微服出遊，也享一享豪俠少年之樂。

武帝卻又遲疑道：「我等久居深宮，哪曉得有何好去處？」

韓嫣便一笑：「這有何難，臣下自有計議。」便附耳對武帝說了一番。武帝面色轉喜，頷首道：「如此甚好！你去布置吧。」

當夜，至漏下十刻，武帝、韓嫣等都換了便裝，帶了幾名騎郎，打開宣室殿門，一擁而出。守門有謁者數人，識得為首黑衣人是武帝，不由得都呆住。

韓嫣回首，低喝了一聲：「天子出遊，不得通報郎中令！」那班守門謁者，驚得面面相覷，只得躬身然諾。

此時殿門外，早有北地良家少年十餘人，皆善騎射，在殿外等候。

原來，韓嫣與北地少年素有勾搭，過往甚密。見武帝有意微服外出，便選了十餘名入宮等候，以漏下十刻為期，齊聚殿門外。殿門一開，兩隊人馬即合為一處，武帝高聲囑道：「老太后嚴厲，兒郎們不得惹事。若有人問起，只說是平陽侯人馬出行！」

眾人齊諾，便從長樂宮端門悄聲而出，一聲呼哨，往城外馳去。

如此一夜馳騁，至天明，興致未盡。又掉頭馳入南山，縱馬射獵，擒獲了狐兔無數，至薄暮方還。

次日，在長信殿朝會畢，武帝興猶未盡，喚韓嫣近前，笑顏道：「北地兒郎，到底是身手好。今後朕若欲出，仍是以漏下十刻為期，相聚殿門。小子們若不嫌委屈，可秩比郎官，為朕隨侍。」

約期在門外，自此相沿成習，一干少年郎，皆在宮中行走。久之，人人自號「期門」，覺榮耀無比。

武帝得知，笑個不住，當即就有話：「期門就期門，漢家從今有此官；為首者，授期門僕射。」

諸少年郎一夜得官，都喜出望外，更是盡心陪武帝遊樂。

韓嫣見武帝喜好出遊，索性變本加厲，從隴西、天水、安定、北地、上郡、西河等六郡良家子中，遴選數百人入禁中，號為「期門郎」。凡有武帝微服出遊，即執戟護衛。

稍後不久，武帝又率十餘人夜出，馳至鄠杜[25]一帶。待平明時分，馳入南山游獵，逐射鹿豕，手格熊羆，鬧得鷹飛狗走，踏壞稼禾甚多。當地農人被驚動，望著一行人背影，號呼詈罵。

一行騎士理也不理，揚長而去。農人不忿，相聚洶洶，遂有一二父老出頭，告往官府。

鄠縣縣令聞報，不禁怒上心頭：「平陽侯不過天子姐夫，不守法度如此，還了得嗎？」當下點起衙役十數人，前往謁見「平陽侯」。

眾騎士見縣令率人來，舉鞭欲打。縣令大怒，令衙役上前喝止，眾騎士終究不敢惹事，道了聲「就此別過」，回馬便走。眾衙役奮力追趕上，在隊尾截住了兩人，拉下馬來，厲聲喝問。

那兩名期門郎，見脫身不得，不欲受辱，只得低聲道：「縣令息怒，我等非歹人，乃是天子隨駕。」

縣令越發惱怒，上前掌摑二人道：「騙到本縣頭上了，若有這等害民天子，天理又何在！」

---

[25]　鄠（ㄏㄨˋ）杜，即鄠縣、杜陵一帶，為長安近畿。鄠縣曾名戶縣，今為西安市鄠邑區。

歌姬得寵，紅袖添香近帝側

那兩人一齊嚷起來：「冤枉！看我等所攜黃鉞、傘蓋，若非天子，何人敢用？」

縣令上前辨認，見果是天子之物，不禁仰天嘆息：「老夫活得太久，天理也不似往日了！」便揮揮手，命衙役放了兩人。

兩人追上大隊，稟報武帝。武帝只是笑了一回，也未責怪。

整日盡興後，一行人來至柏谷地方，人馬皆疲，便欲投亭長家中歇宿。亭長聞聲出來，舉燈看看，見來人形狀可疑，便不肯接納：「朝廷有律法，若無公事，小官不得伺候！」

武帝無奈，只得率隊轉投旅舍。

那旅舍店主安排一行住下，心中也甚疑，瞥了一眼武帝裝束，冷冷道：「看你少年壯碩，當勤於農事，如何要執劍遊蕩？夜深人靜時，來擾鄉邑，莫非是盜賊？」

武帝顧不得逞口舌，只一揖道：「主人家，在下渴極，可有水飲？」

那店主冷笑一聲：「尿有，水卻無。客官們自去歇息吧。」說著，便進了自家屋內。

韓嫣忍不住，發問一聲：「店家，便不怕我等是歹人嗎？」

店主回過身，朗聲答道：「近畿重地，若是歹人，只怕是跑不脫！」遂不再理會武帝一行。

韓嫣正欲發作，武帝勸阻道：「左不過一夜歇宿，天明即離去，無須與他計較了。說到底，微服出遊，終究不便惹事。」

眾人疲累，頭一挨枕，即酣然入睡。武帝與韓嫣同室，卻是輾轉不能眠。韓嫣不解，問之。武帝警覺道：「適聞老者語言，頗不善，莫要有什麼不軌！」

韓媽一驚，躍下床道：「臣這便去探看。」

待韓媽躡足至店主窗下，只聞裡面嘈嘈切切，從窗櫺看進去，裡面竟聚了一眾丁壯。

原來，店主認定武帝一行夜出，定是盜賊無疑，便召來鄉中壯士十餘人，意圖拿下歹人，送官究治。

韓媽在窗下聽得真切，驚出一身冷汗來。正欲潛回，忽又聞店主婦發話，打斷了眾人議論：「我看為首者，骨相非凡，恐不是盜賊一流。爾等十餘村夫，如何拿得下他？不如在此先飲美酒，待歹人睡熟，再動手不遲。」

眾人便發聲附和道：「嫂嫂說得有理，我等先飲酒再說。」

韓媽心下奇怪，伏在窗外，要聽個究竟。時不久，見那店主竟然醉了，伏案不起，眾人七手八腳，將他抬至床上。那店主婦便埋怨道：「如此酒量，能做得什麼事？」說罷，便遣散了眾人，又拿了繩索，將店主牢牢綁在床上。

韓媽看得真切，暗暗稱奇，連忙潛回屋內，報與武帝知，而後建言道：「趁那人醉了，何不就此遁去？」

武帝思忖一回，搖頭道：「此刻遁走，恐驚動村人，反倒不便。你我若走不脫，明日被綁見官，天下都要笑翻了。不如歇下，天明再走。」

雞鳴三遍後，武帝一行起身，裝束停當，開門便欲走。那店主婦卻出來攔住，笑意盈盈道：「眾位客官，昨夜未歇好，老嫗備了些熱食，用畢再走不妨。」

武帝大出意外，連忙謝過。眾人進食畢，武帝又向主婦千恩萬謝，方才別過，並未說破昨夜情景。

歌姬得寵，紅袖添香近帝側

　　至天明，店主醒來，見自己竟被綁在床上，不由大怒。正欲呼喊，門外忽有宮中使者至，高聲喚道：「天子召店主入朝，有重賞！」

　　店主婦這才入屋內，為店主鬆了綁，將夜來情形說明。

　　店主聞聽昨夜險些犯駕，心膽俱喪，不敢應召。店主婦再三勸解，店主才放膽與渾家同入長安。

　　夫婦兩人拜過武帝，武帝只是笑：「店家，難得你不容歹人留宿。也是僥倖，若將朕綁了，只怕是縣令先要嚇到。」

　　店主連忙叩頭請罪。

　　武帝上前扶起，溫語道：「你哪裡有罪？民若皆忠勇似你，天下何愁不安？」說罷，便下詔，賜店主婦千金。

　　此時的建章營騎，已更名為羽林騎，掌宿衛侍從。所部騎士百人，皆出自西北六郡，名為羽林郎。武帝遂傳口諭，授店主為羽林郎，留在身邊。

　　店主一時回不過神，竟口吃起來：「小、小的怎敢？容我回家就好。」

　　武帝就笑：「家回不得了。敢綁天子的人，當為天子防賊。」殿上諸人聞言，都是一番大笑。

　　柏谷遇險之事傳出，丞相、御史大夫頗不安，唯恐武帝私遊出事，便徵發近畿小民，共建會所，供武帝歇息。然武帝終覺不便，又私置更衣所十二處，以供更衣歇息。外出投宿，則在長楊、五柞、倍陽、宣曲等地建起行宮。

　　如此這般，武帝仍嫌勞苦，又不欲被百姓痛恨，便命中大夫吾丘壽王，率善算郎官二人，至鄠杜一帶丈量，圈地估值，欲將山下寬闊地，歸入上林苑，今後入南山行獵，便可返上林苑歇息。所占鄠杜百姓田地，則以各縣無主荒田償之。

吾丘壽王奉命丈量畢，上朝奏事。武帝聞之大悅，連聲稱善。

　　時東方朔在旁，看不過去，斗膽諫言道：「今陛下多築廊臺，唯恐其不高；游獵之處，唯恐其不廣，就不怕天變麼？」

　　武帝聽出此言不善，便橫瞥了一眼：「天如何能變？」

　　「天既不能變，則近畿之地，盡可以收歸上林苑，不怕他小民能翻天，又何必只收鄠杜之地？」

　　「你又在諷我？」

　　「臣不敢。南山為天下險阻，南控江淮，北抵河渭，土地甚豐饒，正是所謂天下陸海之地。其山出金銀銅鐵，百工可取；其地產桑麻粳稻，人給家足。萬民仰賴此土，無飢寒之憂。今陛下欲以此地為苑囿，絕水澤之利，奪民膏之地，上乏國家之用，下奪農桑之業，此乃棄成功、就敗事，臣以為不可！」

　　武帝正襟聽罷，忽而一笑：「你這滑稽之臣，今日倒正經起來。如今官家富了，苑囿大些，又何妨？」

　　東方朔據理力爭：「但求苑囿之大，不恤農時，還談何強國富民？」

　　「好個東方朔，果然敢言！朕這就拔你為太中大夫兼給事中，另賜黃金百斤。」「謝陛下！苑囿之事若能罷，臣即遂願，黃金不要了也罷。」

　　「苑囿之事，卻是不能罷，准吾丘壽王所奏。」

　　「那還賜我金作甚？」

　　「朕願聽逆耳之言。賜金，是怕你不敢再說。」

　　東方朔苦笑一回，只得將賜金收下。經此一事，他也知武帝心思，此後凡有所見悖謬事，即放膽諫言。武帝或聽或不聽，對東方朔總還是優容，從無責怪。

歌姬得寵，紅袖添香近帝側

相如才情，風流詩篇垂青史

建元初，武帝迫於老太后之威，痛失良臣。頓挫之後，只默記董仲舒之言，向天下廣招賢才，留作他日之用。武帝一朝，自此時起，堪稱人才濟濟。

其時，辭章一派的文士司馬相如，風頭正健，名又高於東方朔。緣於司馬相如在文名之外，還有一段佳緣，為天下人所傳誦。不獨當時人盡皆知，到後世，更是代代有人讚羨。

司馬相如乃蜀郡成都人，僑居巴郡安漢縣（今四川省南充市蓬安縣）。安漢這一地名，頗有來歷，原是漢初功臣紀信的故里。當年劉邦感念其功，特置此縣，意為安漢家之謂也。

司馬相如其人，少時即好讀書，又善擊劍，父母鍾愛此子，親暱呼他為「犬子」。及至童年，立世之心愈壯，因慕戰國名相藺相如，遂改名為相如。

時有蜀郡太守文翁，在蜀地治理有方，興水利之外，又有意在邊地興教化。於是，選了些本郡士人，送往長安，就學於名師。其時，司馬相如不過一少年，竟也得入選。

入京數年後，他果然未負厚望，學成返歸。文翁見他少年英俊，便格外器重，特於城中設了一所官學，任用相如為教授，招了些民間子弟，傳授詩書。又留意諸學生中，若有才識過人者，或用為郡縣吏，或立為孝悌楷模，皆為郡民所稱讚。

那蜀郡原為荒僻之地，得文翁一力提倡，不數年間，便風氣大開，

相如才情，風流詩篇垂青史

人人皆知讀書是好事。嗣後，千里蜀地竟是學校林立，文氣從此大盛。

後文翁在任上病歿，蜀人懷其功德，為他立了祠，四季享有香火。連他生前講學的屋舍，也都被精心修繕，保存至今，即是今日成都的石室中學。

再說那文翁歿後，司馬相如驟失倚靠，心中惶惑，不欲久做教席，便辭了職，徑往長安，向宮裡納了些資財，換得了一個郎官來做。不久，得景帝信任，加為武騎常侍[26]，得以隨駕左右。

怎奈司馬相如志不在此，一心只想從文。適逢梁王劉武入朝，手下有鄒陽、枚乘等一干屬官，在長安肆中，偶與司馬相如結識。因兩下裡都是文士，自然一見如故，頗有同好；往來日久，竟是難捨難分。經諸人勸說，司馬相如索性託病，辭了官，投到了梁王門下。

前文已有交代，那梁王劉武素好文辭，收納了司馬相如後，頗為優待。自此，司馬相如便在睢陽「梁園」中，與鄒陽、枚乘等人多有雅集，詩酒唱和，一時好不快活。

心情既好，文采亦大盛，遂寫出了〈子虛賦〉一篇，字字珠璣，博得梁王及諸人喝采。此篇傳布了出去，朝野也是一片讚譽，相如就此名滿天下。

後不久，梁王因不得志，中年病亡。門下諸文士失了依託，只得各奔西東，一代俊傑，轉眼間竟然風吹雲散了。

與諸人長亭作別後，司馬相如舉目四望，四海內全無落腳之處，只得裹了行囊，獨自駕車，怏怏返歸成都。

歸家後，下得車來，步入舊居，但見處處蓬蒿，黯然無光。家中父

---

[26] 武騎常侍，官職名，西漢始置，多以郎官為之，係皇帝近侍護衛。

母早亡,雖有幾個族人,卻無可倚賴,眼見得前面已是窮途,連生計也沒個著落。

正鬱鬱寡歡之際,忽想起昔年好友王吉,今在臨邛為縣令。當初赴長安時,王吉曾前來相送,囑咐說:「兄若宦遊不順,可來臨邛。」

司馬相如想想,此刻也別無他途,不投故人又能如何。遂收拾好行囊,驅車前往臨邛。

王吉聞司馬相如來,欣喜異常,忙將老友迎進縣衙。兩人當年一別,竟有十幾年不見,問及司馬相如近況,相如毫不隱瞞,告知窘狀:「弟今來投,身外之財,已不敷半月食宿了。」

王吉聽了,不住唏噓,只嘆老友時運不濟:「舊日聞聽,司馬兄在梁王處,只道是鳳鳴九皋,不亦快哉,怕是要忘了愚弟我。誰能料那梁王竟……」說到一半,仰頭想想,忽就一笑,「兄也莫急,弟這裡,卻是有一計,可保你重登高枝。」便附耳向司馬相如說了一番。

司馬相如聽了,亦驚亦喜,望了望王吉,終是嘆了一聲:「我本讀書人,未料今生也要使詐!」

王吉笑笑,搖頭道:「勢迫矣!若再不用詐,你衣食不濟,又怎有機緣做文章?」

二人商議畢,王吉便喚衙役攜行李,將相如送至都亭安頓。這都亭,乃是城邑外的郵驛客舍。秦之制,十里設一亭,亭長兼治盜與郵傳,即劉邦早年之職。十數亭中,則有一「都亭」,其義取其大也,位於城郭之下。

司馬相如居於此,食宿有官家擔著,自是不愁。自次日起,那王吉便率了師爺、衙役,前來問候。一行人來至都亭門口,王吉下了車,執

相如才情，風流詩篇垂青史

禮恭候，等司馬相如出來相見，如例行公事一般。起初數日，司馬相如尚能出來，客套幾句。待數日後，相如便託病不出，只遣了驛吏出來擋駕。那王吉偏又執著，仍是每日必至，未嘗稍懈。

日久，左鄰右舍見縣令如此恭謹，都暗自稱奇，不知客舍來了何等貴客。一時紛傳，轟動縣邑。

小縣寡聞，有這等事，幾日便無人不曉。這中間，驚動了本邑兩個富豪，一為卓王孫，一為程鄭。

那首富卓王孫，世居趙地，家中以冶鐵致富，戰國時就遠近聞名。及趙為秦所滅，卓氏一門也慘遭破家。只餘卓王孫夫婦兩個，輾轉流徙，遷至蜀地，落腳在臨邛。

可巧臨邛也有鐵山，卓王孫樂得再操舊業，不數年便重振家業，富甲一方，引得眾人垂涎。原來，自高祖時起，漢家鐵稅便從寬，卓王孫因此獲厚利。積財至今，家中已是自養童僕八百，良田美宅不可計數了。

城內另一富人程鄭，亦是來自中原，與卓王孫同操一業，並為鉅富。兩家情意相投，遂結成姻親。

這日，程鄭來卓府走動，二人閒談，程鄭便說起：「卓兄可知，城外都亭內，不知來了什麼貴客，喚作司馬相如，勞得王縣令日日去拜訪。」

卓王孫便笑：「區區小邑，能有何高人來？司馬者，恐也是九流人物。」

「兄莫笑！那王縣令在本邑，是何等威風？卻要早起恭候在都亭門，風雨必至。那司馬先生，竟是或理或不理呢。」

「哦？這倒是奇了。」

「卓兄，想你我二人為本邑達人，富比王侯，無人不給面子。倒是不該落於縣令之後，要請那貴客，來家中一晤，方顯得富貴。」

卓王孫雙目一閃，擊掌道：「程兄所言甚是！那縣令算得什麼，刮民的官而已。你我臨邛達人，當出面宴請高人，也教那本邑百姓開眼，識得我達人之尊。」

「那麼，弟便出面具束，送往都亭，邀他來我家。」

卓王孫哈哈大笑道：「你哪裡成？程兄還是所慮不周了。想那貴客，聞縣令上門尚且傲慢，你我若僅一家，怕是鎮他不住。還是在我家設宴，將你家中珊瑚、翠玉、琉璃，還有什麼稀罕物，盡皆搬來。我兩家精華，同置一室，便是天子來，也要瞠目，不由那貴客不折服。」

程鄭不禁也笑：「卓兄氣魄，終究是大！」

「我二人聯名具束，首請那司馬，次請王縣令，連同富戶、耆宿、主吏，還有那班飯袋文人等，通通請到。」

隨即，兩人便各自吩咐家僕，將兩家所藏珍玩搬來，在卓府廳堂並置一處，精心鋪陳。

豈料這恰是王吉之計，所謂日日造訪都亭，就是要釣那卓王孫出來。聞聽卓府要宴請相如，王吉暗喜得計，忙遣人叮囑相如，教他屆時依計而行。

司馬相如得了消息，將行李中值錢衣物，都翻將出來，從頭到腳裝束起來。時正值天寒，箱底中有一件鷫鸘裘，乃是雁毛織成，綠光粲然，恰好披了去赴宴。

正忙碌間，又有王吉所遣衙役十數名，換了便裝，騎馬前來充作隨

137

相如才情，風流詩篇垂青史

從。只片時工夫，原本潦倒模樣的相如，便衣履一新，宛如侯門子弟。

待裝扮好，卓府管家魏伯陽，恰好送請柬至。司馬相如卻故意拿大，出得門來，婉辭拒絕。魏伯陽無奈，返回去覆命，被卓王孫劈頭痛罵，只得連番來請，險些要哭出來。

正僵持間，只見王吉驅車趕來，揮開管家魏伯陽，上前捉住司馬相如的手，笑道：「司馬兄，你固是天下達人，然到了我臨邛，亦不能放肆。可知何謂地頭？何謂蛇？你縱是龍翔千里，到此也要低一低頭。」便拉起司馬相如，攜手登上車。

眾從騎見此，即一擁而上，簇擁著車駕，往卓府浩浩蕩蕩去了。

再說卓王孫、程鄭二人，立在卓府門前，已恭候多時。百十個本邑名人，也坐滿一堂，唯不見司馬相如與王吉蹤影。

卓王孫心中不由焦灼，瞥一眼程鄭道：「司馬相如難請，如何王縣令也不至？」

程鄭道：「你我面子，王縣令哪裡敢駁？左不過公事耽誤了。倒是那司馬相如，貴管家怕是請不動了。」

卓王孫便恨管家無能，脫口道：「若再不至，老夫自往都亭去叩門！」

程鄭連忙拽住卓王孫道：「不可！你我乃本邑達人，不可自跌身價，且等一等。」

說話間，忽見遠處塵頭大起，一隊車騎雜遝而至，在卓府門前停住。先是王吉走下車來，拱手對卓、程二人道：「二公久候了！本縣與司馬相如有舊誼，料定他不肯赴宴，特去強邀了來。」

二人一齊望向車上，只見司馬相如端坐車內，只顧整理衣冠，故意延宕。

此時堂上諸賓客，聞說司馬相如到了，都一起擁出來，欲睹風采。卓王孫苦笑一下，對程鄭道：「果然是個真文士，不似本邑飯袋一呼即來。既是真人請到，你我便上前一迎吧。」

　　二人便急趨數步，來至車駕前，拱手迎謁道：「臨邛達人卓王孫、程鄭，見過司馬公！」

　　司馬相如見戲已做足，這才立起身來，抖了抖鷫鸘裘，緩緩下車。

　　眾賓客望見那司馬相如，白面隆準，風流倜儻，一襲雁裘綠光耀目，翩然若仙，頓時就是一片喝采。

　　司馬相如朝眾人拱一拱手，算作答禮，而後不出一語，昂然步入。王吉緊隨其後，高聲對堂上眾人道：「司馬公非比常人，性本淡雅，實不願蒞臨盛宴。本縣親往都亭相邀，總算看我薄面，來此與諸公一晤。」

　　卓王孫大喜道：「司馬公大名，便是遠在臨邛，也是婦孺皆知。今日我座上，士農工商皆豪傑，便是本邑文士，也有十數個飯……哦，文章高手，皆以一睹公之風采為幸。王縣令，虧得有你面子，令我卓某陋室生輝。」

　　王吉笑道：「哪裡！卓、程二公，臨邛尊者也。司馬公雖是強龍，也知鄉俗，焉能不來拜謁？」

　　司馬相如這才開口道：「在下身體孱弱，又素厭應酬。今來貴邑，除探望縣尊之外，並未拜訪諸賢，還望見諒。」

　　卓王孫開顏笑道：「今日得見司馬公，果然風流。我若不見公，還以為文士嘛……只會陪酒吃飯。來來，請司馬公與縣尊入座。程公與我，聊備薄酒，邀本邑一眾賢達，為公洗塵。」說著，便強推司馬相如坐了首席，請王吉坐於次席。

相如才情，風流詩篇垂青史

其餘諸人，分別按名次坐定。卓王孫、程鄭則拉了本邑文士，於末座相陪。其餘隨從，在外廂皆有招待不提。

此時卓府堂上，一派金碧，各處擺著玳瑁、珊瑚、孔雀羽等，撩人眼目。待卓王孫吩咐過後，童僕便魚貫而入，端上了滿席珍饈。眾人喊一聲好，就刀箸齊下，大快朵頤起來。

把酒言歡間，不知不覺，過去了兩個時辰，賓主皆有醉意。

王吉見此，朝司馬相如遞個眼色，起身道：「今日歡會，不可無助興之資。若請司馬公揮毫作賦，則有本邑文士在，萬一不服起來，恐有唐突。然司馬公另有一技，也是天下無雙。」便轉頭對卓王孫道，「卓公，司馬公善彈琴，何不請他略施身手，我等也好一飽耳福。」

卓王孫大喜道：「善哉！捨下便有古琴，請司馬公彈琴就是。」

王吉卻笑道：「那也不必。司馬公是何等人，琴劍何曾有一時離身？他所用琴，就在車上。左右，快去取來。」

少頃，衙役去取了古琴來，王吉接過，恭恭敬敬遞與相如。

司馬相如心知這是做戲，強忍住笑，略作推辭，才佯作勉為其難狀，坐在琴案前，埋頭調絃。

此時，滿堂眾人頓然收聲，都屏住息，眼望著相如不動。

只見司馬相如手一揮，清越之聲，便如溪水湧出。琴聲忽左忽右，悠遠淡雅，直聽得眾人如醉如痴。

原來，司馬相如所用之琴，名為綠綺琴。乃是昔年在梁園，相如做了一篇〈玉如意賦〉，梁王讀後大悅，特意賜予的。此琴之案几以南方文木[27]製成，上嵌有夫餘[28]珍珠，名貴無比。

---

[27]　文木，即花梨木、鐵梨木、香楠木一類亞熱帶樹木，紋理密緻，色黑。
[28]　夫餘，此處為部落名，活動範圍在今吉林省松原市。

正在眾人痴迷間，相如耳聞旁側屏風後，有一陣環珮輕響，心中就一喜，手撫琴弦之際，裝作隨意抬起眼來——這才是王吉先前所定之計。屏風後，但見一女子微露頭面，原是卓王孫之女卓文君。王吉與司馬相如做了半月戲，只為要釣這窈窕女出來。

且說這位卓文君，年方十七，不獨容貌清麗，琴棋書畫也無不擅長。於年前已嫁人，然那夫君卻無福，一年不到即病歿。文君悲傷欲絕，不得已回到娘家，寡居度日。

王吉在本縣為官，早知卓文君底細，想到相如若能為卓府之婿，才算是個好著落。於是費了半月心思，要引卓王孫父女上鉤。

司馬相如得王吉授計，彈琴時早在留意，此時抬眼一望，恰與文君四目相對。——人間姻緣，就在這一瞥之際。

卓文君先前聽老父提起，知是才子登門，早就有心一識。在後堂聞得琴聲清越，心已浮動，緩步走出來，躲在屏風後聽，聽到絕佳處，又忍不住，探出半邊臉來看。

四目相對之時，兩人心中，頓有春冰乍裂！

此時是何時，人間竟能有如此際會？司馬相如心一動，手下指法略變，當即彈起了一曲〈鳳求凰〉，並引吭高歌。

卓文君連忙縮回頭，隔屏聆聽。那司馬相如所歌，詞意熱切，直是明明白白求偶了。那歌曰：

鳳兮鳳兮歸故鄉，遨遊四海求其凰。時未遇兮無所將，何悟今夕升斯堂！有豔淑女在閨房，室邇人遐毒我腸。何緣交頸為鴛鴦，胡頡頏兮共翱翔。

凰兮凰兮從我棲，得託孳尾永為妃。交情通意心和諧，中夜相從知者誰？雙翼俱起翻高飛，無感我思使餘悲。

相如才情，風流詩篇垂青史

一曲歌罷，眾賓客只顧齊聲喝采。卓文君也精通音律，在宮商角羽間，驀地就觸到了心事。遂轉至外廊，隔窗窺看，要將那相如看個真真切切。

見相如一表人才，清雅絕俗，文君便心起漣漪，急欲上前結識。然轉念一想，又恐舉止失當，貽笑眾人，只得忍下，轉身回閨房去了。

待到散席，卓王孫率一眾賓客，將司馬相如、王吉送至門外。王吉拱手謝過兩富翁，湊近相如低語道：「司馬兄，吾計成矣！你在都亭，且小住幾日，待卓王孫前來招親。」便推相如登上車。

回到都亭，司馬相如眼前，唯有卓文君身影，竟是終夜不眠。次日晨起，便喚了一名隨從來，如此這般吩咐了一番。

這日裡，卓府清閒，正是暖冬之時。文君身披狐裘，倚坐於中庭晒暖陽，心思恍惚，只牽掛在司馬相如身上。忽有一貼身婢女，從外奔入，神色張皇道：「小姐可知，那貴客司馬相如，就要返歸故里了。」

此話說得文君一驚：「竟是這般快嗎？」

「聞聽王縣令欲留，卻留他不住。」

「哦？連縣令面子也不顧，那司馬相如，竟是何等來歷？」

「奴婢聞聽，司馬相如曾在都中為宦，隨侍過先帝。今告假還鄉，途經此地，因與王縣令有私誼，故滯留了幾日。」

「他……可有家人隨行？」

那婢女便掩口笑道：「那貴客才高貌美，眼界必也高，迄今還是孤身一人呢，哪裡會有家眷！」

文君不由脫口嘆道：「倒是可惜了！」

「嘿嘿，有什麼可惜？看那貴客眼高於頂，只怕是走遍天下，也沒得一

個入眼的。除非小姐你招親，或可結成佳偶，捨此，還有何人能配他？」

這一番話，說得文君臉飛紅，一拂袖道：「你中意又有何用，卻不是你嫁。就算我中意，阿翁恐也不願招親呢。再說，我這寡居婦，如何能引得人家心悅？」

那婢女便笑：「小姐沒聽到嗎，昨日賓客都讚，讚的甚？鳳求凰嘛！司馬君既已顧不得身分，求都求了，小姐如何不自去表白心意？」

文君臉一紅，低下頭去，說了一句：「那……那如何使得？誰知司馬君是何心思？」

原來那婢女，受了相如隨從之賄，是來巧言說動文君的。見文君意態遲遲，並未堅拒，婢女便低聲道：「管他司馬先生心思如何，小姐若有心思，奴婢便有良策。」

文君全不知其中底細，只道是婢女忠厚可信，便抬了頭怯怯問道：「你有何妙計？」

「小姐天資，世上罕有，那司馬君怕早已動心。不如今夜就私奔，投到司馬君住處，由不得他閉門不納。」

「我一個女流，如何出門？」

「奴婢可助小姐，今夜啟了後園門，奔出便是。」

「那如何使得？宵禁出奔，便是巡卒也容不得，定難放過。」

「這一節，小姐莫要為難。奴婢到時提了卓府燈籠，遇巡卒，就詐言是去求醫，滿臨邛城內，有哪個敢阻攔？」

說到黃夜私奔，文君滿面飛起紅暈，忽而想起〈鳳求凰〉中，有「中夜相從知者誰？」之句，正與婢女所謀暗合，心想這豈非冥冥中天定？想到相如俶儻多姿，文君情不能禁，全想不到這裡面有勾當，只道是婢

相如才情，風流詩篇垂青史

女懷知己之心。當下也未深思，便與婢女密語多時，遂將隨身物品草草收拾。一俟天黑，便將那名節、父母全拋下不顧，與婢女悄悄摸出後門，直奔都亭而去。

恰好當夜月色正好，出得後園，滿地一派明光。二人疾行，穿街過巷，將心提到喉嚨口，所幸並未遇見巡卒。

卓府離都亭並不遠，然文君一路忐忑，卻好似奔了數十里。到得都亭門外，已汗溼衣衫，心都快要跳出來。那婢女急忙上前，輕輕叩門。

不料叩動門環數次，裡面只是死寂。那婢女頓覺心悸，疑心事有變故。文君更是惶恐萬分，覺都亭之門，竟如關山萬重，此生恐不復再見意中人了。

主僕兩個正惶急無措，忽聽咿呀一聲，那門忽地打開。抬眼望去，竟是司馬相如掌了燈，立於門內。

燈火搖曳下，兩下裡都窺得清楚，心領神會。司馬相如閃身讓過，兩女子便相繼而入。

司馬相如探出頭去，望了望，見街巷闃寂無人，這才飛快掩好門。回過身來，朝文君深深一拜：「在下司馬相如，在此等候小姐多時。」

文君面露詫異，瞥了一眼婢女，回禮道：「謝過公子，公子如何知我要來？」相如含蓄一笑：「鳳求凰兮，望過那一眼，心中便有此念。」

文君也不深究，會心笑道：「戰國有四公子，早已死絕，不意人間尚有一公子。頭冠如花，面似溫雅，竟知曉女子心事。盛名如公子者，只不知真才究竟有多少，不會只知尋花訪柳吧？」

相如聽文君語含譏刺，只微微一笑，從袖中摸出一支金釵來，遞與婢女。

那婢女知趣,將金釵接過藏好,輕推了文君一把,哂笑道:「小姐,如今隨了司馬君,怕是人家容不得妳利嘴呢!快入內歇息吧。」說罷,便擎了燈籠,推門遁出去了。

相如插好門閂,這才從容一揖,請文君入內室說話。

文君雖是已嫁之身,然乍入陌生男子室內,仍覺局促。相如在燈下見那文君,眉如遠山,眼含秋水,一動一靜皆清雅無比,魂早已銷完了。滿腹詩才,似要傾倒出幾籮筐來,將那文君自頂至踵描摹。

文君見相如神迷,忍不住譏諷道:「小女在臨邛,未見過真文士,連嘴臉端正些的都未見過一個。平日遙想司馬君,恐是天上神仙,呼風吸露,不食人間煙火。然今夜觀之,也是六慾皆備,好一副人之模樣呢。」

相如斂容,拱手回道:「在下實無大才,只在梁王那裡做過揩油客,以文換酒,謀些閒適。天下文士萬千,小邑尤多,各擅勝場,相如萬不敢比。」

文君便低頭笑:「公子大才,傲視邊鄙小邑,堂上也敢唱〈鳳求凰〉,便知底下無一個聽得懂的嗎?」

「走遍海內,相如只苦無知音;堂下若有一個聽得懂的,即為佳偶。否則,小姐今夜如何來了此處?」

「哦?莫非公子來臨邛,只為覓小姐的嗎?」

兩人打趣之間,相如見文君嬌羞無比,雖已寡居,卻也一派妙齡模樣,當下就把持不住,搶上一步,將文君抱緊,嘴便貼了上去。

兩人交頸熱吻,幾不能喘息,身旁劍架、書卷等物,盡皆碰翻。過了好一會兒,相如才將文君稍稍放開。

相如才情，風流詩篇垂青史

文君喘了幾口氣，以袖掩口笑道：「公子，你也是飢渴得久了。」

相如心中一熱，忽地就將火燭吹滅，強行抱起文君，往床幃中移去。文君掙扎輕呼道：「尚未濯足呢！」

相如哪裡肯聽，只是迷亂道：「此刻顧不得足了！」

如此，一夜貪歡，兩人綢繆不知饜足，只恨公雞啼得太早。

次日晨起，惺眼對望，仍疑是在夢中。兩人連忙起身，待梳洗過，這才想起，當好好謀劃後事才對。

相如惶然不安道：「令尊今早起來，尋小姐無著，若捉了婢女拷問，尋蹤到這裡，豈不要綁了我見官？」

文君倒還鎮靜，想想便說：「郎君倒也無須驚慌，待家父尋得我蹤跡，怕還有一時三刻，不如我們這便遁去。」

「都亭住不得了，臨邛也不可留。罷罷，你便隨我往成都吧，先回我故里，再做打算。不然，令尊尋上門來，綁縛我遊街，怕是要雙雙受辱，令郡人恥笑千年。」

兩人說到這裡，只覺坐在了熱油鼎鑊上，一刻也不敢延挨。匆忙收拾了，趁驛吏不備，駕車便走，潛出了城門去。

再說卓府這邊，早起僕人尋不見小姐，還道是文君貪玩，趁清爽去了田間。待到日上三竿，闔家欲進朝食，仍不見小姐回來，這才忙不迭地稟報卓王孫。

卓王孫起初不以為意，令童僕四下裡去尋。至日中，只是死活未見人影，這才急了，疑心是為強盜所擄。正欲報官，忽聞市中有人喧譁，爭說都亭裡不見了那位貴客。

卓王孫這才恍然大悟，原是女兒隨才子私奔去了！

盛怒之下，卓王孫料定此事必有內應，遂將那婢女逮來，捶個半死，終是逼出了口供來。

闔府鬧了幾乎整日，卓王孫看看天色已晚，知道追之不及，嘆了一聲，倚坐於內室半晌未動。想想此事終為家醜，不宜報官，只得恨恨忍下，將那婢女賣至遠地，又令闔府不得聲張。

王吉那裡，聞聽此事，也是訝異萬分。他原想哄得卓王孫上鉤，招司馬相如上門為婿，相如便可借卓氏財勢，往長安謀事。豈料相如這個情癡，見了美人，便不計利害，倉皇私奔而去，來日又如何借得力？

想想便搖頭嘆道：「文士行事，真如棉絮塞心，顧得了臉，便不顧後尻。罷了罷了，我也僅只為友，不是他爺娘，看顧不了那許多了。」

如此，相如、文君雙雙私奔，在臨邛城內竟無波瀾，官私都不加追問，只是街鄰們有些耳聞。謔笑之餘，也有數個鰥寡之人，私心裡是極羨慕的。

且說文君隨相如私奔，一路上只想，相如家中，即便無華服美食，溫飽也是定可保的。今生且為情犯險一回，不做那富家小姐了，只做個平民婦，也無不可。

豈料到得成都街市，入了司馬宅中，唯見陋室數間，家徒四壁，竟與貧士無異。文君出奔當日，因事起倉促，並未多帶金帛財物，到此時，一日兩餐已是不濟。

那文君性子到底剛烈，絕不吐出一個悔字，遂拔下頭上金釵、臂上釧，去換了酒食回來。隨後，便拿出衣物，三五日一典當，方不至做餓殍。如此過了數月，兩人多餘衣物，竟都典當一空，再無可恃。

這日，相如呆坐半晌，狠一狠心，取出了梁王所賜鷫鸘裘，索性也

相如才情，風流詩篇垂青史

拿去典了錢，買回新酒數斗、菜餚數色，擺上案，喚文君一起來飲。文君見了，頗覺驚異，不知相如是從何處賒來，幽幽地坐下，勉強飲了幾杯。酒入愁腸，備覺傷感，忍不住問起酒饌的來歷。

相如只是擺手道：「娘子莫問。妳我苦挨日月，不知何時可出頭，還有何不能捨，有何不能棄？」

文君驚覺道：「莫非你⋯⋯拿了鷫鸘裘去換的？」

「既難逃貧賤，身外之物，留之又何益？不如換得一醉，忘卻人間許多苦。」

文君聞言不禁落淚：「那鷫鸘裘固不足惜，卻是夫君以才名換取，文士之榮，莫過於此。去換了這酒饌來，妾如何忍心嚥得下？」

見文君哀傷若此，相如連忙好言相勸：「娘子一哭，就算是鳳鳴，聞之也似惡聲了。且止住淚，眼前有酒，便樂一時，傷懷到底當不得錢用，妳又何必自傷？」

文君無語半晌，才拭淚道：「君無萬貫財，妾亦無一語可怨，既結連理，便是同命。然君一寒至此，又將苦捱到幾時？今四方無路，求告無門；莫不成，你我兩人便在此處等死？不如暫返臨邛，另尋他途。我家中有一弟，平素頗敬我，去向他貸些錢財，料想不至遭拒。若得他相助，你我稍作喘息，慢慢謀些生計也好。」

相如怔住，低頭想想，也只得一嘆：「我文名滿天下，竟也為幾個銅錢所困。天生文士，不為奴，即為僕。奴僕倒也罷了，竟然硬生生就要去行乞。」

文君便嗔道：「妾不識文士時，以為文士含金漱玉；待識得文士，方知竟是百無一用！」

相如被激，站起一拂袖道：「罷罷！文士，雞豚耳，一日無食也不成。我便隨娘子返臨邛吧，生生死死，鳳與凰，終究是不能離。」

兩人商議罷，隔日便登車啟程。此時相如身邊，除一劍一琴、一車一馬外，已別無長物。相如親自執鞭駕車，離了成都，往西南而去。一路平疇，萬頃都是穀禾，金黃滿地；唯車上兩人，一路飢腸轆轆，只恨不能一日便抵臨邛。

其間百餘里路，近三日方至，入得城來，觸目都是鄉情。文君看得心酸，不禁以袖遮面。

相如則四望尋覓，窺得一間簡陋旅舍，看看尚可，便暫且安頓下，欲在此打探卓府消息。

那旅舍東家，見相如夫婦服飾不似尋常，倒還殷勤，親手做了羹飯端上。

相如、文君一路辛苦，飲食不周，此時見熱飯端上，也不嫌粗陋，便狼吞虎嚥起來。

那東家見了略露驚異，感喟道：「出門到底是辛苦！不為萬貫財，還是在家的好。」

相如見那東家面善，便故意說道：「在家中安住，固然是好，也須有若貴邑卓府的財勢方可。」

「呵呵，客官莫要提起卓府。」

「怎的說呢？」

「數月之前，那卓王孫之女，看中了一位飽學之士。兩心相悅，竟與他私奔跑掉了，一去不見蹤影。本邑寡婦聞此事，個個歡欣，一夕間，裝扮也都妖豔起來。」

相如才情，風流詩篇垂青史

　　話音方落，文君羞得低頭，相如也只是苦笑：「此事……倒也不奇，食色，性也，小邑並無不同。只不知那卓王孫，有何說法？」

　　店東望望兩人，壓低聲道：「看你夫婦自外鄉來，人地兩生，我便說了也不妨。那卓王孫，聞聽其女私奔，當場背過氣去，險些沒死掉。」

　　相如、文君聞之，臉便都一白，相顧愕然。

　　那店東又道：「後又聞說，其女卓文君隨了人去，生計頗困苦，連裙裳都典當了。城中富豪程鄭，便往卓府門上，勸卓翁賙濟女兒些個，到底是親生的骨肉嘛！」

　　「唉！……後來又怎樣？」

　　「哪曉得，那卓翁只是盛怒，說是女兒不肖，老夫固然捨不得殺，但任其餓斃，也是無妨的。有本事跑，便該有本事擔起，若要老夫救濟，除非漢水西北流。」

　　聽了東家一席話，相如、文君不由相對暗嘆，知借貸是萬萬不能了。

　　當夜裡，熄燈良久，二人只是輾轉，不能入眠。卓文君哭了一回，執了相如之手，哽咽道：「夫君已是窮途末路，妾亦無臉面強撐。不如我二人就在此開個酒肆，當街賣酒。阿翁見了，必不忍心，或可助我錢財。如此，你我方有生路。」

　　相如想想，茫然道：「寫詩作賦，我可稱裡手，天下無人相匹；然當街賣酒，卻是毫無主張，不要賣了三文錢，倒賠了四文錢進去。」

　　文君便笑：「哪裡指望你做得范蠡？只須做個樣子，阿翁定然會得知，諒也不會袖手。」

　　相如沒奈何，只得應允。次日起來，便與文君一齊張羅，將隨身車馬賣掉，租了房屋，備齊器具，又僱來酒保三人。

不過半月，兩人便在城中開了店。門前酒旗高懸，有酒保忙裡忙外，殷勤待客。司馬相如脫去長衫，改穿短腳「獨鼻褌」[29]，也充了個夥計。

　　相如平素擅射弓弩，膂力尚可，與眾酒保一起搬酒甕、背木炭，倒也不費力。

　　開張這日，卓文君換了荊釵布裙，打開店門，姍姍步出。有那一夥乞丐聞信而來，唱過幾句彩頭，討要了賞錢，便各自散去。眾鄰里看得有趣，一時竟賓客盈門。

　　文君淡抹脂粉，不卑不亢，為來客斟酒端菜。相如則著了短褲，在灶間吹火滌器，倒也兩相宜。

　　俗客不識文君，見有美人當壚賣酒，都覺驚喜。幾個潑皮欲調笑，見文君眉間凜然有正氣，遂也不敢造次。其中有本邑文士，卻是識得文君的，見了大驚。隨即一傳十、十傳百，半日裡，竟全城盡知。

　　文士們多仰慕文君才色，便結隊前來飲酒，欲與文君搭訕，卻又不知從何說起。於是各個逞才，要了筆墨，在壁上題了些辭賦，文理均不大通，來請文君品評。

　　文君只略瞟一眼，笑著施一個萬福道：「臨邛文學，獨步一隅，聲名可達南洋也。妾粗通文墨，豈敢妄論？客官各有才，儘管題壁就好了。」

　　眾文士聽不出褒貶，只當是文君誇讚，都喜不自勝。不幾日，酒肆牆壁，便滿是墨跡一片了。

　　卓府寡居小娘子，在市中開店賣酒，此事轟動全城。卓王孫聞聽，萬難相信，忙遣了管家魏伯陽去探看。探得果然如此，登時氣湧上頭，

---

[29] 獨鼻褌（ㄎㄨㄣ），短褲，一說圍裙。

相如才情，風流詩篇垂青史

羞愧難當，數日杜門不出。

那親家公程鄭聞知，又上門來勸：「卓公且息怒！令愛若此，分明是在求饒，你何不藉機釋了前嫌，拿出些錢來賙濟。令愛既隨了那混帳才子去，事不可挽；若再究前事，便是愚了。再者，司馬相如做過內廷吏，到底是有才，一時落魄，焉知來日便不可復起？卓公此時若能接濟，換來識人的美名，那就反辱為榮了。」

這一番巧言，說得卓王孫心動，沉思半晌，終一揮手道：「程兄此意，我已知。小女無知，弄得老夫進退不得。罷罷！便依程兄之計，忍下這辱，遂了小女心願吧。」

隔日，管家魏伯陽受命，帶了百名童僕、錢百萬緡[30]，連同文君當初陪嫁衣物等，一併送至酒肆。

文君正在當壚溫酒，忽聞門外喧騰，出來一看，竟是浩浩蕩蕩一隊車馬，不禁就呆了。司馬相如正從井中提水，聞聲也出來。見是卓府管家來訪，心中便一喜，又見文君僵住，便招呼道：「娘子，丈人送禮來了！」

文君這才醒悟，上前幾步，朝魏伯陽道了個萬福，便有淚水潸然而下。

魏伯陽滿面微笑，拱手道：「卓公不忍見小姐受苦，撥出人、財，贈予小姐與司馬公，還望接納。」

文君已哽咽不能言，司馬相如連忙代答：「我二人既結連理，便誓不分離。丈人俠義，某感恩不盡，既受助，當就此高揚。還望足下轉告尊翁，日後或發達，定當還報。」

---

[30] 緡（ㄇㄧㄣˊ），穿銅錢的繩子，引申為成串的銅錢。古代一千文為一緡。

魏伯陽望一眼文君，也甚感慨，叮囑道：「小姐，此處鄙陋，如何住得？那鐵廠左近，有一處南巷客舍，為南下絲綢商所居，食宿尚可。你二人便可帶童僕，移住彼處。卓公此刻有恙，不便探望，明日請速回成都吧。待司馬公騰達之日，你再歸寧不遲。」

　　兩人送走了魏伯陽，才回頭細看。見門前停了高車十數輛，滿載財物，竟疑是在夢中。

　　當下又忙碌數日，盤讓了酒肆，兩人才滿載上路。一路上，心情自是大不同了。

　　再說那縣令王吉，聞聽司馬相如奇遇，不由拍膝暗讚。知好友已將詭道學會，此去飛揚可期，也就不再記掛了。

　　從此，千古儒林史上，留下一段文君「當爐賣酒」的佳話，令後人百般豔羨。

　　再說司馬相如攜財貨歸家，陡然成了富家翁，在城中廣置田宅、新闢園囿，吃穿唯恐不奢華。因感念文君相從，又在房舍旁築起一琴臺，終日與文君彈琴消遣。

　　一時成都閭巷中人，都將譏嘲喚作媚笑。「吾也識得司馬」，竟成豪紳競相誇耀之語。

　　相如知文君喜好曲釀，只可惜成都無好水，便在臨邛縣東購得一井，其水沁甜，最易成佳釀，遂號為「文君井」。遣家僕時時去取水，運回成都釀酒。

　　風和日晴時，相如常偕文君，登琴臺即彈即飲。酒酣之時，看春山嫵媚、廣廈滿城，自是手揮目送，琴瑟和鳴。引得城中百姓翹首聽琴，如夢如痴。

相如才情，風流詩篇垂青史

　　文君和琴而歌，又唱起〈鳳求凰〉，一雙秋水瞳仁，脈脈含情，只願將終身託付。相如仰頭望去，見眼前美人蛾眉皓齒，儀態萬方，昨日窘態盡皆煙消，竟也疑是天公作美。

　　如此逍遙經年，卻不知酒色傷身。相如原本就有消渴病[31]，經此耽迷，舊疾復發，氣陰兩傷，竟病得不能起床。

　　文君見之，大驚失色，忙請來名醫調治，又親奉羹湯，方才伺候得相如痊癒。

　　經此一嚇，相如也知恣意不可逾度。深省之下，便提筆做了一篇〈美人賦〉，用以自警。

　　賦中憶及舊事，曾有兩次豔遇，自己卻坐懷不亂，以明其志。聲言要「脈定於內，心正於懷」，比那儒、墨之徒還要寡慾。

　　賦寫成，文采流麗，相如亦頗自得，拿在手中把玩了許久，方交與文君閱看。文君接過，略看一眼，即誦讀有聲。讀罷，將簡牘拋回給相如，掩口笑道：「有這等好事，你哪裡把持得住？妾在深閨，你不過風聞而已，便能使了詭計來求。若往日有美人投懷，你焉能不抱？」

　　「娘子只是多心！我每一賦成，都將流布天下，萬人矚目，又豈敢作假？」

　　文君只是笑個不住：「小邑文士，妾也識得其中數人，多苟且不堪，哪個不虛飾自誇？旁人信了，妾只是不信。唯願今後，郎心只在我身上。」

　　如此，兩人和諧如初，只顧消遣歲月，將那郎才女貌佳話，演繹達於極致。[32]

---

[31]　消渴病，即西醫所稱糖尿病。
[32]　至今邛崍、成都兩地，仍有「文君井」、「琴臺」遺跡，供人憑弔，可謂千古風流，遺韻不絕。

且說司馬相如正自享樂間，忽聞有朝使奉旨來，徵召入都，心中便一動，猜到是文名驚動了今上。

當即收拾好行裝，與文君作別，重遊長安。想起當年辭去武騎常侍，離長安赴梁，已是十五年前的事了，今日再入都門，竟似半生已過。

在都中蜀邸住下，與邸中屬吏閒聊，方知此次蒙恩，乃是狗監[33]楊得意舉薦。楊得意與相如為同邑，在上林苑掌獵犬之事，他久聞相如大名，私心欽敬，趁著武帝圍獵，便當面陳請，呈獻了相如一篇〈子虛賦〉。武帝原也知相如之名，此次提起，回宮便攤開〈子虛賦〉來，挑燈夜讀。

向時在梁園所作〈子虛賦〉，洋洋千餘言，堪稱巨制。武帝展卷，讀至「摐金鼓，吹鳴籟。榜人歌，聲流喝。水蟲駭，波鴻沸。湧泉起，奔揚會」幾句，亦如梁王當年那般，由衷讚賞：「這司馬相如，腹中之墨究有多少，竟似汪洋不竭！」當即傳諭，特召來見。

相如探得蒙召原委，不禁苦笑：「堂堂文士，立於天地間，竟要一個狗監來舉薦！無怪我幼時俗名犬子，倒也有道理。」

話雖如此，人情須得顧及。相如先就拜訪了楊得意，攜有餽贈，謹致謝意。

那楊得意倒是坦誠，笑道：「君有大才，為我邑中翹楚，在下臉上也是有光的。日前，今上赴上林苑，我藉機呈獻〈子虛賦〉，得今上知遇，故有此召。」

相如不禁動容，再三叩謝道：「足下雅量，我有何德何能，可當得起？〈子虛賦〉一篇，不過規勸梁王勿奢靡，實不足觀。」

---

[33] 狗監，官職名，掌上林苑獵犬事。

相如才情，風流詩篇垂青史

「哪裡！君之才名如日月，休說下官我，即是今上讀之，亦擊節不止。下官見機，進言於御前，謂司馬君正因此賦，不容於當道，家居閒置已多年。今上聞之，恨不能與足下同時生，立即宣召足下。今司馬君再入長安，得功名，當如拾草芥了，呵呵……」

兩人相談甚歡，恨未早日相識。傾談至日暮，方依依作別。

次日晨入朝，武帝見了司馬相如，果然眼順，賜座於前，開口道：「足下為我前輩人，我幼年時，你已名滿天下，父皇亦常提及。今日見之，果然名不虛傳。」

司馬相如稽首道：「陛下謬獎，相如平生，僅止文章小技，所為無助於安邦。蒙陛下相召，心中忐忑不已。」

「呵呵，哪裡要你獻計！今召你來，只問文學。我自幼亦好弄文，提起筆時，卻是腹內空空，筆下竟無一個半個好字句。不知足下之才華，是如何習得？」

「百事皆廢，只專一事，便是臣下弄文之道。」

武帝便笑：「天下人，還是文臣自在，只弄文便可逍遙。朕若也一心弄文，只怕是處處都有餓殍了。」

「陛下才兼文武，建元以來，天下大治，臣在民間是目睹了的。」

武帝連忙擺手：「朕與文臣，從不談政治之道。」便問了問司馬相如身世，而後又問：「那〈子虛賦〉，果是足下親筆？」

「然也。往昔在梁，臣興之所至，揮寫於梁園。」

「未見足下時，只疑足下是一個書囊；今日看，果然是個書囊！如何能有這多文采，傾瀉而出？」

「臣不才，不過用心極苦而已。」

武帝頷首讚許道：「才氣，天賜也，朕日夜思之而不得。看足下文章，脈理流湧，如江河不絕，前世賢者，亦是不能及的。」

「陛下謬獎了。所謂〈子虛賦〉，一時興至而作，用以勸勉諸侯，多少虛浮了些。臣在此，有不情之請，請作〈游獵賦〉以獻陛下。今日起，臣諸事安頓，可以從容用筆了。」

武帝大喜，問道：「足下寫一篇賦，所需幾日？」

「當有幾百日，或可成。」

「幾百日？謔矣！若朕欲平匈奴，幾百日也可成了。」

「文章事，正如國事。」

「哦？好好。我召足下來，就是想讀好文章。這幾百日，你就住在蜀邸，飲食用度，皆由宮中送給，你只管用心。」遂召尚書令前來，命將筆墨簡牘賜予相如，以示鄭重。

司馬相如接過，謝恩退下，便回了蜀邸。

待夕食過後掌燈，相如憑案苦思，展卷提筆，竟是一夜未眠。至晨光初露時，數了數字數，也就數十字，遂伏案假寐片刻。稍後即醒，又冥思整日，至夜，復又動筆。

如此冬去春來，歷經兩百餘日，終將全篇寫成，篇名〈上林賦〉，連綴在〈子虛賦〉後，將兩文合一，總名為〈天子游獵賦〉，這才罷筆。

寫畢次日，司馬相如攜卷赴闕，請謁者代呈，送進宣室殿。

是時，武帝方梳洗好，步入東書房，一眼看到案頭置有〈天子游獵賦〉，即開顏大悅：「司馬相如，果然專心。我幾乎忘了，他文章方才寫成，不知有何等精心！」當下展開來便看。

且說那新寫的〈上林賦〉，比〈子虛賦〉更為恣肆，共計四千四百

相如才情，風流詩篇垂青史

字，字字珠璣。武帝一時屏住息，從頭讀起，只見佳句如潮，目不暇接，讀至「撞千石之鐘，立萬石之虡，建翠華之旗，樹靈鼉之鼓，奏陶唐氏之舞，聽葛天氏之歌，千人唱，萬人和，山陵為之震動，川谷為之蕩波」一節，又忍不住拍案叫好。

新篇為天子游獵上林苑事，極盡摹寫之能事。武帝邊看邊自語道：「到底是做過先帝常侍的，所寫上林苑，字字都似龍吟！」

讀至「發倉廩以救貧窮，補不足，恤鰥寡，存孤獨，出德號，省刑罰，改制度，易服色，革正朔，與天下為更始」之句，武帝便放下簡牘，搖頭一嘆：「天下儒生，也喜談興亡，朕當愧煞！遲早要『與天下為更始』。」

讀罷全篇，武帝召司馬相如入見，溫言道：「足下之賦，華彩萬端，讀得我喘息都難。」

司馬相如不由面露惶恐，謝罪道：「陛下恕罪，臣是放肆了些。」

「哪裡！文士之心，再如何風流，到底是忘不了家國。雖是逞才，卻也落在『改制度，易服色，革正朔』上。如此勸諷，也是難得。說起天下更始，我倒是存心已久，只是萬事尚不具備。你既曾奉先帝，今日留在朕身邊，且為郎官，來日終有大用。」

司馬相如叩首謝恩道：「臣下逞才，為陛下所明察，臣實在羞愧！為近侍，或可稱職，若蒙大用，則萬不敢想。」

武帝微笑道：「司馬君就不必謙遜了，但問海內還有何人，可與足下比肩？」「以臣之見，天下大城小邑，無不有文士成群……」

武帝便笑：「陪飯文士，就不必提了；那梁園諸賢中，可有什麼人令你畏怯？」

「唯有枚乘。」

「哦，枚乘！我也知，早前梁王文誥，多出於他手。於今他在何處？」「梁王薨歿後，只知他回了淮陰原籍，其餘皆不詳。」

「好！天下文士，當盡為我用，朕即召他來，也好與你相匹。」

司馬相如退下之後，武帝獨自把玩〈天子游獵賦〉片刻，忽然眉毛一揚，著人喚了韓嫣來，問道：「近來你精神可好，有無小恙？」

韓嫣答道：「託陛下福，噴嚏也無一個。」「那便好，去出個遠差吧。」

「謔！」韓嫣伸舌笑道，「又要勞苦，還不如說有小恙了。」

「話出口，哪裡能收回？聽好，故梁王食客枚乘，才富五車，名在司馬相如之上。今歸鄉淮陰，不知音訊。今遣你往淮陰一趟，安車蒲輪，將老人家接來。」

韓嫣便斂容，略顯惶悚道：「枚乘名滿天下，我為使，年少才薄，怕是有冒犯吧？」

「著你去，你便去！枚乘已老邁，不遣你去，朕不放心。路上務要照護好。」

「枚夫子在故里，好端端的養天年，為何要召他前來？」

「枚乘為人，淡泊高致。昔為故吳王郎中，力勸吳王不可反；又辭先帝所拜弘農都尉，名動中外。老人家若能應召入都，便顯出我虛懷待人，天下名士必爭相投效。環顧今之朝堂，不獨無賈誼、晁錯一流，便是新垣平、鄧通般人物，也是寥寥。教我如何坐得穩？故而唯嫌才少，不嫌才多。」

韓嫣大悟，深深一揖道：「陛下有重託，韓某便是風餐露宿，也願往。」

相如才情，風流詩篇垂青史

　　武帝閉目想想，睜開眼，嘆口氣道：「枚夫子到底是老了，你路上盡心就是。」

　　隔日，韓嫣便持節，帶了一隊宦者、宮女出城。隊中有一乘安車，蒲草包輪，極是奢華。

　　到得淮陰，問過縣令，方知老先生並不居城中，而是隱居鄉間，布衣素食，不求聞達。韓嫣循縣令所言尋去，果在一小溪邊的園圃內，見到了枚乘。

　　其時，枚乘年已耄耋，頗有衰殘之態，正荷鋤理青苗。

　　韓嫣隔著柴籬呼了一聲，便跳下馬來，步入園中，向枚乘深深一拜：「吾乃當朝郎中韓嫣，這裡拜過枚夫子。隨身攜來徵召令一道，請先生聽令。」

　　枚乘直起身來，神情恍惚道：「我當是誰，原來是位朝使！你不說，我還道是鄰家少年，又為我送新蟹來了。」

　　「不敢！枚都尉名滿天下，下官此來，滿心都是忐忑。臨行前，將先生的〈七發〉賦背得滾熟，不敢有片刻『縱耳目之欲』。一路上，新蟹未能留意，然適才路過平橋，見市集上有淮南豆腐，特地買了些，敬奉先生。」說罷，便一揚手。立有隨行宦者，捧上一大盤豆腐來。

　　枚乘看看，便笑：「小郎中，心思卻不小！」

　　「不成敬意。」

　　「哪裡！你若攜了金玉珠寶來，老夫斷然不奉召！既以這清白物為禮，老夫倒是辭不得了，請宣詔吧。」說著便要伏地聽詔。

　　韓嫣連忙攔住：「園圃中無有他人，先生不必拘禮，且便宜行事。」

　　待宣詔畢，枚乘略一揖禮，臉色卻是黯然：「郎官，今上為少年，身

邊有你等兒郎，便不寂寞，為何要徵召老臣？我年逾七十，掌中所能握及，大半為虛。可憐殘軀，又怎可比肩新晉？」

韓媽臉色也隨之沉鬱，不敢稍有怠慢：「先生誤矣！今上雖年少，氣度卻非凡，只覺朝中之臣多無才，無補於政事。恨不能網盡天下名士，各逞其技，方不致有前朝之誤。日前，召得司馬相如入都，作〈天子游獵賦〉，筆墨恣肆，驚到了今上。今上曾問司馬公，天下最服誰？司馬公答說，最服枚公，方才引出下官持節來請。」

枚乘只淡然一笑：「那司馬相如，消渴病未癒，又抱得美人歸，尚不知足嗎？要作什麼〈天子游獵賦〉！」

韓媽見話不投機，不由也急了，忽地就跪下不起：「下官此來，本就心虛；若請不動先生，更為天下所笑，留惡名於後世，辱沒祖宗。先生，不可不救我！」

枚乘瞥一眼韓媽，指了指一個高敞處，輕嘲道：「小郎也無須作態了，且與我在此處坐坐，我說與你聽。」

待韓媽忐忑坐下，枚乘指指遠天流雲，緩緩道：「老夫昔年作〈七發〉，寫到江海，曰：『六駕蛟龍，附從太白，純馳浩霓，前後絡繹。顒顒卬卬，椐椐強強，莘莘將將。壁壘重堅，逕雜似軍行⋯⋯』」

韓媽當即介面道：「⋯⋯上擊下律，有似勇壯之卒，突怒而無畏。蹈壁衝津，窮曲隨隈，逾岸出追。遇者死，當者壞！⋯⋯先生如此大才，可驚神鬼，小輩夢中也能背誦了。」

「著啊！可寫此句者，志必在天地之間，騰如鳥，落如葉，如何能屈身朝堂間？」韓媽驚愕異常，拱手直視枚乘道：「先生之志，不似凡人，莫非要不應召嗎？」

相如才情，風流詩篇垂青史

「不敢抗旨。天子欲築黃金臺，老夫權作死馬一匹，便是死於道上，也只能應召。只嘆我超脫一生，晚來卻不得終於故里，乃是至憾！」

韓嫣聞之一喜，趁勢便躍起，向枚乘一躬到地：「謝先生救了小輩！這一路，下官願為先生效死。」言畢，便打了一聲呼哨。

眾宦者、宮女聞聲，一齊擁入園中。韓嫣便吩咐道：「扶先生登車！先生家中妻小，也隨車載入都。」

枚乘連忙擺手道：「老朽眼下，孑然一身，哪裡有什麼妻小。」韓嫣不由便怔住：「敢問，先生家人今在何處？」

「唉，提不得了！老朽拙荊，早年已病亡。向日在梁王處，我尚不覺老，便納了睢陽一民女為妾，生有一子。待到梁王薨，諸文友各奔前程，我只想歸鄉。卻不料，那婦人貪戀繁華，不肯與老朽歸鄉。」

「豈有此理！這等勢利女輩，休了便是。」

「呵呵，那婦人，正巴不得你休！老朽一怒，便留了數千錢與那母子，獨自一人回了淮陰。」

韓嫣望望枚乘蒼髯模樣，不禁唏噓道：「想不到，夫子竟是一人獨居，苦也不苦啊！」

枚乘微微一笑：「此正合老朽之意。」

韓嫣聞言，頓覺肅然：「高人高致，晚輩實不及。」忙又吩咐隨從，速助枚乘收拾細軟。

枚乘伸手一擋，阻止道：「老夫淡泊一生，不以財貨為意。昔日梁王所賜，多半賙濟了睢陽貧民，家中並無細軟。唯有一劍一琴，可稱長物，隨身帶了就好。其餘舊物，搬去都中何益？不妨棄之。」

韓嫣便慨嘆：「如先生這般，活一世，是何等清雅。」

「小郎，你正弱冠，故而覺世上事，件件都可喜。我生於國初，見得多了，只覺蛾眉伐性、甘肥腐腸，人心多詭詐。你道這世上，可戀之事，真就很多嗎？」

「啊，這個……枚夫子閱歷，勝過我再活幾世。路上，晚輩當洗耳恭聽。」

待眾隨從收拾畢，韓嫣喚來里正，將枚乘老屋託付妥當，便護衛著枚乘返都了。

哪想到，正如武帝所慮，枚乘年高體弱，這一路顛簸，加之天氣冷暖不定，行至洛陽道上，竟染了風寒。

韓嫣心急，也不顧貴胄之身，親奉湯藥，跪在病榻前伺候。

如此遷延數日，眼見得枚乘病勢愈重，韓嫣慌了手腳，急召來河南郡守，責他去尋個名醫來。

待城中醫師趕來，開了個方子，韓嫣拿在手中看罷，嘆口氣，將醫師揮退，對郡守道：「若在長安，先生定能得救，你貴地這醫師，只合療治禽獸！」

那郡守不禁惶悚，伸手要接藥方：「朝使休怒，容下官自去拿藥。」

韓嫣苦笑道：「藥不必拿了，這處方，騙騙病家的錢，或許還有用。有勞郡守，還是遣人去殺頭牛，做了羹湯來，餵先生喝下。可憐枚夫子，其才千古罕見，竟要病歿在這館驛裡了。」

那郡守也是唏噓，連忙退下，張羅找人殺牛去了。

韓嫣幼時在匈奴，從未見過先祖是甚模樣。如今在枚乘榻前，見老人病體支離，不覺勾起傷心事，含淚伺候了數日，如伺候自家先祖一般。

相如才情，風流詩篇垂青史

又過了數日，枚乘氣息漸弱，緊緊捉住韓嫣手道：「小郎，難得你盡心。老夫命薄，生不得再見長安了，只有一句話，須囑你。」

韓嫣便有淚湧出：「先生儘管指教。」

「我聞長安有小兒語：『苦飢寒，逐金丸。』說的是何人？」

「正是⋯⋯下官。」

「小郎，你生於貴冑門，得寵於今上，不知世事常有翻覆。別家小兒飢寒無著，你卻能射金丸於道旁；如此好命，即便身為公侯，也是當不起的。老子曰：『民之從事，常於幾成而敗之。』小郎今日萬般好，老朽卻為你擔憂⋯⋯」

韓嫣心不忍，哽咽道：「先生所囑，晚輩不敢輕慢。先生今日氣色尚好，不是說這話時，還請好生將養。」

枚乘喘息道：「老夫平生唯一子，名皋，數年前，曾在故梁王屬下為宦，今卻不知流落何方。他承我餘緒，稍能屬文，雖不認父，我卻不能不認他，還望小郎日後關照。」

韓嫣連忙頷首，滿口應允。

如此捱了兩日，枚乘終是撐不住，一命歸西。韓嫣為枚乘哭了一回喪，買來上好棺木殮起，命郡守遣人送歸淮陰，交當地安葬不提。

待韓嫣入都覆命，說起枚乘病亡始末，武帝聽了，也是傷情。韓嫣惶然道：「臣實無能，眼見夫子病亡，只是無措。」

武帝這才嘆道：「是朕害了老夫子！不知枚乘可有子，其子能文否？」

韓嫣回道：「枚夫子臨終，有所囑託。其子枚皋，年已弱冠，曾投故梁王門下。小臣此次過睢陽，去衙署打探，方知這枚皋，幼承父業，工

辭章,十七歲時,曾上書今之梁王,得召為郎官。不料才做了數月,即遭屬下讒詆,獲罪亡命,不知逃去了何處。」

武帝略覺詫異:「哦?可惜,然亦可補救。你即往丞相府,傳詔許昌,命他發海尋文書,定要找到枚皋,召見入都。」

原來,此刻枚皋離武帝並不遠。數年前,他在梁王處為屬官,因待下太苛,為從吏所讒,險些入獄,家產亦被籍沒。倉皇逃出後,獨自流落各處,後至長安,隱名埋姓,求得一個苟活。

這日,枚皋一人,衣衫襤褸,在長安市中蹀躞,忽聞市井奔走傳言,今上又有大赦。心中就一喜,便至酒肆中,欲浮一大白,慶幸可不必再遮頭掩面了。入了座,未及酒保來問,便發覺對面柱上,懸了一道官府文書,遠遠辨出有個「枚」字。

枚皋心下一驚,疑是緝捕文書到了長安,當下躍起,湊近去看。看過,心中喜得亂跳,原是丞相府奉詔,正尋訪自己。

待得再落座,酒保殷勤上前,問飲何酒。枚皋便猛一拍案,朗聲笑道:「何酒好,便上何酒;若有金屑瓊漿,也是好的!」

酒保見如此潦倒之人,竟口出狂言,便疑心是有癔病,遲疑了片刻未動。

枚皋也知酒保心思,伸手去懷裡,摸出一塊金版來擲下,叱道:「狗眼麼,看我怎般低?」

那酒保怔了一怔,立時賠笑道:「客官多心了,實是小店微賤,賣不起金屑酒。這便將上好的春酒拿來,啟封香出九里,不輸於貢酒呢!」說著,便要去撿那金版。

枚皋卻飛快拿回金版,揣入懷中道:「便是金屑酒,也無須用這『印

相如才情，風流詩篇垂青史

子金』來抵。你可知我父是誰？說出來，沒得嚇死你！」

酒保見慣了各路人，大言聽得多了，只是不卑不亢：「客官來了，就是爺娘，小店哪裡敢慢待！」

酒足飯飽後，枚皋招手喚酒保來，摸出那塊金版，囑道：「算好帳，找我銅錢來。」

酒保接過，不禁苦笑：「客官，你教小人為難了。小店微利，櫃上哪裡有恁多銅錢找回？」

「多少勿論，我另要索你一物。」

酒保眼睛一轉，心中便暗喜：「小店簡陋，只要不是我人頭，客官儘管拿去。」枚皋倏地起身，取下柱上所掛文書：「便是此物。」說著，便將文書籠入袖中。

酒保臉色微變，連連擺手：「客官，這可玩笑不得！張榜三月後，官府要來收回，若查問起文書下落，小人萬萬當不起。」

「此文是個什麼？」

「詔命文書，天子要尋人。」

「小子，天子所尋，即是你眼前酒客！」酒保登時驚詫萬分，慌忙將金版退還。

枚皋收好金版，橫瞥了那酒保一眼，遂仰天大笑，出門而去。

數日之後，武帝正在石渠閣流連，翻閱前朝張蒼所遺典冊，忽聞謁者來報：「今長安內史府，送一人至北闕，自稱是枚乘庶子枚皋，赴宮門上書。」

武帝抬頭，便是一喜：「果然尋到了？」急忙接過書簡來看。

此書中，枚皋自陳身世，敘及當下，將獲罪緣由講明，又謝大赦不

究之恩。武帝見枚皋文思清楚，字也極好，當即便不疑，吩咐道：「今日恰無朝會，便召見枚皋到此處，朕與他相談。」

稍後片時，枚皋便跟隨謁者，疾步趨入，兩眼只顧左右張望，似有驚愕之意。那謁者輕咳一聲，枚皋才回過神來，見武帝正坐於案後，慌忙下拜如儀。

武帝揮袖道：「且平身，可坐下說話。」

枚皋又一躬，這才從容坐下，拱手道：「蒙陛下聖恩，召罪臣入見，實是平生夢不敢想。」

武帝便笑：「你僅長我一歲，弱冠而已，談什麼平生？」

「回陛下，死生如朝晦，罪臣平生，恐也不會長久。」

「咄！既蒙赦，便無須一口一個『罪臣』。朕素惜才，欲借重令尊而未成，曾為之不歡數日。後聞枚夫子有一子已成人，方覺釋懷。今日朕只問你：可能文否，比令尊又何如？」

「家父之才，小子萬不能及。然在淮上一帶，尚可稱雄。」

「哦？如何說呢？」

「淮上人皆曰：『馬上文，胯下武。』說的便是小臣。」

「慢，慢！胯下武，當指韓信；這馬上文，竟說的是你嗎？」

「正是。臣在梁王宮中，曾為中尉草軍書，可倚馬作露布[34]，官民無不悅服。」

武帝上下打量枚皋幾眼，微微一笑：「今之文士，多無才，僅能陪飯，竟有能倚馬成文者乎？」

「臣便是。」

---

[34] 露布，不緘封的文書，此處指軍旅文書。

相如才情，風流詩篇垂青史

「如何成文？」

「陛下若與臣同乘馬，陛下先行，臣於鞍前草就一文，仍可追及陛下。」武帝目中精光一閃：「即興成文可否？」

枚皋稽首至地，朗聲道：「陛下隨手所指，臣隨之著文。」

「也罷！」武帝大喜，忽就抖擻了一下，揚臂招呼宦者，「來人，去六廄備馬。朕與枚皋，要往上林苑一遊。」

待宦者急趨出殿，武帝望住枚皋笑道：「若文寫成，而你追朕不及，可願受罰？」枚皋亦微笑回道：「願罰往雲中郡，終身戍邊！」

「罰重了，罰重了！何至於此？你若賭輸，為朕養馬一年就好。」「臣亦甘願！馬上既不能文，當於馬下伺候。」

枚皋言方畢，二人又相視大笑。

待宦者將兩匹御馬牽來，早有騎郎一隊，肅立前殿等候。武帝便一揮袖：「枚皋君，且隨朕來，往平樂館一遊。」

此時，正是秋高之時，關中草木黃綠相間，好一派斑斕景色。出城後，武帝頓覺心怡，執鞭遙指城南，對枚皋嘆道：「如此河山，靜謐如處子。今日孺子，何曾能想到：此處十八年前尚聞鼙鼓，五十年前尚有血泊。先帝遺我，乃一大好基業；環視朝中，卻是文無張良、武無韓信。我一弱冠小子，如何擔得起來？」

枚皋便一拱手：「陛下與臣，可稱同齡，然陛下胸襟之大，又不知逾小臣幾何。」

「呵呵，這等奉承話，不說也罷。」

「臣自幼便不喜出惡語，若要針砭，善言亦可諷勸。」

「哦？你有何言要勸我？」

「臣以為，山河雖舊，時勢卻已不同；強枝野蔓，早為前代先帝所刈。陛下所臨，乃是一個順民天下，豈不強於盜賊橫行時？再說，先帝朝時，長安剿除豪強，遊俠之士無存身之地，陛下又從何處去尋韓信？」

武帝聞之，心內大起震動，抓住轡繩自語道：「你是說，豪俠凋零？如此，吾欲伐匈奴，又往何處去尋將軍？」

枚皋便仰頭一笑：「帝王馭下，也須學那市井人家。」

「如何說呢？」

「小民皆知，最親莫過枕邊人。將軍者，膽識也，而非孔武有力。外戚中，若有膽識過人者，便可拜將。」

武帝心中大悟，卻是不動聲色，佯叱道：「你就是那東方朔一流，唯知巧辯！你我君臣，放著這好景不賞，論什麼治亂之道？速隨我來！」言畢，便頻頻加鞭，催動坐騎疾馳。

疾奔半日，一行人馳入上林苑，直奔平樂館前駐馬。此時，早有上林尉預先聞報，已在此等候。

武帝跳下馬來，吩咐道：「所有懸索騰挪之戲，吞刀吐火之術，虎豹熊羆之獸，盡皆放出，教這位小枚夫子開開眼界。」

上林尉聞命，不禁一凜：「陛下是……要開角抵之戲嗎？」

「正是，你莫遲疑！權作演練就好。」

待上林尉退下布置，武帝便對枚皋道：「上林苑宮觀，皆已敝舊。唯此處，為昔日高帝行大樂之地，於前月修葺一新，稍可入眼。你我今日，便要登臺觀景。」

君臣二人旋登高臺落座，即有苑吏一擁而上，豎起甲、乙兩個傘

蓋，又為二人披上翠綠大氅，秋風習習中，亦不覺涼。

這日天氣晴朗，人坐於高臺之上，可見萬山蒼碧，千溪縱橫，一齊向此處聚來。臺前一廣場，可容萬人，四面有林木蓊鬱，拱衛環抱。

未等枚皋看完景緻，忽聞一陣鼓鳴，瞬間就有白馬百匹，十匹成排，同繫一轡，聯翩而出。那馬匹經過調教，竟是解人意一般，聞鼓聲緩急而進止，揚蹄騰跳，紋絲不亂。

枚皋正驚異間，又見馬隊之後，一乘瑰麗車駕，載一女娥徐徐而出。那女娥鮮花滿頭，坐而長歌，聲清暢而透迤，引得山回谷應。一曲未畢，忽見西面有雲起，天色頓然暗下來，竟飄起了霏霏雪粒。半山臺閣處，頓起吼聲，隨之擁出無數壯士，將滾石推下，聲若驚雷。

枚皋縱是天性狂傲，亦被眼前異象驚呆，偷望一眼武帝，但見武帝儀態從容，正側首與上林尉笑語。

兩人笑罷，上林尉忽向前一指。眾人望去，只見滾石過處，漫野虎熊奔竄，大鳥騰空，猿猱攀援，白象垂鼻，百獸皆驚恐而出。

枚皋見了，臉色一白，幾乎要股慄而起。

武帝回首，對枚皋一笑：「君莫驚，好戲自此方始。」

枚皋再一定睛，方辨認出，原來這「百獸」，皆是人所扮成。如此，「眾獸」擾攘奔突，喧聲良久，又聞有哨聲響起，方才平息下來，遁入了林中。

枚皋焉能不驚，卻不知如何回武帝，只呆呆放眼望去，廣場上又是另一番景象。

只見偌大空地上，又擁入綵衣人無數，有人吞刀吐火，有人水中弄蛇，有小童於旗桿上倒懸，有凌虛者於高索上相逢。四周皆是赤膊力

士,各自捉對角抵,單臂扛鼎,彎弓射雁。更有一眾人等,披了各式裝扮,在演「東海黃公」故事[35]……

見枚皋無語凝望,武帝朗聲笑道:「如何,枚公子?若將此等景象入賦,朕倚馬可待乎?」

枚皋回過神來,滿面羞愧,連忙低首拜道:「人間有此景,臣夢中亦不敢想。倚馬成文,徒有空言耳,臣甘願受罰。」

「朕不怪你,此等景象,前世無人見過。休說文士,即是神仙,怕也無以描摹之。」

「淮上一帶,早傳言『枚速馬遲』。乃是說微臣筆快、司馬相如筆遲。今日平樂館之戲,雖然紛繁,卻也是人間事,豈能寫不得?容臣於二日之內,寫畢呈上。」

武帝怔了怔,頷首一笑:「好一個『枚速馬遲』!那司馬相如,為朕作〈天子游獵賦〉,竟用去二百多日,筆遲意深。你則二日可成,朕也不疑。待〈平樂館賦〉成,朕授你為郎,常隨左右,與司馬相如為絕配。」

「臣願一逞文才。」

武帝忽就收住笑意,眼望西北山巒,語含深意道:「召用你,豈止是為文才?明日可為郎官,出使匈奴。我看你處事不驚,可堪大用,雖不是張良之才,亦能勝陸賈之任。」

枚皋面露惶悚,拱手謝道:「臣不敢當。清平之世,所言能供君王一笑,便是不負此生。」

武帝不以為意道:「這便是氣短之語了!今漢家雖無事,卻是虎狼

---

[35] 東海黃公事,言東海人氏黃公,能作法,制伏蛇虎;然老來衰疲,法術失靈。秦末東海見白虎,黃公前往鎮服,反被白虎所噬。關中民間以此為戲,後傳入宮廷,為漢代最為著名的角抵戲節目,後被東晉葛洪收錄於《西京雜記》中。

相如才情，風流詩篇垂青史

環伺。北出雲中，西離狄道，便是強敵，不知何日能得安寧。你隨朕左右，當以強國為大業，文章倒是小技耳。」

一席話，說得枚皋慚愧，躬身謝罪道：「陛下有經略之心，臣卻乏才；生如飄蓬，徒有小技而已，又奈何？」

武帝回瞥一眼，搖頭苦笑道：「能為朕解憂，也不算小技了！」

布衣書痴，離別鄉野展宏圖

　　武帝收得諸文士在身邊，眼見海內英才，漸已聚多，心便坦然起來。

　　這日秋深，武帝攜了中大夫莊助，策馬馳上白鹿原，玩賞秋色。此時原上秋野，正是紅黃駁雜，更覺蒼勁。

　　一陣秋風拂來，聽見漫山林濤，如嘯如吟，窸窣了好一陣才消歇。谷底傳來牧童的呼喝，更顯天地間空寂無邊。

　　武帝浩嘆良久，揮鞭一指，對莊助道：「這等好山河，如何傳得萬世？朕所愁思，諸臣又怎得知曉？朕不及弱冠即登位，心中惶恐，實難為外人所知。若倚老臣，或遭掣肘；若拔少年，又唯恐躁進。只料不到，堂堂天子，竟是無人可用！」

　　莊助便笑：「今日不同了。人才蟻聚，只怕是陛下用不完。」

　　武帝略略搖頭，正色道：「莊君，你不單對策做得最好，敢言亦是當今無二，莫要學那東方朔、枚皋，只揀好聽的說。辭藻之臣、口辯之士，固已不少，然務實者，哪裡就夠用？」

　　「回陛下，我這里正有一人，不妨起用。」

　　「是何人？」

　　「吳人朱買臣。」

　　武帝眉毛一揚，望住莊助道：「哦？倒是久聞其名，如何請託到了你這裡？」

　　莊助略一遲疑，緩緩道：「說來話長。」

布衣書痴，離別鄉野展宏圖

武帝便一揮袖：「走，前面驛亭不遠，不妨去坐下說。」

一行人便馳入館驛，進了涼亭坐下，莊助這才將朱買臣之事，逐一道來。

莊助道：「陛下既問到，臣不敢相瞞，朱買臣與臣下，實為同邑鄉鄰，早有過往。此人性好讀書，不置產業，年過四十尚落魄，乃一窮儒生耳。」

武帝略感驚奇：「哦？這等書痴，生計何以為繼？」

「陋室賤居、布衣蔬食而已。他家中，僅有一老妻，尚且不能養，只得夫妻雙雙入山砍柴，擔往市集上賣，換得三五小錢，好歹也度日。」

「儒生也是可憐！年四十餘，尚不能自給，來日又將何如？」

「陛下，這還是十年前的事了。而今，朱買臣已年近五秩，貧寒依然如故。」

武帝更是詫異，伴叱道：「莊君，莫要吞吞吐吐。朕久聞朱買臣大名，以為是廣招門徒，束脩都吃不完了，如何竟鬧到這等地步？」

莊助嘆了一聲：「臣這位故舊，命途多舛，竟不知從何說起。」

原來，那朱買臣痴迷讀書，便是在擔柴歸途中，仍唸唸有詞，總歸是《詩》、《書》那一套。老妻崔氏負柴在後，聽不懂他絮聒什麼，心中有氣，就叱他不要再唸。

偏偏買臣是個狂迷，充耳不聞，仍舊咿唔有韻，陶然忘機。一旦步入市中，又越發唸得響亮，無非是「君子多乎哉，不多也」之類，聲若吟唱，響徹閭巷。

崔氏隨在其後，又羞又惱，爭吵過幾回，也不濟事，家境卻是越發困窘了。兩人自朝至暮，往返勞頓，只擔得兩擔柴，勉強換來粥飯。若

遇風雨，則要兩餐不繼了。

那崔氏，暗中不知哭了幾回，想想年已衰，腿腳疼痛，實在難熬。跟了朱買臣，這般苦楚，後半生如何安頓？

這日陰雨，夫婦二人從泥途中歸來，溼柴無人問津，夕食便沒有著落。二人抱膝坐於矮簷下，望天興嘆。崔氏終於忍不住，哀哀道：「夫君，我十六歲便入你家，如今熬成了老嫗，可有一日享福？連溫飽都是大夢。」

此時雨落坪中，悽清可聞。朱買臣也甚是傷感：「渾家受苦了。」

崔氏嗤鼻道：「豈止是受苦？這腳腿疼痛，直是生不如死。若死，等於酣睡，總不至日日做牛馬。」

朱買臣不由一驚：「渾家，今日這話，妳……卻要怎樣？」

「你是一丈夫，四海都可為家。我一女流，常此飢疲，如何是個了局？不如放我去尋個出路，幫人縫補餵豬，也不至日日走得腳痛！」

「渾家，這些話，是如何說起？夫妻一場，妳竟能忍心嗎？」

「我不忍心，然你一個大丈夫，卻能忍心渾家一苦至此？」崔氏說罷，竟忍不住嚎啕起來。

買臣這才慌了手腳，連忙勸解道：「我命不濟，蹭蹬多時，然有術士言，年五十以後當富貴。今我已四十許，發跡之日，或就在眼前。」

「你那話，只配去哄鬼。我朝盼暮盼，鑊裡盼不來一爿羊腿！待你蒼髯滿頭，更指望如何發達？」

「妳隨我，已忍了二十餘年，怎就這幾年便忍不得？」

「不是忍不得，是我再看不得了。」

「我若發跡，定當報還娘子，否則將遭雷殛！」

布衣書痴，離別鄉野展宏圖

　　哪曉得，這一句發誓，倒激得崔氏暴怒，起身戟指道：「你便是咒死自己，也當不得一餐飽飯！我隨你多年，看你平常何時不讀書？讀來讀去，卻落得以打柴為生，朝夕不保，還不知讀書無用嗎？那孔子迂腐，都知要收門生羊腿。你如今，也無須再咒了，去弄個羊腿回來，我便不絕婚。」

　　朱買臣一時怔住，竟無言可對。

　　崔氏便越發地不饒：「窮得缽光盆光，還要市中行吟，咿咿哦哦，引得人家笑。你不羞，我老嫗還知道羞！我不求穿金佩銀，但求歸家能飽餐。世上是何等無能之人，方累得婆娘如此？萬卷書讀過，你還不知此理嗎？丈夫有種，如何就不肯放我去？」

　　一席話聽罷，朱買臣愈加沮喪，只得顫顫起身道：「一餐飯，餓也只在一時，又何須囉唣這麼久？」

　　崔氏聞此言，頓時委頓於地，放聲大哭。又打量左右，去尋繩索，聲稱要懸梁自盡。

　　朱買臣見鬧得不成樣子，也是心灰意冷，默然良久，方道：「妳要去便去吧，我這裡，即為妳寫休書。妳忍不得，我也忍不得了。」於是轉頭回屋，研好墨，動筆寫休書。

　　崔氏見他寫字，便止住啼哭，拿眼去瞄那字。

　　待休書寫罷，遞與老妻。崔氏看過一眼，便恨恨道：「我如何認得這蝌蚪文？你念與我聽。」

　　朱買臣強忍鄙夷，一字一句念罷。崔氏眼中，便有一絲喜意閃過，急接過休書，揣入懷中，打量屋中片刻，卻又忍不住流淚道：「讀書人，雖是窮斯濫矣，然也難見窮迫如你者。鍋碗瓢盆，我不忍拿了，皆留與

你。」說罷，收拾了幾件自家衣物，頭也不回，匆匆回了娘家。

朱買臣送走老妻，樂得耳根清淨，每日照舊讀書砍柴，吟哦於市中，全不顧鄰里驚詫。

這日，時逢清明，江南有雨，天氣輕寒。朱買臣擔柴下山，恰遇著驟雨，溼了一身。風一吹，凍得牙齒咯咯作響。左右看看，不見人家，只在近旁有一墓園。無奈之下，只得進了園，藏身到一處空墓穴中避雨。

不久，雨過天晴，卻是日暮時分了。買臣腹中空空，耐不得飢寒，欲擔起柴捆歸家，只覺得無力。

正在此時，忽聞墓園中起了響動，有一男一女說話。探頭望去，原是有夫妻二人來掃墓。

待那一對男女近前，擺下香爐祭品，方看清楚了——那婦人不是別人，正是前妻崔氏。

崔氏此時也認出了買臣，一臉驚愕。買臣卻目不旁視，只佯作不認得，抖了抖溼衣，昂然擔柴而過。

倒是那崔氏，脾氣不減舊日，見買臣執拗若此，忍不住喝道：「朱買臣，你衣衫破爛，我便認不得你了嗎？」

朱買臣這才止住腳步，不知崔氏要說些什麼。

只聞崔氏道：「腐儒走路，一板一眼，不知要走到何處去？雨下得大，也不知避避嗎？」

朱買臣搖搖頭，只是苦笑。

那崔氏早已另嫁，這日，乃是陪後夫來上墳，便將朱買臣身分告訴後夫。那男子倒還寬厚，露出憐憫之意。崔氏見朱買臣狼狽至此，嘆

布衣書痴，離別鄉野展宏圖

了口氣，便蹲下身，揀了些墓前的果品糕餅，裝入碗盞，遞與朱買臣充飢。

朱買臣飢寒已甚，也顧不得羞愧，接過來就吃，待三五口下肚，方覺得渾身回暖。食畢，將碗盞遞與那男子，道了聲謝，也不問人家姓名，擔起柴就走。正所謂飛鳥各入林，兩不相問……

武帝聽莊助說到此，便滿臉憐憫：「書生之迂，真是聽不得了！朱買臣好學，天下皆知，只道是徒眾滿門，家資豐厚。卻不料，竟是個蹩腳樵夫。你早年與之交，他便是如此嗎？」

莊助黯然道：「臣早年在故里，尚是少年，呼朋引類，不屑於凡庸。朱買臣亦有英氣，超邁絕倫，不料竟落魄至此！」

「莫非，是他求到你門上？」

「非也。月前，會稽郡吏入京上計[36]，赴丞相府交驗帳冊。隨行人眾多，所需食物裝了數車。朱買臣正潦倒，權充雜役隨行。甫一入京，便赴北闕上書自薦。」

「哦，朕為何未見他自薦書？」

「或是公車令還未及上呈。他候了數日，不見回音，只得待詔公車署，每日來點個卯。買臣身無餘錢，如此蹉跎，飢餒無以自處。倒是上計吏見他可憐，賙濟他些飲食，方才熬過。然時日一久，上計吏錢財亦將盡。可巧臣於月前，自南越出使歸來，朱買臣聞之，顧不得臉面了，上門求見，託微臣引進。買臣之名，遠近皆知，臣不忍看他身陷下潦，故而也就不避親故，特為告白。」

武帝一喜，連連拍案道：「哪裡。海內遺賢中，有這等人才，乃天助

---

[36] 上計，漢朝財政制度。即地方行政長官定期向上級呈文，報告地方財政等情況。朝廷根據考核結果，予以升降、賞罰。

我也,豈能說你徇私!速去傳旨,召朱買臣入見。」

宣召之處,在宣室殿東書房中,武帝見朱買臣蹣跚而入,不禁唏噓道:「春寒未消,君何以穿得恁單薄?」

朱買臣行畢大禮,抖了抖襤褸麻衣,神色泰然道:「家貧徒有四壁,兩餐不繼。天稍暖,冬衣便拿去當了,換些柴米回來。」

武帝便有些動容:「讀書苦到此境,何不早些前來自薦?」

「謝陛下大恩。顏回之樂,亦是樂。臣在往日,也並非不樂。」

「好好,我只道世間早已無顏回!也罷,你今日赴闕,亦不為遲。只不知君在鄉里,喜讀何書?」

「臣素習《春秋》、《楚辭》。於他,則無暇旁顧。」

「哦?《春秋》讀的是哪一傳?」

「最喜《公羊傳》[37],於《穀梁傳》[38]亦頗用心。」

武帝聞此,拊掌讚道:「兩書著於竹帛,還是最近事,君竟有心研習,好得很!」遂又問道,「《楚辭》最喜哪一篇?」

朱買臣不假思索道:「自是屈子最佳!屈辭中,〈離騷〉固然豐贍,然臣更喜〈天問〉,直是將人引入洪荒,不忍歸來。」

君臣二人,只這幾句問答,便都有知音之感。武帝稍停頓,喚來宦者,命速往少府署,取錦繡衣袍數件,賜予朱買臣。又對買臣慰勉道:「君子若窮,天下便凋敝;朱君今後衣食,勿太過寒酸了。」

朱買臣便苦笑道:「臣怎敢偏好寒酸?乃是無處覓錢也。」

---

[37]《公羊傳》,又名《春秋公羊傳》,戰國時齊人公羊高所撰。與《左傳》、《穀梁傳》同為解說《春秋》的「春秋三傳」之一。初為口傳,後至漢景帝時,由其玄孫公羊壽與胡毋生一道,將之「著於竹帛」。

[38]《穀梁傳》,又名《穀梁春秋》、《春秋穀梁傳》,戰國時穀梁赤所撰,初亦為口傳,西漢時成書。

布衣書痴，離別鄉野展宏圖

　　武帝聽了，忍俊不禁：「儒生不如商賈，天下不祥也。今起，便拜你為中大夫，與莊助同為侍中，隨我左右。」

　　如此，朱買臣終得脫穎而出，一步登堂，與莊助同列，不再受飢寒之苦。

　　然好事多磨，拜官之後，買臣依舊灑脫，與同僚屢起齟齬，波折頻生，未及數月便遭免官。好在已結識好友數人，有人願賙濟，方得以在都中會稽郡邸[39]寄食，不至重返鄉里。

　　如此蹉跎年餘，忽逢南方有事，朝中需用人，買臣才得再次待詔。

　　且說南方諸越，歸順有年，本已安頓，今何以忽然生事？此一節，還須從頭說起。

　　早在建元三年（西元前138年）春，黃河溢位，淹沒平原郡。齊魯一帶民大飢，人相食。太史令記下此事，遂奔上殿，向武帝稟報。

　　武帝臉色便黯然，幽幽自語道：「上次人相食，還是何時？我坐殿三年，不敢有一日大意，上天竟責我無道乎？」

　　太史令連忙稟道：「昔高帝二年春，楚漢相爭，關中忽遇大飢，有『人相食』之事。定鼎長安之後，則無。」

　　武帝更是沮喪，搖頭嘆道：「清平之世，民有何辜，竟遭此大難？」

　　太史令見此，連忙勸諫道：「臣觀天象，並無異常，絕非人主治理有失。河決之事，歷代都有，非人力可以左右，陛下不妨盡力賑濟之。」

　　「高帝二年時，關中是如何賑災的？」

　　「時高帝有詔，著各官署護送饑民，往蜀郡就食。」

　　武帝聞言，這才稍復振作：「高帝之智，果然異於常人！」遂下令，

---

[39]　會稽郡邸，即會稽郡守駐京辦事機構。

仿當年舊例,平原郡饑民可往他處就食,官吏不得禁止。

此事平息才不久,至秋,太史令忽又上殿來報:「有星孛[40]於西北,恐東南將不靖!」

武帝聞報,正驚疑不定,便有東越國來使,馳入都門,飛報東南有事。

南嶺之南,當時有「三越」臣服於漢家,即南越、閩越及東越。三越之中,南越最強。其王趙佗英名蓋世,過世已多年。次之為閩越,再次為東越。漢高帝時,閩越王無諸,受封最早。東越王[41]搖及,受封略遲。南越王趙佗,則最後歸順。

三國子弟,王位相傳,至今猶未絕國,為漢之外藩。

景帝時,故吳王劉濞作亂「清君側」,事敗,逃入東越。東越王初起時頗為款待,有相助之意。後迫於情勢,將劉濞擒殺,首級傳送朝廷。唯吳太子劉駒,僥倖逃脫,亡命於閩越。

吳太子在閩越多時,唯思復仇,常勸閩越王擊東越,除掉東越王這反覆小人。

古語說人言可畏,讒諂之言尤為可懼。此時的閩越王郢,禁不起吳太子再三鼓動,竟發兵東侵,攻入東越。

東越國地狹勢蹇,招抵不上,被困在都城東甌(今浙江省溫嶺市)。日久,漸漸食盡,眼看不降已無他路,只得遣使入京告急。

武帝聞聽東越使者求助,頗覺棘手,連忙召來群臣,於殿上商議。

有武安侯田蚡,前時罷官歸家,此時也被請來。聞說東越王求朝廷發兵,當即出列,力諫道:「萬萬不可!越地遼闊,兼有瘴氣,不利於大

---

[40] 星孛,即彗星。古人認為,彗星現,乃天象異常,為不祥之兆。
[41] 東越王,高祖時初封為東海王。因其都城在東甌,故民間又號為東甌。

布衣書痴，離別鄉野展宏圖

軍出行。前有秦始皇，後有隆慮侯，皆是征伐不力，屯兵於嶺前。今朝中已無大將，縱有精兵，也難以濟事，不如遣使威懾，勸得兩家和解便罷。」

莊助在旁聽了，不能苟同，當即駁道：「武安侯閒居多年，膽量也小了許多。此事正如田公之名號，不武，豈能有安？」

眾臣聞之，便是一陣輕笑。武帝也不禁微微一笑，抬手道：「莊君有話便說，武安侯之議，可以不論。」

莊助便朗聲道：「漢家為上國，撫理天下。諸越為小國，事我以君父。小國有急，若天子不救，則失信於天下。小國寒心，將不以朝廷為意，陛下日後將如何撫育萬方、統馭四夷？」

田蚡遭了奚落，不能甘心，當場回駁道：「治天下，最忌勞民。大軍一動，牽涉何止郡國，天下百姓都不得安。莊大夫儒生耳，素不問兵革錢糧，空談用兵，自然是不費力氣。」

莊助一驚，回首望住田蚡，高聲道：「國舅此意，欲息事寧人乎？閩越無端侵凌他國，乃是背義。背義之事，上國若裝聾作啞，天下便從此無義。臣無義，則君危；民無義，則天下騷然。若海外諸藩互攻，殃及郡國，則天下再無寧日，人人可得恃強凌弱！」

莊助這一席話，觸動武帝心事，當下一揮袖道：「二公不必爭了。武安侯之議，不足為憑。閩越無理在前，若不儆懲，便是助惡。惡生，人心將大壞，卻不是藩國恩怨的小事了。朕意已決，請莊公聽令！」

莊助聞言一悚，連忙出列伏地。

武帝下令道：「我初即位，不欲以虎符發兵，而驚動天下。著令中大夫莊助，持節前往會稽郡。令郡守發郡內兵卒，力助東越，無使閩越得逞。」

莊助凜然道：「臣受命。只不知此番用兵，何為止境？」

「迫他遁走便可。」

「臣知曉了，定不辱使命。」

莊助銜命，星夜趕往會稽郡，督郡守發兵。無奈山高皇帝遠，郡守畏敵如虎，藉故拖延，遲遲不動。

莊助自忖蒙皇恩，不敢有負使命，想了一夜，決意殺雞儆猴。天明即下令，斬殺郡兵中一司馬，警告眾兵，不得敷衍。

郡守早起，聞聽來報，嚇出一身汗來，連忙抖擻起精神，頻發軍令。這才集齊兵卒，徵來大船，從海路進軍，往援東越。

漢軍舟楫從海上疾進，赤旗如林，一派王師氣象。那閩越兵哪裡敢相抗，聞風即退兵而去。

東越王立於城頭，見漢家旗幟，望之如再生。連忙開城門來迎莊助，執莊助之手，涕泗交流，堪堪就要下拜。

莊助連忙攔住，溫言道：「大王不可失禮。藩國有難，上國來助，此為禮也，嚴某不過奉王命行事。」

那東越王仍不肯鬆手，哀懇道：「孤王勢弱，只恐漢兵一退，閩越兵復來，吾輩計將安出？不如請上使稟明天子，我東越君臣百姓，願舉國內徙，永世為中國之人。」

莊助遂將此事飛報武帝，武帝想想也無不可，於是下詔，將東越王以下所有臣民，悉數遷往江淮，安頓下來。原東越一帶，任其成虛空之土。

閩越王逐走東越之後，又養兵數年。至建元六年（西元前 135 年），自恃兵勢已強，竟然發兵擊南越，欲將這塊肥肉一口吞下。

布衣書痴，離別鄉野展宏圖

此時的南越王趙胡，乃是趙佗之孫，勇武遠不及乃祖。因漢天子曾與「三越」有約，互不相攻。於是不敢擅自還擊，只死死守住各城邑，一面向漢廷告急。

武帝得了南越王奏報，不由嘆道：「當年趙佗歸而復叛，何其難制？今日傳至孫輩，倒還知守禮。」遂又踱至輿圖前，上下看看，蹙眉道，「頭上有懸劍未落，足底又生棘刺，這怎生得了？今番若不出虎符，怕是不行了。」

於是下詔，命大行令[42]王恢、大農令韓安國，並為將軍，統兩路大軍南征。其中，王恢率軍出豫章（今江西省南昌市），韓安國率軍出會稽，兩路呼應，直插閩越，定要討平亂源。

漢九卿之中，出二人為將軍，統兵南下，開空前之例。三越之民聞知，不由得震動，消息傳得飛快。那閩越王郢，正在南越國殺得起勁，聞報也是吃驚，連忙退兵。趁漢軍尚未過南嶺，發兵據險而守，扼住了南下各關口。

南嶺一線，素稱天險，此前秦漢大軍南下，多被阻於此。此番兩路漢軍若是強攻，勝負倒也難料。偏巧此時閩越國內，平地忽起了風波。

閩越王之弟餘善，見大勢不妙，乃與國相、宗族等數人，潛行至郊外，望望四面無人，即在芭蕉叢中密謀：「我等藩國，行事總繞不過上國。吾王擅發兵擊南越，未獲朝廷允准，故天子發兵來誅。今漢兵勢大，鋪天蓋地，我閩越何以當之？」

宗室中有人應道：「南嶺易守難攻，昔秦軍征南越，尚且折兵；今我軍據險，或也能取勝。」

餘善搖頭道：「不然！漢天子以九卿統兵，前所未有。今番即是僥倖

---

[42] 大行令，即典客，景帝中元六年改此稱，掌屬國事務，為九卿之一。

勝之，漢家也必添兵，終至我滅國為止。」

說到「滅國」，眾人都是一悚，只覺頭頂上天就要塌下。於是急問餘善，將如何自處。

餘善這才兜出底來：「不如殺吾王，以謝天子！」眾人又急問：「殺王，便可免禍嗎？」

「若天子得知我等殺王，如若罷兵，我一國可保；如若不然，我可力戰。若不能勝，則逃亡入海，總還可以保命。」

眾人聽罷，都拊掌稱善。一場宮變之謀，即在芭蕉叢中議妥。

這餘善懷了反心，倒也敢作敢當，袖籠利刃，去見閩越王郢。待近得其身前，窺了個空，一刀將閩越王砍翻斃命。

此時宮內外全都安排好，眾人見謀成，一聲歡呼擁上前來，割了閩越王郢的首級。餘善當即遣人，攜首級往王恢大營，通告事變。

那大行令王恢正在憂懼天險難攻，見了閩越來人，焉能不喜？笑對來人道：「漢軍此來，是為誅閩越王。今閩越王首級在此，你等又謝罪，不戰而去禍根，豈不是大好！」當即傳令全軍，安營勿動，一面通告大農令韓安國，一面遣使者攜首級，馳報天子。

武帝在未央宮中，也未料竟有這般爽利，心中暗呼「天助我也」，於是起念，欲將閩越滅國。

再說淮南王劉安在壽春（今安徽省壽縣），聞聽閩越王死，心頗不安。唯恐朝廷託大，繼續用兵，勞民傷財，於是上書，勸諫退兵。

武帝展開諫書來看，竟有一千七百餘字，洋洋灑灑，從上古三代「胡越不欲受正朔」談起，不由就仰頭，嘆了一聲：「叔父學問甚深，著你的書、煉你的丹便好，何必來談攻伐事？書生論文，天下無人可及；

185

布衣書痴，離別鄉野展宏圖

來談兵講武，不過如田蚡一般！」

然讀至中篇，見「南方暑溼，近夏癉熱，暴露水居，蝮蛇蠹生，疾癘多作，兵未血刃而病死者十二三，雖舉越國而虜之，不足以償所亡」之句，心中就一動，不覺讚賞道：「叔父到底有閱歷，知用兵之難。」

後面又見劉安寫道：閩越王既死，對其餘重臣，不若羈縻，仍令其為藩國。如此，只需方寸之印，即撫平方外。不勞一卒，不用一戟，即威德遠行。若舉兵入其地，則越地之民必恐被屠滅，逃往山林。經年累月，士卒如何搜殺得完？

閱至此，武帝大讚，竟讀出了聲來：「兵者凶事，一方有急，四面皆從。臣恐變故之生、奸邪之作，由此始也。」讀罷，想到秦末之亂，不覺躊躇起來。又繞室半日，終是狠了狠心道：「我新踐位，當恤民力，不可以窮兵而樹威。」於是下詔罷兵。

又想到閩越王作亂，那班權貴也有關係，唯獨老王無諸之孫，喚作繇君醜的，未曾與謀。於是，便傳諭閩越，另立繇君醜為閩越新王，世稱繇王。

且說事變首謀餘善，自恃殺郢有功，威臨全國，便起了自立為王之念；閩越上下，也都心服。繇王雖受天子冊封，卻不能服眾，號令竟不能出宮門。

眼見得情勢尷尬，繇王只得遣人密報武帝，懇求裁奪。

武帝得報，搖頭苦笑道：「棘刺雖小，倒是頗扎手呢！」於是召來莊助、朱買臣、枚皋等人，計議良久。

眾人或曰征伐，或曰安撫，只是無有定論。末了，武帝斷然道：「只為一個餘善，不足以再興師。餘善固非善類，此前謀亂，也曾參與，然

終究首倡誅郢，免得我勞師動眾，也算是有功。今日恰好東越無主，不如就立餘善為東越王，與繇王並處，免得他再生事。」

此議一出，眾臣都說好：「如此羈縻，那餘善也當知足了。」

當下議定，武帝便親筆寫了諭令，遣使南下冊封，令餘善劃境自守，不得與繇王相爭。餘善好歹得了個王位，便也知趣，不再爭了。

征越之役，至此獲圓滿全功，武帝因得劉安指點，也知是僥倖。再想起早前田蚡之言，深覺有理，便復起田蚡為丞相，擢韓安國為御史大夫，只求朝政穩重。

諸事既平，武帝又想起南越王趙胡，覺此人甚懂君臣之道，當好好嘉勉才是。便喚了莊助來，命他赴南越慰諭。

臨行前，武帝又囑道：「你此去，途經淮南國，可說與淮南王聽：朕奉先帝之德，夙興夜寐，唯恐有錯。今內有飢寒之民，外有南夷互攻，也是憂懼得很。淮南王謀慮深遠，以太平之道諫言，輔弼朕不至有失，朕甚感慚愧，以為他說得甚好！」

莊助不禁疑惑道：「陛下這番話，看似輕，實則重，何不發下手書一道，寫與淮南王看？」

武帝搖頭苦笑道：「愛卿有所不知：淮南王所學，精深冠於天下，朕不敢輕慢。每有書信予他，只怕為他恥笑。總要召司馬相如、枚皋來看過，潤色再三，方敢發出。今日事急，容不得這般斟酌了，你轉諭就好。」

莊助銜命，沿陸賈當初南下之路，間關萬里，來至番禺。那南越王趙胡，果是溫順之主，將莊助恭恭敬敬迎入宮內，稽首謝恩道：「幸而天子興兵，誅閩越，寡人萬死無以報答。」謝罷又請道，「願遣太子嬰齊入

布衣書痴，離別鄉野展宏圖

長安，充任漢宮宿衛。」

莊助自是應允，停留不久，便攜了嬰齊返歸長安。

途中路過淮南國，莊助想起武帝叮囑，遂入都城壽春，向淮南王劉安轉達上諭。

劉安聞聽武帝嘉許，心甚喜，向莊助行大禮叩謝。

莊助連忙勸阻道：「大王客氣了，臣轉達諭意，不過常情而已。」

劉安便望住莊助，起了萬千心事。原來，這位劉安，乃是已故淮南厲王長子，厲王謀逆未成，被文帝流放巴蜀，死在了途中。劉安於此耿耿於懷，不能釋恨。後雖封為王，仍是心存謀逆。為此，曲意結交朝中權貴，只盼有一日能遂願。

劉安素與田蚡親善，建元二年（西元前139年）入朝時，未入長安，即知會了田蚡。當時田蚡為太尉，尚未失勢，曾出霸上迎劉安，笑言道：「今上無太子，大王乃高皇帝親孫，多行仁義，天下無人不知。若今上一朝晏駕，非大王有誰可立？」

且說劉安年紀，比武帝還年長二十三歲，縱是長壽，又如何能等到武帝駕崩？田蚡此言，不過半真半假而已。

偏那劉安卻信以為真，不由大喜，當下送了田蚡許多財寶。返國後，即陰結賓客，施恩百姓，為來日謀逆做起了手腳。

劉安此時，見莊助見聞廣博、行事老練，便有意結交，拉了莊助往後殿去看。莊助見王宮內竟有殿閣千間，不由就嘆：「如此廣廈，數千人也住得了！」

劉安便笑：「寡人重賓客，正是養了數千人。」遂帶領莊助沿九曲連廊，步入一處幽深庭院。

甫一入院，莊助便略覺驚愕，只見槐蔭下散坐八人，皆白髮白衣，個個據案書寫。聞有人來，依舊專注，連頭也不抬一抬。

劉安指著諸白衣人道：「寡人門客雖有數千，最為俊異者，盡在於此。」莊助略看一眼，便大悟：「哦！臣亦久聞大名，原是蘇非、李尚……」

「還有左吳、陳由、雷被、毛周、伍被、晉昌。此八公，皆天下名士，一齊投來敝處，助寡人寫出《鴻烈》[43]一書。」

莊助不禁肅然，脫口道：「昔惠帝為太子時，有商山四皓，高皇帝即不敢小覷；大王所聚人才，又遠過惠帝了。」

劉安目光略一躲閃，忙謙遜道：「哪裡敢比！」

莊助逐個細看過去，連連讚道：「八公閱世久矣，果是俊異！」

二人穿庭院而過，又看了無數的樓臺水榭，方從原路返歸。再過槐蔭庭院時，莊助抬頭瞥了一眼，發覺不過一轉眼工夫，那槐下八公，已是個個童顏，鬚髮皆黑了！

莊助當下怔住，滿心驚駭：「這是……」不由扭過頭來，直望住劉安。

劉安知莊助心思，只呵呵一笑：「此八公，皆來自名山，各懷絕技，多擅神仙祕法。」

莊助直疑是在夢中，不由嘆道：「若非親眼所見，臣萬不能信，世間竟有返老還童事！」

「八公來投時，皆鬚眉皓素，登門求見。敝王宮司閽者曰：『吾王好長生，諸位無駐顏之術，下官不敢通報。』八公聞言，便退走，須臾又自閭巷中走出，竟是鬚髮全黑，咸變為童了！司閽大驚，這才引八公來

---

[43]《鴻烈》，亦稱《淮南鴻烈》、《淮南子》，今存《內篇》二十一卷。

布衣書痴，離別鄉野展宏圖

見寡人。相見之下，八公各顯異能，令寡人眼花撩亂。」

「奇了！八公究竟有何異能？」

劉安搖頭微笑道：「天機不可洩漏，莊公可自悟之，還請包涵。」

莊助尷尬一笑，連忙賠禮道：「不敢不敢！孟子曰：『見賢者，然後用之。』今觀大王胸襟，世上難有其匹。」言畢，便走近八公座前去看。

這時八公才停下筆，都抬起頭來，個個面目俊秀。

莊助邊看邊讚道：「俊也異也！人才，盡都在淮上了。」待看到末座的左吳，便又是一驚，「奇哉，此非女流乎？」

看那左吳，果然面如敷粉、唇若丹朱，酷似女子模樣。莊助不由就拉住他手，摩挲再三，捨不得鬆開。

忽聞那左吳開口道：「莊公，我若是真女子，又當何如？」

莊助聞言大笑，連忙鬆手，對劉安道：「臣聞漢初高帝時，有異人八個，七男一女，各懷絕世之功。彼輩出乎名山，入乎江湖，助高帝成就大業。莫非那八人，今日都投來大王門下？」

劉安仰頭大笑道：「前代之功，寡人哪裡敢攀？」

莊助聞言，心中便一動，由衷敬拜道：「人都道淮南王愛才，久聞之，不如一見。今見八公，果然非凡！大王於年前入朝，獻上大作《鴻烈》，皇皇二十餘萬言。君上讀罷，珍愛不已，也驚煞了我等文士。臣奉上命，曾逐字讀過。所言女媧補天、后羿射日、嫦娥奔月等奇事，臣聞所未聞。此書所言道家，又不只是黃老無為了，顯是承續莊、列之風，志在有為。」

劉安眉毛一動，欣喜道：「先生果然多智！聖人之道，在於憂民；若凡事皆無為，哪裡能成？寡人以為：天子以下至庶人，若四肢不動、思

慮不用，而求事成者，古來還未曾有過。」

莊助偷瞟一眼八公，心中越發敬畏，忙拱手道：「八公之才，傾動天下，臣不敢再打擾。」

劉安頷首一笑，引莊助出了庭院，至偏殿坐下，遂收住笑意道：「莊公出使，歸途中特來敝地，想是有話要說。」

莊助斂衽正襟道：「朝中事多，大王又遠居淮上，君上遇事，不便與大王商量，心甚憾之，命臣專此轉諭。日前，大王上書，似有微詞。實則，君上發兵征越，乃不得已耳。自五帝三王起，禁暴止亂，不用兵者，從未聞也。此次南征，不過大軍壓境，以威震之，哪裡就敢勞苦百姓士卒？」

劉安知此話分量，連忙辯白道：「聽莊公一席話，臣越發了解今上聖明，發兵平南，是為大義，雖商湯伐桀，也不過如此。莊公奉命前來詔諭，臣不勝榮幸，並無他心。」

如此，兩人又相談良久，互有欽敬。劉安便趁機道：「莊公在朝，得陛下寵信，天下無二，寡人亦深慕之。不如你我二人，今日就結為至交。」

莊助見劉安攬八公於門下，頗有王霸氣象，早也起了結交之心，當下允諾道：「大王重文士，在下今日目睹，不勝感慨。天下治平，當有賴大王，臣豈能不願與大王訂交？」

劉安笑逐顏開，吩咐在大殿擺下筵席，與莊助把酒言歡，算是訂了契友之約。

此後，莊助又勾留數日，與劉安談文論道、徜徉山水，盡了一番興致，方辭別而歸。只未料，此次訂交，竟是惹下了天大的禍端，此處暫

布衣書痴，離別鄉野展宏圖

且按下不表。

莊助攜了南越太子返都，向武帝覆命，詳說始末。武帝細心聽罷，開顏大悅，特在柏梁臺賜宴。

筵席上，武帝問起南越諸事，莊助從容作答，只道是南越王恭順，嶺南之事無可再憂。

武帝大讚道：「公幹練如此，果不負賢良之名！」遂又問起莊助，當年在會稽鄉里，可曾得意。

莊助臉色一暗，回稟道：「臣家貧，衣食簡陋，連襟為富人，曾數度折辱臣。」

武帝聞此話，想起母家早年事，不由起了憐憫，溫言問道：「莊公不辱使命，朕當褒獎，不知公有何願望？」

「願出任會稽太守。」

武帝便大笑：「也罷！大丈夫，當衣錦還鄉。按避籍之法，你不可做會稽郡守；然朕可破例，助你遂了這心願。」

莊助連忙稽首謝恩。

武帝扶起莊助道：「愛卿平身。你來看，你我坐於柏梁臺上，可看見長安萬戶。莊公從都中往邊地，就譬如這登高望遠，不難有大作為。」

莊助只是感激涕零，應諾道：「臣不敢無為。」

果然時不久，便有詔下，拜莊助為會稽太守。莊助欣然受命，衣錦歸鄉，做了故里的父母官。舊日鄰里見了，果然驚詫，皆豔羨不止。

豈料莊助實無治理之才，此後數年，政聲平平。武帝大感失望，賜書去責問：「莊公厭倦朝堂，不願侍奉，去了會稽為郡守，何以再無消息？」於是將莊助調回，復為近侍。

莊助自知有負君上，調回侍中後，誠惶誠恐。然先前的一身才幹，竟似全失，只知遇事作賦頌，哄武帝開心，正應了「月滿則虧」一說。

此時，朱買臣已免官數月，又為武帝起用，正待詔金馬門。

出入朝之途，買臣偶見莊助，忍不住上前問道：「公之智，絕世無雙，何以外放為郡守，竟不能施展？」

莊助望望朱買臣，嘆息一聲道：「朱兄何不自問？你也是絕世之才，何以做不成一個侍中？」

朱買臣頓時啞然。莊助略一苦笑，遂招手道：「來！與我同車，往那酒肆小酌。」

待朱買臣上車，御者正欲加鞭，忽見道旁有人跪拜。二人引頸望去，原是長安內史府吏張湯。

這位張湯，為杜陵（在今陝西省西安市）人，其父曾任長安丞，為內史府長吏，掌文書、牢獄事。張湯自幼耳濡目染，小小年紀，便能寫出老辣的治獄文書。後其父死，張湯承了父職，多年為長安吏。

朱買臣為近侍時，便知張湯喜逢迎，每見買臣，總要跪拜。此時見張湯又跪，不覺就笑：「朱某不做官已多時，足下不必跪了。」

張湯抬頭，誠懇道：「今日見二公，何其幸也，當為二公引車。」說罷起身，接過馬前僕人手中韁繩，昂然於前。

莊助便覺不安：「張主吏，這怕不好！」

張湯回首道：「我乃何等人，能為二公牽馬，直是門楣生光！莊公久為侍中，所撰賦頌，長安城誰個不讚？朱公今雖待詔，重返侍中是遲早的事，我唯有敬重。」

莊助還想說話，買臣卻以眼色止住，只呵呵一笑：「張主吏心誠，一

布衣書痴，離別鄉野展宏圖

向如此，只怕我等日後難以報答。」

張湯含笑躬身，算是謝過，復又牽馬前行。

車往北行，不多時來至西市。兩人下了車，莊助向張湯拱手道：「有勞主吏辛苦，容改日答謝。」

張湯稍一後退，又於道旁跪下。

莊助便不再理睬張湯，只對朱買臣笑道：「今日私談，便不入那華堂了，且隨我來。」言畢，將買臣引至一宅邸前。

朱買臣一驚：「如何來這仕宦人家？」

莊助只顧前行，頭也不回道：「朱兄清廉，入長安數年，竟不知其中奧妙？」

待入了宅門，並不見司閽，只見有一店夥計迎出來，笑容可掬。

莊助這才回首道：「此乃宅肆，用了仕宦人家舊屋改成。朝中文武飲酒，多來此處，也好躲個清淨。」

入酒肆，只見內有小閣無數，果然清雅。閣中有綠簾低垂，幽深莫測，廊上並無濃妝歌姬攬客。莊助見買臣滿意，便與店夥計低語幾句。那店夥計點頭，將兩人引至一閣，憑窗看去，可望見遠處的橫門。

待兩人撩衣坐穩，那店夥計便上前，曲意逢迎，將汗巾、碗箸置好。接著，便有廚師進來，端上十數碟樣菜，躬身請道：「客官請看菜。」

莊助微笑道：「朱兄一向清淡，今日我做東，要破例。」便做主指點了幾個好菜。

那廚師旋即將樣菜收下，去灶間忙碌了。候了一時，店夥計便趑進來，口呼菜名，逐次端上鹿肉、糟蟹、糟鴨、酒蛤蜊、粉羹等菜餚，兼有各色果品。

朱買臣面露感激，先舉杯敬道：「莊公於我有大恩。公若不提攜，在下飽腹尚不得，哪得入長安消受？」

莊助也舉起杯，與買臣一飲而盡，方嘆道：「太平年月，入都中為宦，方得享樂。宦途看似榮耀，實則不然，我今既來，且樂一時算一時吧。」

朱買臣甚覺奇怪：「會稽邊地，並無權臣掣肘，莊公如何就施展不得？」

「世間事，看得透了，不過就是一二句道理。無非莊子所言，鴟得腐鼠，定要猜忌賢才。你我為文學賢良而入朝，唯知報君恩，終不知小吏心思。」

「小吏雖庸，如何能礙住莊公手腳？」

「唯其邊地，帝利不可及，也就無從庇廕。在下赴會稽，寡不敵眾。眾小吏既庸且險，群議滔滔，不待你做事，便是一身汙名了。」

朱買臣略有所悟，仍是不甚解：「公得陛下獨寵，便是朝中權臣，也覺敬畏。公往邊地任事，何不示之以威？」

莊助便苦笑：「此前誅一司馬，即聳動郡內，誣我為酷吏。此後，哪裡還敢再立威？」

朱買臣怔了一怔，噓口氣道：「確也不易。」

莊助復又斟酒，飲罷一杯，再嘆道：「庸吏既成群，神仙又能奈何？朱兄若不信，不妨奏請陛下，往會稽一試。」

朱買臣忙擺手笑道：「弟實無此才。」

兩人懇談間，不覺將七八壺酒飲畢。莊助見案上尚餘數壺，不覺笑道：「飲不得了，大醉歸家，只怕是渾家要罵。」便喚了店夥計來，將餘

布衣書痴，離別鄉野展宏圖

酒退回，吩咐算帳。

朱買臣神色略顯黯然：「不料莊公一向精進，竟也有退意。」

莊助便斂容道：「我輩多才，以為天下事無所不能。然荀子曾言：『湯武不能禁令，是何也？曰：楚越不受制。』想那天子之威，尚不能及楚越，我輩也必有不能及之處。天下者，非你我所有，萬事自有君王擔待。兄不妨隨我，收心斂志，記得『無為』二字，只買醉就好。」

朱買臣心有不服，然也不便多勸，只默默扶了莊助，出了酒肆。不料一眼看見，張湯仍在道旁等候，便連連擺手道：「張主吏，如何等到這時！我與莊公，有私語要聊，主吏還是請回。」

張湯見莊助已醉，朱買臣又不容商量，只得跪拜別過，獨自去了。朱買臣這才扶莊助登車，各自歸家。

適值此時，那東越王餘善又數度反覆，不以朝廷為意，竟然屢徵不朝。

武帝在朝會時說起，便有些惱：「邊鄙梟雄，貪心不足，賜他個諸侯王做，仍心懷不軌。這餘善，分明是欺我新踐位，從未用兵，竟連徵書也不理睬。他欲稱雄，倒是氣足，然也須有趙佗本事，才敢抗旨不來！」

朱買臣聞說此事，心中頓起經略之志，有意要往東南一試，便趁機上奏：「臣聞，故東越王內遷之前，都城在泉山。彼處險峻，一人把守，千人不得上。而今東越王餘善，將都城南遷，離泉山五百里，處大澤之中，無一險可守。今陛下欲征東越，可發樓船兵浮海，直指泉山，陳兵海上，席捲南行。區區東越，指顧之間即可破滅也。」

武帝閱畢奏疏，心有所動，召買臣至東書房，溫言道：「此前只聞諸臣傳言，君不安於位；如今待詔數月，你胸襟倒是闊大了許多。」

朱買臣見機，慨然道：「君恩當報，侍臣當知無不言，此小事耳。此前，聞聽莊助出守會稽，無功而返，臣下深為之惜，故常留意東南之事。」

　　武帝點頭讚許道：「文士重實事，方為正途。你如此用心，倒是出乎朕之意料。莊助銳氣，已大不如前。恰好他調回，會稽太守出缺，朕之意，你可前往代之，助我將那東越棘刺拔掉。」

　　朱買臣聞此言，想不到君上慷慨若此，一時竟怔住，未能作答。

　　武帝便笑笑：「富貴不歸故鄉，如衣繡夜行。君今可歸故里，意下如何？」

　　朱買臣回過神來，連忙拜謝：「臣一文士，能為王前驅，何其有幸！」

　　且說買臣受命，領了太守銀印青綬，揣於懷中，依舊是平時衣著，步行歸郡邸。

　　時值年末上計，會稽郡丞率了幾個郡吏來京師，向丞相府交驗府庫、刑獄、吏治等明細。眾吏瑣事忙畢，聚在堂上群飲，一片喧聲。

　　朱買臣悄然步入，眾郡吏竟視而不見。買臣也不聲張，穿堂而過，入內室，與邸吏坐在一處，埋頭共食。

　　不多時，買臣食飽，舉杯仰頭飲水，不意間露出懷中青綬。旁座邸吏見了，好生奇怪，一把揪住青綬流蘇，拽將出來。看看竟是一顆銀章，便驚奇道：「如何是二千石印？」再細看印上篆文，竟是「會稽太守」四字，就更驚駭。連忙把印還給買臣，倉皇奔出，告知一眾上計郡吏。

　　眾郡吏此時皆醉，聞邸吏所言，都鬨然大笑。有人譏嘲道：「本郡固然尚無太守，然也輪不到他來做！」更有人高叫：「荒唐，甚荒唐！」

布衣書痴，離別鄉野展宏圖

邱吏見眾人不信，氣得青筋暴跳，揮臂道：「我尚未醉，哄騙你等作甚，來看看便知。」

座中有一買臣故友，素來輕視買臣，聞言便起身道：「哈哈，燕雀亦能騰飛乎？我來看就好。」

入得內室，見印綬尚在買臣案上，那故友也不招呼，拿起來便看。看罷驚異不止，五官皆似錯位般，回頭便走，奔至堂上大呼：「果然，果然！」

滿座郡吏頓感驚駭，有人立即去稟報郡丞。郡丞聽罷，連連頓足道：「是了，是了！昨日寄食者，今成我輩上司矣！」急忙喚眾郡吏都出來，至中庭列隊，排班肅立。

而後，郡丞整好衣冠，入內室去，恭請朱買臣出來，受眾人拜謁。

朱買臣將印綬掛在腰間，微微一笑：「我寄食於此，諸君來京半月，頭面已熟，又何必呢？」

郡丞惶恐道：「太……太守勿推辭。職屬不辨高下，月來多有冒犯，今太守拜官，還需多予關照，拜謁豈是能省卻的？」

朱買臣仰頭大笑道：「人間事，如夢乎？朱某寄食數月，未遭驅趕，倒要謝諸位同僚了。」這才起身出中庭，受了眾吏拜謁，略略做了還禮。拜謁畢，不等眾吏起身，便徐徐踱出門外，負手而立。

眾吏圍擁於後，欲奉承幾句，見朱買臣面容肅然，毫無笑意，也只得緘默。

有頃，只見一長安廄吏，駕了一輛駟馬高車來，迎朱買臣赴都亭，去乘驛車赴任。買臣轉身，仍是不喜不怒，略拱一拱手，即登上了車。

此時，郡吏中有數人，搶步上前道：「願隨太守赴任，一路好照應。」

朱買臣冷笑道：「酒未飲畢，急的甚？且回席上吧。」便一揮袖，命廄吏揮鞭啟程。拋下一眾郡吏，立於門前，呆望塵頭良久。

再說會稽郡衙內，吏員聞說新太守將至，急忙徵發民夫掃街。是日，一眾吏員並郡內賢達，駕車百餘乘出迎郊外。

朱買臣此行，果然是衣錦還鄉，一路過處，百姓無不翹首以望。車入郡治吳縣（今江蘇省蘇州市）境內，官民夾道以迎。百姓皆知他窮極發達事，都奔湧向前，爭睹新太守儀容。

此時有修路工役多人，也立於道邊，手扶鐵鏟張望。買臣眼尖，一眼就瞄見，前妻崔氏與其夫恰在其中，不禁就暗嘆：「老嫗短見，怎知他有今日？」

忽又想起，崔氏夫婦也曾贈食充飢，好歹不算絕情，心中便不忍，命御者停下車來。

買臣伏於車軾上，令隨從去喚崔氏。那崔氏布衣荊釵，滿面風霜，來至車前，道了個萬福。再抬眼細看，才辨出，車上新太守竟是前夫！當下就呆住，不知如何言語。

朱買臣饒是怨恨，見此也不禁感慨，問了聲：「近來家境可好？」那崔氏心知買臣已發達，頓時又羞又愧，只不知如何作答。

朱買臣便又問：「漢家律，女子不充工役，你卻如何要來修路？」崔氏這才惶然答道：「後夫體弱，不勝重役，妾只得來助他。」

朱買臣搖頭嘆道：「無怪孔子曰：『斗筲之人，何足算也。』罷了，去喚他也來吧。」

崔氏返回道旁，向後夫說明。那男子也不勝惶恐，棄了鐵鏟，與崔氏同至車前，納頭便拜。

布衣書痴，離別鄉野展宏圖

　　朱買臣此時已有主意，命二人起身，望著崔氏道：「朱某早年不過嗜書，又非狂飲濫賭，何以為你所不容？」

　　崔氏連忙謝罪道：「妾無遠見，不知讀書亦能掘金。」

　　買臣不由一笑：「人間萬事，俗輩為何只認財寶？罷罷！我朱某嗜書，只學得個不忘恩。念及當日墓園中，你二人曾施與我冷食，此恩也是要報的。且隨我來吧，從此不必充工役了。」說罷，命隨從將二人扶上後車，同入郡邑。

　　二人聽懂買臣之意，當下涕泗橫流，感激不盡，遵命上了後車。

　　待得駛入郡衙，買臣命人將後園騰出，安頓崔氏夫妻住下。隔日，又著人送來衣食，囑崔氏只管閒居就是，勿問生計。

　　按說經此一變，崔氏本可長享前夫所賜，然目睹買臣今日，攜新妻嬌子出入，風光無比，那婦人豈有不後悔之理？只怪當時未能忍下，枉自吃苦多年，卻輪不到享福。鬱鬱一月有餘，想到了絕處，竟趁後夫外出之際，一根繩索搭在梁上，懸梁自盡了。

　　買臣聞報大驚，也只能嘆息不止，命人取來錢財，交與那後夫，囑他將崔氏好生殮葬不提。[44]

　　此後，買臣又遍召故人，於閶閭墓前衙署內，設宴款待，凡當年於己有恩者，皆贈以財寶報答。

　　座中故人又驚又喜，紛紛辭謝。一蒼髯者宿起身，拱手道：「哪裡敢？當年事，鄉誼本分也，不值一提。今朱公衣錦還鄉，邀我等來敘舊，便是賞面，豈能再受餽贈？」

---

[44] 朱買臣與前妻這段糾葛，為後人所附會，編成了《馬前潑水》戲文，長演不衰，以儆人間勢利之徒。實則「馬前潑水」事，乃姜太公與妻馬氏之事，朱買臣並未絕情至此。後人如此編排，不過是痛恨勢利之徒而已。

買臣便正色道：「孔子言：『德不孤，必有鄰。』當年我窮困，發跡無望，眾鄉鄰誠心助我，非為圖利，實是正人君子。朱某乃讀書人，所讀禮義之書，當知報恩。弄文者，若受恩不報，甚或反噬恩主，便是禽獸不如！故友欲令我做禽獸乎？」

眾人無奈，只得稱謝收下，念及今昔，都唏噓不止。

朱買臣遂又舉杯，遍敬故舊耆老。至酒酣時，忽就拔劍舞了一回，而後朗聲道：「四百年前，吳王闔閭在此鑄劍，威震吳楚。朱某治郡，亦有一劍，即是以義理為先，絕不容小民有忘恩之徒。今漢家棄秦政，重開禮教，便是要萬民都循循知禮。百代之內，不得再做禽獸！至於百代之後，聖人管不及，我也顧不得了……」言畢，放聲大笑不止。

眾人聞此豪言，或笑或泣，都稱買臣是東南無雙之儒。

郡中百姓聞知，也無不交口稱頌，皆願聽太守之命。此後買臣理政，便再無莊助那般窒礙，所令皆風行。

買臣開府伊始，自是不忘武帝所囑，先就編練郡兵，置備船械，一心要蕩平東越。

數月間，會稽郡內民風一新，青壯踴躍從命，打造舟楫，只待朝廷有詔下，大軍南來，便可會攻東越。連那東越王餘善，也聞聽了風聲，惶恐不止，日夜與近臣謀劃，唯求自保之計。

就在此時，會稽邸卻又傳回消息，稱大行令王恢，建言武帝北征匈奴，得武帝允准，正調集兵馬，此時已無暇南顧了。

朱買臣得報，稍一思忖，即與左右道：「餘善僥倖，可得再活幾年。朱某既來會稽，定不至無功而返。」此後，時時以莊助衰頹為戒，力疾從公，不敢稍懈。

布衣書痴，離別鄉野展宏圖

馬邑布兵，計謀未成徒徘徊

　　且說武帝當下擬發兵北征，並非匈奴南犯，而是另有緣由。原來，景帝自登基之後，因削藩事急，不欲開邊釁，遂與匈奴重開和親，互通關市，送了公主入北庭。自此「匈奴不入塞，漢不出塞」，一如舊約。再說那軍臣單于，遠不似其祖冒頓那般凶狠，見漢家軍威日盛，知大勢已不同，故只有少許騷擾，從未大舉入侵。

　　至武帝即位，遵竇太后囑，重申兩家和親之約，厚贈匈奴，在互市上亦優待甚多。匈奴那班君臣，心腸也不是鐵打的，見漢家守約，自單于以下皆親漢，胡騎往來於長城下，其樂也融融。

　　這十數年間，塞上塞下，天蒼野茫間，唯見牛羊散落，如漫天星斗。往日淒厲之胡笳，聽來也有了悠然意，直是高祖年間夢也不敢想的。長安左近百姓，竟是多年未見驪山烽火了。

　　邊境安泰若此，守邊的漢家諸將，可謂功勞甚巨。諸將中，尤以李廣最具勇猛之名。初時，他在上谷郡（今河北省張家口市懷來縣）為太守，領兵與匈奴廝殺，威震漠北。後又在上郡、隴西、北地、雁門、雲中為太守，馳騁邊塞，一無所懼。其善射之名，令胡騎聞之喪膽。

　　武帝登基後，聽近侍常提起「李廣為名將」。聽得多了，不由就笑：「我初踐位，內外都欺我不曾用兵。也罷，這便調名將來做護衛，也好就近請教。」便將李廣召回，用為未央宮衛尉；又將另一邊郡太守程不識，也召回京師，為長樂宮衛尉，由兩人共掌南軍。

馬邑布兵，計謀未成徒徘徊

　　此二人，俱是以太守之職領兵屯邊，出擊匈奴，從無敗績。謁見當日，武帝見二將威風凜凜，不禁大喜：「你二人，便是朕的神荼、鬱壘。有此門神，何鬼還敢闖入？」

　　二將名望相當，將略卻大不相同。李廣領兵素不嚴謹，出塞時，士卒可不按部曲排列，遇水草豐茂處，隨意紮營，人人自便。夜間不用擊刁斗[45]自警，幕府中文書極少，然也知遠放斥候，打探敵情，故而不曾遇襲。

　　程不識原為文吏，為人清廉，治軍頗有周亞夫之風。每逢行軍，行伍務求嚴整。紮營以後，軍卒不得自便，必得有哨卒夜擊刁斗，文吏則忙於簿冊事，常至天明。

　　時匈奴兵將，多畏懼李廣，望風而遁逃。漢卒則多願跟從李廣，樂得無拘束，而以程不識治軍嚴苛為苦。

　　那程不識，也知兵卒有此好惡，只一笑了之，常對人言：「李將軍治軍，極簡易，然遇敵來犯，恐難於防備。軍士在他帳下，不覺煩難，皆願為之死。我軍雖多煩擾，然諸事細密，敵亦不能輕易犯我。」

　　如此，武帝得了機會，便常向二人請教，於北邊經略，漸漸有了些識見。

　　平素有暇，武帝常至石渠閣，翻閱國史，每讀至高祖被困、呂太后受辱事，心中便憤激。想那匈奴劫掠成性，多年為患，致邊地不安。人口牲畜，常為胡騎掠去，深以為漢家之恥。

　　一卷讀罷，慨嘆再三，時常步出石渠閣，於桃林間徘徊，偶作長嘯。與親隨韓嫣提起早年事，也頗有雪恥意。

---

[45] 刁斗，古代軍中所用器具。銅質，有柄，能容一斗。白日可供一人煮飯，夜間敲擊以巡更。

韓嫣察覺武帝心思，返歸家中，便找來兩個歸附胡人，苦學胡騎之技。未及三月，竟練得在馬上騰挪，如履平地。

　　這日，武帝又召韓嫣來，欲往上林苑游獵。韓嫣聞召而來，卻是著了一身胡服，鷹冠白翎，酷似藩臣。

　　武帝見了便笑：「如何效小兒做戲？」

　　韓嫣做個鬼臉，只旁顧道：「稍後可見分曉。」

　　一行人出得城門，韓嫣便猛地加鞭，衝至隊前，使出了一套胡人本領，翻騰於馬上馬下，如弄百戲。

　　隨行的涓人、郎衛看得眼花，都一齊喝起彩來。

　　武帝也拍掌道：「哪裡學的好功夫？渾不似漢家郎！」

　　韓嫣一套馬術使罷，催馬返歸隊中，嬉笑問道：「我與單于相比，本領何如？」武帝不作答，只是哈哈大笑。

　　冷不防，韓嫣便打馬上前，一把揪住武帝後領，戲謔道：「漢天子，可見天地所生大單于來了麼？」

　　素日韓嫣與武帝戲耍，向不分尊卑。然此等輕佻，卻惹惱了隊中一個郎官，即是李廣長子李當戶。

　　見韓嫣不敬，李當戶不由大怒，催馬上前，擋開韓嫣手臂，大聲喝道：「韓郎中，休得放肆！」

　　韓嫣一驚，正欲喝斥，卻不料李當戶跳下馬來，將韓嫣一把拽下，揮拳便擊。武帝見了，大笑不止：「單于，可識得我漢家郎乎？」

　　韓嫣臉上連挨幾拳，吃不住痛，「哇呀」一聲，掉頭就跑。

　　武帝笑望韓嫣跑遠，也不責備李當戶，只誇讚了一句：「將門之子，勇哉！」

馬邑布兵，計謀未成徒徘徊

當夜，韓嫣來見武帝，臉上青腫猶未消。正欲哭訴，武帝卻攔住他話頭：「李廣之子，你哪裡敢惹？日後，朕為你加官，以償你今日之辱。」

果不其然，此後，武帝愈加寵信韓嫣，累給厚賞，堪比前朝寵臣鄧通。又屢次為他加官，終至上大夫，登堂入室，在朝議時也可說話了。

邊境既無事，光景過得便也快，轉眼武帝登基已有六年。

至建元六年（西元前135年）五月頭上，武帝所盼事，有了結局，原來是竇老太后到底駕崩了。

臨終那日，老太后食水不進，只是連聲喚著「孫兒」。武帝聞訊，急奔至長樂宮，伏於老太后床前，執祖母之手而泣。

老太后眼含老淚，喘息道：「哀家目盲，少看了許多齷齪；如今將死掉，連惡聲也無須聽了。」

武帝泣道：「祖母莫非是怨我？」

「孫兒，祖母愛你尚不及，哪裡有怨？你將左右趕走，近前來，哀家有話說。」

武帝不由一凜，回瞥一眼，揮袖命宦者、宮女迴避，又伏於床邊，低聲道：「祖母有話可講。」

老太后顫巍巍道：「如今天下，乃高祖提劍而得，世代傳續，為一姓。外人覬覦不得，天下才安寧。祖母自入中宮至今，不敢用竇氏為重臣，便是其故。此前，免竇嬰、田蚡，除趙綰、王臧，皆是為此。孫兒你獨擔天下，不可……不防你母……」

武帝聞言大駭，呆了片刻，忍不住哭道：「孫兒知曉了，祖母到底是憐我！」老太后握武帝之手，又使了使力：「男兒當狠心，切記。」

武帝只是泣不成聲。正在此時，有涓人在門外通報：「太后到！」話音甫落，王太后便疾趨入殿，至床邊跪下，哭了起來。

　　老太后聽見，頭偏了偏，喃喃道：「臥床這許久，不知荼開了沒？今秋，哀家是再飲不到荼酒了。你們母子兩個，要保重……」

　　如此，未及半日，老太后終是撒手而去，武帝方才長舒一口氣。登基六年來，祖母之威，一絲也不敢犯，好不氣悶。自今日起，方喘得大氣。

　　老太后臨終有遺詔，將長樂宮所有財寶金帛，盡賜給竇太主。武帝看罷遺詔，吩咐涓人，將長樂宮財寶盡都搬空，送去堂邑侯邸。

　　至次日，武帝再來長樂宮，見各處空空蕩蕩，竟似一處陌生地方，不由便想：祖母固是講道統，然也十分擅權，此後，當無此顧忌了。祖母既崩，姑母便也失了依恃，阿嬌必也再不敢霸道。說來，皇家的這些難處，外人怎能知曉，熬了這許多年，方能享帝王自在。

　　服喪之日，朝中免不了一番忙碌，終將老太后之柩，葬入霸陵，與文帝合葬一處。素服七日間，武帝行禮如儀，一面傷悲，一面卻在心中暗喜。眾臣也都心知肚明，跟著武帝舉喪就是。

　　老太后舉喪之事，卻是數次出了紕漏，忙亂不堪。武帝惱恨丞相許昌、御史大夫翟青辦事不力，下詔皆免，用了田蚡為丞相，韓安國為御史大夫。

　　後至八月，夜空有彗星劃過，長安吏民奔相走告，各個驚慌。次日，太史令也入朝奏道：「天有長星，恐為不吉之兆，望陛下昭告百官，怵惕自警。」

　　武帝此時心情正好，頗不以為然：「長星出，哪裡就不吉？分明是吉

馬邑布兵,計謀未成徒徘徊

兆。天有長星,漢祚必長,明年,朕當改元了。」

於是下詔,擬於次年改元。太史令聞詔,忙趕來建言道:「如此改元,史書恐難辨別,不如從明年起,加年號以為序。」

「年號?如何加?」

「若僅有元年、二年、三年之序,改元之後,又是一輪,實不易判別。可在紀元之前,加祥瑞兩字為號,則一目了然。」

武帝想了想,欣然稱善:「人有名號,年亦當有年號。今既有長星祥瑞,便以此為年號。三皇五帝至今,年號之說,便自我始吧。」

說到華夏帝王紀元,頗為繁複。只因漢武帝時,初次使用了年號,開了先例,為後世所沿用。

原來,在漢文帝之前,從上古三代起,帝王即位,都是從改元至駕崩,在位多少年,紀元便是多少年。一個皇帝,哪怕在位百年,也是按年頭排下去。如此在位紀年,簡單明瞭。然到了漢文帝,卻破了例。

文帝雖然仁義,卻也有美中不足,那便是寵信方士。一個新垣平,便能教他相信「日午再中」——正午的日頭,可兩次過頂。文帝由此便想道:日既能兩次過頂,自己也可於在位時改元。於是,開了三代以來先例,在位之時改了一次元。

文帝十七年時,秋九月,術士作祟,於北闕外挖出玉杯,上刻「人主延壽」四字,民間哄傳,以為神蹟。這種騙術,文帝居然也信,為此改元,從頭來過。後世為區別起見,稱為「文帝前元」與「文帝後元」,不然的話,記述不清。

待到景帝即位,才幹雖不及文帝,改元卻又多了一次,共改了兩次,故只能以景帝「前元」、「中元」、「後元」加以區別。至武帝即位,改

元之癖,更是前無古人,先後竟改元十餘次,以祥瑞為年號,以示區分。

中國古代年號,自此首創。改元當年,因有「長星」橫貫夜空,其光灼灼,當年便稱元光元年(西元前134年)。前面的六年,則追記為「建元」年號。

入元光新年之後,冬雪初降,武帝復又令李廣、程不識二人為將軍,出屯朔方,顯是有威逼匈奴之志。

那漠北的軍臣單于,卻渾然不知武帝心思。於元光二年(西元前133年)春,又遣使者來請和親,欲再索一個漢公主回去。

武帝覺漢家今已漸強,便不欲隱忍,雖也款待了來使,私下裡卻頗有恨意。時有大行令王恢,年前平閩越有功,此時揣摩上意,竟起了再立邊功的念頭。

王恢本為燕人,曾數度為邊吏,於匈奴諸事,瞭如指掌。此時窺得良機,即上書道:「漢與匈奴和親,本為好事;然匈奴狡詐,不過數年即背約,又來搶掠,何日方得饜足?不若挾平南得勝之威,不許匈奴和親,而舉兵擊之。」

武帝閱罷這奏書,先是一激,奮袂而起。而後又沉吟再三,召了新任御史大夫韓安國來,在石渠閣當面垂詢。

這一日,春景晴和,石渠閣前一片桃花灼灼。武帝與韓安國席地而坐,有樹影斑駁,落於袍服上。韓安國不禁抬頭張望,甚覺安愜。

武帝開口便道:「朕在石渠閣,常讀國史,最恨匈奴曾辱高祖。今有大行令王恢上書,力主與匈奴絕好,發兵征大漠。其計固然可取,然茲事體大,不宜造次,我願聞將軍之意。」

韓安國久在中樞,已歷練得十分老成,當即回道:「千里而戰,最忌

馬邑布兵，計謀未成徒徘徊

用兵而不獲利。今匈奴自恃良馬多，遷徙南北，譬如飛鳥。中國地廣人稠，得其地不足為廣，有其眾不足為強，故歷代皆無意於漠北。今若遠馳數千里爭利，則人馬必疲；北虜以全師而待，制我疲兵，勢必危殆。故此，臣以為不如和親。」

武帝聽得連連點頭：「將軍之言不謬，無怪田蚡力薦你，可當御史大夫之任。昔年七國亂時，你守睢陽，到底是經過惡戰的，知用兵難處。」

韓安國稽首稱謝，又抬頭望一眼桃花道：「陛下，臣既見過血泊，再看這桃之夭夭，只以為，人間萬般好，都不如世道安泰好。」

武帝面露讚賞之色，閉目想了片刻，方睜開眼道：「韓大夫之言有理，朕是心急了些。」隨即，又遍問群臣，群臣也都附和韓安國之議。

至此，武帝不再猶疑，召匈奴使者上殿，溫言慰之，允了和親，答應入秋即送人去。那匈奴使者數日不聞召見，正疑武帝要違約，聞言大喜，忙不迭地回去覆命了。

事若至此，漢匈之間親睦如故，可望三十年內相安無事。然世間事，橫斜裡總要插進些枝節來。

和親方畢，還不足一年，偏巧有一平民出來，攪動波瀾，挑起了漢武一朝的開疆大幕，影響直達於後世兩千年。

卻說在那雁門郡（今山西省右玉縣南）內，有一邊關重鎮馬邑（今山西省朔州市）。城中，有一豪族名喚聶一。事即由此人而起。

時聶一年已老邁，卻是壯心未泯，因熟習邊事，深知匈奴短處，這年夏五月，忽就起了圖大事之心。他素知大行令王恢主戰，便打定主意，攜了金帛，入長安去登門求見。

王恢初見聶一，看樣貌不過一白鬚老者，未見有什麼特異，只道是平民欲邀功，故並不在意。

　　豈料商賈口舌，從來就伶俐。聶一見了王恢，顫顫地從懷中掏出財寶，置於案上，張口便是驚人之語：「小人居邊荒，無以為禮，只攜來這幾件物什。此外尚有厚禮鉅萬，遠在大漠，不便攜來府上。」

　　王恢不解，瞇起眼問道：「此話怎講？」

　　「聞將軍曾與韓大夫廷辯，力主征匈奴，小人正是為此而來。」「唉！不提也罷。君上不欲開邊釁，已允了和親。」

　　「小人卻以為，韓安國大夫，太迂腐！試想，匈奴居大荒，不劫掠又何以為生？他居漠北一世，便一世不可改，豈是和親能阻得住的？」

　　王恢聽聶一只寥寥數語，詞鋒卻十分凌厲，不免就一驚，忙問有何妙計。

　　聶一見王恢心動，便道出一條詭計來：「匈奴初與我和親，必於邊事無備。可誘之以利，令他率兵馬入塞，我則伏兵襲擊，必破之於半途。」

　　王恢本就有邀功之心，聞聶一獻計，正中下懷，忙拱手謝道：「我曾為將軍，統千軍以攻閩越，竟不如長者有謀略。君所言，乃奇謀也，我將奏報君上。」言畢，即吩咐左右擺酒，款待聶一。又囑家老去取了些珍奇來，回饋聶一。

　　二人杯觥交錯，只覺相見恨晚，又促膝密議良久。約定此計若成，擄獲匈奴人財，少不了有聶一一份。

　　次日，王恢便入朝求見，將聶一計謀，一字不易奏聞武帝。武帝聽了，又喜又疑，沉吟片刻道：「此計甚好！然大事當問老臣，朕這便召集

馬邑布兵，計謀未成徒徘徊

朝會，聽取眾議，愛卿可暢言無礙。」

不多時，眾臣聞召，齊集於朝堂。武帝並不提聶一之計，只對群臣道：「今日公卿齊集，冠蓋滿堂，諸位或不覺有異樣，殊不知朕心甚憂。」

諸臣便大驚，紛紛問是何事。

武帝這才緩緩道：「朕於和親之事，甚是用心，擇宗室女子，華服美飾以配單于。數年來，財帛錦繡等物，亦贈予甚厚。那單于卻不知饜足，背翁婿之禮，屢屢入寇，侵掠無已，竟至邊郡一日數驚！朕所憂傷，即是此事。」

韓安國聞言，心中一驚，即出班對道：「邊患為百年之疾，至今已為小恙。有李廣、程不識屯邊，諒匈奴也不敢妄動，陛下可無憂。」

武帝並不理會，只顧說道：「堂堂漢家，不可做閉目翁。朕今欲舉兵攻之，何如？」

王恢心領神會，即搶前應道：「陛下即便不言，臣亦願效命。臣聞孝文皇帝昔年在代，北有強胡之敵，南有叛兵之亂，然尚能養老撫幼，倉廩常實，匈奴輕易不敢犯。今以陛下之威，海內混一，天下同愾，又遣子弟巡邊守塞，然匈奴仍侵掠不已，何故？乃是胡人不畏我也。臣以為，當以痛擊為是！」

韓安國知今日廷辯，君上是想聽兩面之詞，便也不退，亢聲駁道：「不然！臣聞高帝被圍平城，飢寒交困，七日不食，待到解圍歸位，並無憤怒之心。何也？此乃聖人之心，不以私怨而傷天下。此等大度，足可為後世效仿。臣以為，勿擊匈奴為便。」

武帝此時，只微閉雙目，凝神傾聽。兩大臣見此，便也無顧忌，一來一往駁難，寸步不讓，連群臣也聽得心驚。

王恢既得武帝讚許，心中有數，微笑反駁道：「不然！高帝之所以不報平城之怨，非力不能及，而在於體恤天下。今邊郡數驚，士卒死傷，實為仁人志士心頭大患。臣不明，何以匈奴便不可擊？」

　　「不然！遠方絕地不服之民，不足以煩中國也。且匈奴強悍之兵，來如飆風，去如收電，居處無常，難以制服。若令邊郡久廢耕織，以應胡患，乃得不償失也，臣故不願主戰。」

　　「不然！昔蒙恬為秦擊胡，闢地數千里，令匈奴不敢飲馬於河邊；今以中國之盛，擁萬倍之資，遣百分之一攻匈奴，即如強弩射潰癰也，必不費力。擊之又何錯之有？」

　　聞王恢大言無當，避談兵事煩難，韓安國不禁火起，高聲駁道：「不然！臣聞，強風之衰，不能拂毛羽；強弩之末，力不能入魯縞魯縞，古代魯地出產的白色生絹，以薄、細著稱。今若輕舉大軍，長驅深入，未及千里，人馬即乏食，難以為功。臣亦不明：如此勞師，何益之有？」

　　王恢等的就是這句，不由一笑，當即回駁：「不然！韓大夫枉讀兵書百卷，然何其迂也？臣所言『擊之』，非深入胡地，乃是順單于之慾，誘其至邊郡。我則選驍騎壯士，擇險阻之地，埋伏以備。我既占地利，或出其左，或出其右，或當其前，或絕其後，單于必束手就擒，萬無一失。」

　　聽到此處，武帝忽然大睜雙目，猛一拍御座，讚道：「好！擊匈奴，不在於勇，而在於智。就從大行令之議，設伏兵誘之，擒得單于，求萬世之安。二位愛卿皆敢直言，就不必再爭了。」

　　韓安國大出意料，竟脫口呼道：「陛下，萬不可呀，日前才允了和親！」

馬邑布兵，計謀未成徒徘徊

武帝則冷冷道：「昨日是昨日。韓大夫，昨日定了計，今日必得刻舟求劍嗎？」韓安國察看武帝面色，知上意已決，心中雖不服，也只得忍了，默默退下。

不數日，武帝即有詔下，發車騎、材官（預備役）三十萬人馬，潛至馬邑郊外，設伏於山谷間。詔令李廣為驍騎將軍、公孫賀為輕車將軍、王恢為將屯將軍、李息為材官將軍，分領各部。由韓安國為護軍將軍，為四將後援。大軍剋日即發，赴馬邑城外，在山谷間藏起，待胡騎上鉤。

詔令既下，武帝又親召聶一入宮，面授機宜道：「難得長者忠勇，獻得好計！大軍即發，你可往匈奴營中，騙單于入塞。今授予你符節，可去見馬邑縣令，便宜行事。」

那聶一受命，不由感激涕零：「若小民計成，可名留青史；若計不成，草芥之命亦不足惜！」

武帝聞之，只忍不住笑：「若滅了匈奴，你便是李牧再生，豈是區區馬邑一豪傑？」

聶一出得長安，星夜奔回馬邑，攜了些漢地貨物，便往邊關去互市。擇了吉日，擺下酒席，灌醉關上戍卒，隻身匹馬混出關去，逃入戈壁，尋到了幾個匈奴遊騎。

奔到近前，聶一翻身下馬，伏地叩拜。那幾個胡騎雖不通漢語，卻也知是漢民逃亡，忙帶了他去見單于。

原來，軍臣單于聞漢家允了和親，急不可耐，入夏便來至塞下，安營於荒野，等候和親隊伍。此刻，聞說有漢人逃來，單于並不以為意，揮了揮手，吩咐好生安頓便罷。

左右得令,出得穹廬大帳,拉了聶一就要走。急得聶一大叫:「千載之機,單于不知謀斷乎?」

單于在帳內聽到喊聲,心中一動,便命左右喚聶一進來。

聶一進了帳,伏地拜道:「馬邑小民聶一,拜見大單于。今捨命來此,並不為一口食。」

單于聞此言,眉毛就一動:「哦?漢地逃者,非罪即貧;若不為活命,又為何事而來?」

「小民可斬馬邑縣令,舉城而降。城內財物,盡可歸單于。小民斗膽問之,今大王來此,所圖還有他物嗎?」

「哦?老丈,你區區一平民,如何就能斬得縣令?」

「大王有所不知:聶某世居馬邑,數代稱雄,城內今有同道數百人,皆甘為嘍囉,一呼即至。斬縣令之頭,易如反掌耳,單于大軍只需接應便是。」

單于面露喜色,不由站起身來,於帳中徘徊數匝,方又問道:「漢人多詐術。此計固是好計,然我如何能信?」

聶一即以手指天,發誓道:「天日在上,豈無信乎?聶某若有詐,闔家百餘口,盡皆死絕!」

「可歃血為誓乎?」「可!」

單于便回首一瞥。近侍會意,當即奔出大帳,牽進一隻羊來,揮刀殺之,接了滿滿一碗血來。

聶一看了,吸一口氣,以手蘸血塗於口唇,伏地向天拜道:「今有漢民聶一,決意反漢,誓不欺匈奴大單于。若有欺,闔家死絕!」

馬邑布兵，計謀未成徒徘徊

單于不由大喜，拍掌讚道：「漢人詐，老丈卻不詐！全家百餘口性命，諒你如何能捨得？」於是吩咐開宴，犒賞聶一。

宴罷，單于即囑聶一，速回馬邑，去暗中發動。隨後，又號令十萬精騎，著即開拔，將取道武州塞（今山西省左雲縣至大同市西）入漢境。

聶一見計謀得逞，心中暗喜，即攜了一個匈奴使者，一同潛入馬邑。到得城下，聶一將那使者安頓在城外，自己則拿了符節，去見縣令。

此時，縣令也已接到密詔，心領神會，便與聶一一道做起戲來。二人來至縣衙囚牢，提出死囚兩名，梟了首級，將頭顱高掛於北門。而後，聶一便單騎出城，誆了那使者來看。

匈奴使者騎馬，與聶一併轡來至城下，抬頭一望，見城上果然懸有頭顱兩顆，便也不疑，大喜道：「漢家白鬚老者，果無虛言！」當下就與聶一告辭，回去覆命了。

此時馬邑城外漢軍，得縣令通報，知匈奴已上鉤，便有王恢、李息統別軍一支，人馬三萬，啣枚疾走，先至代郡（今山西省陽高縣、河北省蔚縣一帶），擬截殺匈奴輜重。各軍得令，隱伏馬邑左近山中，都厲兵秣馬，只待痛殺一場了。

再說軍臣單于在塞外，得使者回報，心頭一塊大石落下，即催動大軍出發，浩浩蕩蕩，繞過武州塞，直驅馬邑。

且說這武州塞，乃是雁門郡尉府下轄邊塞，矗於一座小山之上，扼住通路，虎視戈壁。其山甚險，上有碉樓、壕塹、軍營、烽燧等，易守難攻。障城內，駐有戍卒三百名，城外亦有百姓雜居。

匈奴大軍避開要塞，只沿著灅水南行。單于手搭遮陽望見，要塞已察覺有異，烽燧上騰起了狼煙，不禁就笑：「狼煙有何用？不過壯膽而

已。」遂下令不得擾民，只須晝夜兼程，早些抵達馬邑就好。

如此馳行了數十里，已望不見要塞，單于環顧四野，不禁生起疑來。原來，此處塞下，乃是闊野百里，滿地有些牛羊散落，卻唯獨不見牧人。

單于急令大軍暫停，登上左近山岡去看。只見麾下十萬騎士，頭插白翎，望之如長河白浪，逶迤於平野間。天蒼地茫，除自家這一彪人馬之外，竟看不到一個漢人。

駐馬岡上，舉頭見鷹飛長天，耳聞風拂芒草，單于疑心更甚，環顧諸王道：「怪哉！我軍出行，人馬不驚。匈奴民尚有不知，莫非漢民已盡知，逃避一空？」諸王也不能解，只顧竊竊低語。

下得山岡來，單于又問左右道：「此地離馬邑，路程尚有幾何？」近侍答道：「尚餘百里。」

「附近可有鄉里？」

「不遠處，有漢亭堡一座。」

單于將隼目一橫，吩咐道：「好！這便遣一隊人去，攻下亭堡，捉幾個漢人來問。」

麾下一名千長得令，立率胡騎數百，呼嘯而去。未及一餐飯工夫，便攻破亭堡，擒了十餘人歸來。

這幾人，皆是力盡被擒，各個蓬頭垢面、衣甲不全，眼中俱是驚恐。單于見了，揚鞭喝道：「拉過來問！」

左右將十數被縛者推至馬前，只見單于滿面威嚴，目似鷹隼，胯下是一匹渾白坐騎，身後有一桿狼頭大纛。眾漢俘望之膽寒，不待問話，都齊齊跪下。

馬邑布兵，計謀未成徒徘徊

單于喝問道：「亭長何在？」

漢俘中有人答道：「已戰死。」

「哼，也算是英雄！區區一亭堡，有何膽量阻擾大軍，可是活夠了嗎？」眾漢俘便一齊扭頭，望向同隊中一人。

單于隨眾俘目光看去，見那人衣裳光鮮，不似戍卒，便以鞭指道：「伸手過來看。」

那錦衣漢俘略一遲疑，將雙手伸出。

單于怒喝了一聲：「看掌心！」那漢俘忙將掌心朝上。

單于便冷笑：「執戈者，竟無手繭，恐不是農夫來戍邊的。究是何人，招來便罷。」

那錦衣漢俘還在囁嚅，旁側有人代答道：「回大王，此乃都尉府尉史，昨日巡行至此。」

單于便笑：「果然是個頭目，如何就撞到了我手上？」言畢翻身下馬，走近前去察看。

眾俘中又有人道：「尉史聞大軍至，令我等不許降，備好箭矢，閉門自保。」「哈哈，漢家兒，從來少智！我問你，喚作何名？」

「⋯⋯下臣名喚劉根。」

「劉根？你怎的是我下臣？你乃漢家吏！向在都尉府，所掌何事？」

「主記事。」

「弄刀筆之吏，也敢操干戈嗎？我只問你：何以塞下百里內，竟不見一個漢人？」那劉根臉色一白，埋下頭去不語。

單于便有怒氣，反身上馬道：「廢材文吏，留之何用？左右，拉下去斬了！」

劉根聞此言，容色大變，忽就喊了一聲：「大王，且慢！小臣知漢廷之謀，願從實相告。」

單于勒住馬，微微一笑：「漢家螻蟻，也知惜命乎？為他鬆綁吧。」

甫一鬆綁，劉根便伏地稽首，將漢廷馬邑之謀，兜底供出。

言未畢，單于不禁大驚：「馬邑城外，竟有三十萬伏兵？」

「正是。大王此去，兩日內便入圈套。李廣、公孫賀兩將軍，守候已久。道旁山谷中，有騎士成千累萬，箭矢不計其數。待大王末隊一過，便以紅旗為號，四面合圍。」

「欲令我做楚霸王乎？那漢天子小兒，好大的胃口。」

「另還有王恢、李息兩將軍，率別軍一支北上，不知所終。」

此刻，單于饒是強自鎮靜，也難止住雙臂顫抖，牽不穩馬韁，急令左賢王道：「速遣斥候，向南探出三十里，不得怠慢！」

左賢王遵命，急忙反身布置去了。

單于這才恨恨道：「我原就有疑。不想馬邑老兒，竟也敢為巨騙！幸得我不愚。只不知，將塞下漢人驅走，又是何名堂？」

「回大王，雁門都尉唯恐洩漏消息，傳令鄉里，百里內不得留人。」

「漢天子聰明，蠢的就是這二千石！百里郊野，不見人蹤，豬也知有鬼。漢家吏，是欺我為愚人嗎？」

「不敢。此等詐術，騙不過大王。」

單于望住劉根，輕蔑一笑：「我得尉史，乃天意也！漢官唯知防百姓，不知防敵，又焉能不敗？罷罷，你也無須為庸官賣命了，且隨我去，當封賞為王。」

那尉史劉根聞言，憂喜交并，也顧不得雁門妻小了，連連謝恩。

馬邑布兵，計謀未成徒徘徊

單于便一抖馬韁，高聲下令道：「前隊牙旗，換作後隊旗，全軍速退出塞外，片刻不許留。」

號令既下，十萬胡騎即呼哨四起，掉轉馬頭，從原路折返。不多時，大隊浩蕩勁騎，竟如流水一般瀉走了。

待返回龍城王庭（今蒙古國烏蘭巴托附近），軍臣單于果不食言，特封劉根為「天王」，統領一部人馬不提。

那一邊馬邑城外，韓安國、公孫賀、李廣所率一路，久候胡騎不至，伏於草中，為山間蚊蟲所擾，苦不堪言。

王恢一路，則早已抄近路，出代郡之北，準備截殺匈奴輜重。忽有探馬飛馳來報：「匈奴十萬騎，未至馬邑，便半途退還。」

王恢聞報，驚得險些跌下馬來：「不好！事機已洩。」遂與李息商議。李息道：「事雖如此，亦可半途邀擊，或不至無功而返。」

王恢遠望漠南天際，但見暮雲血紅，籠罩陰山，蒼莽之氣不可測，不禁就搖頭：「不可。我區區三萬部眾，如何當得十萬胡騎？」

「單于不戰而歸，必是聞聽馬邑設伏。他倉皇還軍，正是惰歸之時，我等截擊，當可獲奇功。」

「這個……首戰匈奴，不可魯莽。匈奴不戰而退，非為戰敗，豈可稱『惰歸』？《孫子兵法》曰『強而避之』，我當避之為上。」

「王將軍，如此說，要縱敵出塞不成？」

「怎能說是縱敵？我部弱小，且半為材官，未及交兵，勝負便已決。李將軍不必執拗，且讓開大路，抄近路返長安吧。」

李息見主將不欲戰，也無膽量單獨迎敵，只得從命。這一路三萬兵馬，弓弦未動，便全數偃旗息鼓，悄悄退走了。

再說馬邑那邊，韓安國正疑惑間，忽聞匈奴已退，急忙發兵去追。一路尋蹤，馳至武州塞下，詢問城中校尉，方知胡騎已退走數日，追之不及。諸將勒馬，悵望漠南良久，只得空手而返。

一眾北征諸將，神情沮喪，怏怏還朝，入殿來見武帝。但見武帝端坐於殿上，面色陰沉。

原來，早幾日，武帝便已得雁門密報，知單于已逃走。想到自登基以來，首征匈奴，本應建不世之功，卻因王恢怯戰，致三十萬軍無功而返。和親既毀，匈奴又未損一根寒毛，不由就怒氣上湧。

此時見王恢在列，心頭一股火起，厲聲叱道：「大行令，日前馬邑之事，為你所首議；然引軍出代郡，卻為何不戰而還，不知此乃縱敵之罪嗎？」

王恢滿心無奈，勉強辯白道：「此次出師，原是有備，匈奴斷無逃脫之機。不料雁門庸吏，驅走百姓在前，洩漏軍機在後，致使單于逃脫，臣下亦有謀劃不周之罪。」

「豈止是不周？單于逃歸，必懼韓安國大軍追擊，不敢戀戰。你部在代郡之北，布置已妥，如何不敢截擊？此不是有意縱敵，又是何為？」

王恢雖早知要被問罪，然此刻聞喝斥，仍是汗如雨下：「臣所部，本為截擊輜重，僅止三萬人。且半為材官，與役夫無異，如何當得十萬胡騎？迎戰，不過自取辱而已。臣亦知空手還朝，必被斬，然到底為陛下計，保全了三萬人馬，還望原宥。若留得性命苟活，至來日，再戰贖罪。」

武帝冷笑道：「怯戰之罪，如日昭昭！兵書讀得多，豈是為狡辯用的嗎？」

馬邑布兵，計謀未成徒徘徊

一旁韓安國、李息等人聽不下去，連忙都跪下，哀懇道：「臣等亦有罪，請寬恕大行令。」

武帝容色凜然，起身拂袖道：「代郡一路，王恢為主帥，朕自知當如何處置。韓大夫當以王恢為戒，多加自省，就無須為他求情了！」

諸將見上意已決，都不好再強求，只得噤口。

王恢見事無轉圜之機，輕嘆一聲，橫下心來應道：「臣罪不可赦，不干他人事。陛下懲處便是了。」

武帝亦不再多言，喚了廷尉鄭殷出列，命將王恢交付詔獄，推勘問罪。

鄭殷應諾一聲，上前兩步，摘去王恢所戴進賢冠，叱道：「大行令，請退！」便押著王恢下殿去了。

眾臣見武帝震怒，都面面相覷，無不臉色慘白。

且說那廷尉詔獄，素以嚴酷著稱，好在王恢聲望尚好，入獄之後，未受皮肉之苦。鄭殷按律審畢，即入朝呈文，以王恢怯戰論罪，擬當斬。

王恢在牢中得知，滿心惶恐，只不欲死，連忙買通獄卒，囑家人攜千金，去請田蚡代為緩頰。

是時，田蚡復出為丞相。其權勢已遠過往日，內倚太后，外統群臣，正是舉足輕重時。

倚仗王太后之威，田蚡不免要代人疏通，也樂得受些金帛。此次受了王恢賄金，卻不敢向武帝直說，便去長樂宮見王太后，附耳悄聲道：「弟有事要託付阿姐。」

王太后素知阿弟脾性，笑問道：「才得為丞相，又打算救何人？」

「大行令王恢，首獻馬邑之計，本為誠心。今計謀不成，罪不在彼，陛下卻要誅殺。如此斷案，朝野都有不平。誅了王恢，豈非為匈奴報仇乎？」

　　「哦？王恢為文臣，素無大過，徹兒竟要問斬？」

　　「正是。此事唐突，有悖人心，阿姐不可不問。」

　　王太后頷首道：「徹兒親政有年，一向溫和，怎的就要殺起人來？你不要急，哀家自會言語。」

　　當日，武帝入長樂宮請安，王太后劈頭便問：「宮女都傳言，王恢未擒回單于，徹兒竟要將他斬首？」

　　武帝聞言一怔，遂又搖頭苦笑道：「阿娘，暑熱難熬，可多食杏梅以生津，如何就問起這事來？」

　　王太后臉色便不好看：「吾兒素好儒，論人功罪，當存仁心。」

　　武帝此時，忽想到老太后遺言，便厭煩母后干政，當下反駁道：「凡事皆有因，不知何人請託到阿娘這裡？馬邑之事，王恢為首議，兒臣信了他，發天下之兵三十萬，牽動四方。卻是空忙一場，不敵那單于狡猾，致他逃脫。我漢家顏面，將於何處安放？」

　　「事不能獨怪王恢。阿娘聞說，乃是雁門小吏，被俘後洩漏軍機，致單于遁逃，大軍哪裡就追得及？」

　　「不然！王恢率軍在代郡，若敢截擊，雖不能生擒單于，猶有可得，以慰眾臣之心。今縱敵逃去，天下人都笑兒臣無能；不誅王恢，不足以謝天下！」

　　王太后便默然，少頃，才嘆道：「我知徹兒初掌兵事，臉面也是要緊的，然王恢之罪，不可倉促了之。畢竟，也是一條命……」

馬邑布兵，計謀未成徒徘徊

「究是何人，請託到了阿娘這裡？」

「昨日你舅父來，偶爾言及。」

聞說是田蚡請託，武帝心中便更厭，斷然道：「母后勿慮。涉兵事，當學高祖殺伐決斷。若不誅王恢以祭旗，何以令漢家不懼匈奴？」

「田蚡舅所言，或是諸大臣之意。」

「哼！舅父素好財，怕是又受了賄金。此事，唯以法為繩，天子亦不能斷。」

王太后仰起頭來，微露怒意：「你田蚡舅根底雖淺，然入朝以來，可稱勤奮。就連那古時盤盂[46]之銘，也多有記誦，早已不似舊時。他所言，如何就聽不得？」言畢，面露悽然之色，擺了擺手。武帝見狀，便也知趣退下了。

母子間的這番話，有涓人聽見，傳了出去。廷尉鄭殷聞知，心生不忍，繞室良久，到底還是說給了王恢。

至夜，田蚡家人也來通報，說田蚡無法轉圜，賄金已退還。王恢聽罷家人述說，知生還無望，必受身首分離之辱，就止不住流涕嘆息，輾轉了一夜。晨起，解下衣帶，便懸梁自盡了。

鄭殷驚聞王恢斃命，慌忙入奏。武帝倒也未責怪，只下詔稱：王恢既死，罪當免議。

北征之事，就此天開雲散，朝中再也無人敢議。那單于北遁之後，邊關自是不再安寧，兩家兵卒，執戈相向，祥和之氣頓然無蹤。然匈奴日常所用，少不了有賴關市，故邊民仍往來交易，稠密如昔。

只是驚了聶一一家，唯恐匈奴遣刺客報復，遂舉家南遷。老少百餘

---

[46] 盤盂，圓盤與方盂的並稱，用於盛物。古代常於其上刻文紀功或自勵。

口，於大槐樹下祭祖完畢，即舟車南下，或聞竟逃至了南渚島上，算是最早的「南渡衣冠」。

且說數月以來，武帝因師出無功而懊惱，久不能釋懷，常凝望壁上全輿圖，嘆息不語。

韓嫣正逢當值，過來見了，諂笑勸道：「馬邑之事，小挫耳，陛下何至飲食不思？」

武帝嘆道：「豈止是小挫？百年邊患，本可一舉除之；事未成，卻留笑柄於天下。」

「哪裡話！小臣以為，馬邑之事，絕非陛下不知用兵。」

「那又如何未成？」

「陛下喜讀《鴻烈》，可記得書中所言：『用兵有術矣，而義為本。』王恢所獻計，僅止於術，卻失了本，敗即敗在這裡。」

武帝拋下手中書，好奇問道：「匈奴累世侵奪邊地，是為不義；朕伐其罪，不是以義為本嗎？」

韓嫣拿起孔雀翎，掃了掃案几上浮塵，方答道：「義有大義，亦有小義；誘單于入塞而擊之，便是不合小義。」

武帝怔了一怔，才恍然大悟，慨嘆道：「書讀得再多，竟不如你頑童一語！」韓嫣故意道：「小臣唯喜射獵，讀書只為催眠耳。」

武帝聞言仰頭大笑，這才想起：「你出行游獵，慣以金丸打鳥。那京師兒童，逐拾金丸，究竟有何樂趣？」

「帝王家，怎知小民之樂？那一粒金丸，值得數十緡錢，民戶可足用一年呢。」

「一粒值得數萬錢？你一日射金丸，可用去幾粒？」

馬邑布兵，計謀未成徒徘徊

「十數粒而已。」

武帝戟指笑道：「無怪乎！侯門之子，如何能不敗家？」

說話之間，韓嫣俯下身去，燃起香爐來。武帝嗅到異香，便問道：「今日香氣，不似往日，又是自何處得來？」

韓嫣將香爐端上，笑答道：「此乃安息[47]香，來自胡商，民間甚稀罕，我自市上重金購來。」

武帝閉目嗅了片刻，方道：「你日常所用，必稱來自安息、大夏。如此奢靡，哪裡夠花費？朕今日還要賞你就是。」

韓嫣嘻嘻一笑：「不敢。小臣今日，並無功勞。」

「用兵『以義為本』，只這一句，便是功勞。今後你有何話，儘管說便是。」

如此，馬邑受挫後，武帝便常與韓嫣同出入，帶了期門郎一路呼嘯，北至池陽，西至黃山，南獵長楊，東遊宜春，將那懊惱壓了下去。

韓嫣見武帝屢賜厚賞，就不免驕矜，眼高於頂；不要說文武大臣，便是皇親國戚，也全不放在眼裡。

老子曰「自矜者不長」，這話，正說中了韓嫣。也是他合該有事，這年江都王劉非，自廣陵入朝，不意間，為韓嫣帶來一場塌天大禍。

話說這江都王劉非，乃景帝第五子，為武帝兄長，素好勇力，喜招四方豪傑。早年七國之亂時，他為汝南王，年方十五，自請殺賊，景帝甚是看重，授了他將軍印。待平亂功成，得封吳國故地，徙為江都王。景帝讚他勇猛，又賜他天子旗幟，一時榮耀冠天下。

此次入朝，武帝也不欲慢待，與他相約同獵上林苑。特囑韓嫣先往

---

[47] 安息，古國名，漢代時伊朗高原古國。

上林苑，察看鳥獸多寡。

這日，天氣晴和。韓嫣遵旨，帶了從騎百餘名，乘副車馳往上林苑。

所謂天子副車，與天子正駕無異。時劉非已至北闕外等候，遠遠望見，只道是天子已出來，連忙喝退隨從，獨自伏於道旁迎謁。

那韓嫣驅車馳過，明知是江都王在道旁，卻不停車，頭也不偏一下，只顧揚長而去。

劉非不知就裡，滿心詫異，忙起身問北闕謁者。謁者答道：「方才並非天子，乃是上大夫韓嫣。」

劉非本是莽人一個，豈能受這般羞辱，不由怒從心頭起。欲向武帝告狀，然轉念一想，武帝寵愛韓嫣，天下人盡知，自己縱是告了他，又怎能以疏間親？於是忍下氣，勉強陪武帝玩了一回，歸來便去謁見王太后。

劉非不是王太后所生，乃程姬所生，王太后只是嫡母；然劉非素來敬重王太后，不曾有過一絲怠慢。王太后於他，也是視若己出，毫無芥蒂。

初聞劉非來見，王太后原本滿心歡喜，卻不料劉非一進殿，便伏地流涕。王太后忙問其故，劉非拭了拭淚，才將韓嫣無禮之事道出。

王太后素不喜佞臣，聞之也是憤然：「韓嫣，一敷粉白面郎也，何以傲慢至此？」

劉非含淚道：「兒臣入朝，欲與天子一敘別情，經此波折，實無心情。請太后允准，明日即歸國，也去召集宿衛百名，出入威風，比一比那韓嫣。」

馬邑布兵，計謀未成徒徘徊

王太后連忙安撫道：「韓嫣小兒無禮，你不必在意。此事哀家已知道，必不容他猖狂。」

劉非仍覺不服，抬頭道：「有太后做主，兒臣自當忍。然一內廷大夫，即能折辱諸侯王若此，日久，漢家豈不全沒了尊卑？禮又何在，法又何存？」

王太后便笑：「非兒，董仲舒為江都相，方才幾日；你從夫子學，倒通曉了禮法。」

「董夫子為相，兒臣無日不問安，全無怠慢。近年來，蒙夫子教誨，書也讀了不少。」

「哦，那麼你真是知禮了？為娘倒要問你：先帝在時，賜了你天子旗。這一面旗，還當不得宿衛百名嗎？非兒，還是莫要執拗，韓嫣事，為娘自會處置。」

劉非見告准了惡狀，心中便暗喜，唯唯遵命退下。從王太后處出來，就不再提歸國之事，仍留長安，與武帝時有往還。

恰在王太后留意時，也是韓嫣命中該絕，忽有涓人密報：韓嫣在內廷奔走，可隨意出入永巷，天長日久，竟與數名宮女勾搭成奸！

王太后聞之，怒不可遏，當即遣了心腹為使者，攜詔旨往郎中署，知會郎中令：以韓嫣無禮冒犯、與宮女成奸兩罪並處，著即賜死。

那郎中令石建，總攬內廷諸大夫、郎官及羽林騎等事，素來謹慎。接了太后詔旨，不由驚惶，一面扣住韓嫣，一面往宣室殿去稟報武帝。

見了武帝，石建慌不能言，從袖中拿出太后詔旨，俯首呈上。武帝閱罷，臉色也驟變，脫口道：「這是從何說起？」

石建訥訥試探道：「太后此詔，微臣不敢擅處，不知陛下是何意？」

武帝起身道：「愛卿莫急，朕這便往長樂宮去，若無朕令，你不得處置。」待武帝急匆匆步入東宮，見王太后正與竇太主密語，意非尋常。

　　望見武帝進殿，竇太主趕緊起身，滿臉堆笑，向武帝施了一禮，全無從前的驕橫氣。

　　武帝心知肚明，也不加理會，只淡淡回禮道：「不知姑母也在這裡。」竇太主忙道：「你母子有話說，姑母先迴避。」言畢，便告辭走了。

　　王太后這才轉過臉來，淡淡問道：「吾兒何事，走得氣喘吁吁？」

　　武帝看竇太主已走遠，「撲通」一聲跪下，幾欲哭出聲來：「阿娘，韓嫣事，不可如此處置呀！」

　　「有何不可？一個叛王庶孫，狐假虎威，竟敢視你五兄為無物。」「此乃小事，兒臣嚴厲訓斥就是。五阿兄他……也是多事。」

　　王太后忽就變臉，厲聲問道：「韓嫣與宮女暗中成奸，穢亂宮闈，也是小事不成？」

　　武帝覺難以迴護，一時竟口吃起來：「可、可交兒臣處置，免為庶民便是。」

　　「佞幸之臣，你如何就心迷？這等人留他何用，多他何益？你整日與韓嫣、韓說廝混，冷落皇后，無怪迄今尚無子。皇嗣無著，諸侯王都蠢蠢欲動，等著坐皇位，你倒還有心思戲耍！你父有個鄧通，你便要有個韓嫣？劉氏一門，何以有此癖，代代不絕！」

　　「……韓嫣入宮，向無過失。今雖有大過，罪不當死，母后還請寬恕。」

　　王太后瞇起眼，望住武帝道：「太皇太后目盲，哀家目卻不盲，窺你窺到了底。你昨日誅王恢，是何緣由，可是稱『漢律不可違』？我只問

馬邑布兵，計謀未成徒徘徊

你：士大夫穢亂宮闈，按律當誅不當誅？」

武帝一時語塞，只叩頭如搗蒜：「母后，兒有過失。」

王太后冷笑道：「莫以為太皇太后薨，你便脫卻了樊籠；只要為娘在，你只管小心。社稷傳於你，非你私家物；或賞或罰，總要有度。為母早年在槐里，便知縣吏都可徇私，上下其手，毒似虎狼。你今為天子，若不守法度，天下效仿起來，還不知何時就做了秦二世！」

武帝尚不死心，又哀懇道：「或可……將韓嫣交付詔獄？」

王太后怒目圓睜道：「徹兒，你殺得王恢，我便不能殺韓嫣嗎？如若執拗，我便將那韓說也一併賜死，教他兩兄弟在黃泉聚首！」

武帝聞此言，呆若木雞，伏地半晌，知事無可挽，竟流下兩行淚來：「遵母后命，容我明日傳詔，令韓嫣自盡。」

王太后仰起頭來，冷冷道：「今日事，今日即畢吧，遲早也是個了結。」

武帝嘆了一聲，失魂落魄告辭。返回宣室殿東書房，倚於案几，呆看暮色滿窗，似已三魂出竅。

此時，有近侍來報：「郎中令石建，尚在前殿候命。」武帝這才想起，輕吐一口氣道：「召他來吧。」

少頃，石建瑟縮而入，拱手肅立，一面偷眼觀察武帝臉色。

武帝也不看石建，似是對空自語道：「有勞愛卿，即赴郎中署，傳太后詔令。吩咐御廚備好酒饌，送至署中，由你與韓嫣飲別。」

石建臉色灰暗，囁嚅問道：「陛下，不欲見韓大夫一面了？」一語說得武帝潸然淚下，掩面擺了擺手。

石建又問：「若韓大夫問起陛下，當如何作答？」

武帝哽咽道：「只說朕……尚在太后那裡，脫不得身。」

石建不覺也雙目溼潤，拱手領命道：「陛下保重，臣這便去。」

武帝隨即又囑道：「好好與韓大夫飲一回，再賜他鶴頂紅[48]。他或歌或哭，盡都隨他，只勿過夜半就好……」

待石建走後，東書房頓顯死寂。想到平日這時，當是韓嫣踅進來，說東道西，有百樣樂趣，武帝只想嚎啕大哭。看看廊上有涓人值守，不便失態，只得以額抵柱，死死咬住牙關。

如此，似僵死了一個時辰，武帝才抬起頭來，喚了一聲：「速召東方朔來！」

有涓人領命而去。至戌時，東方朔方匆匆趕來，立於書房門外，喚了一聲：「陛下，臣東方朔應召。」

武帝問道：「如何這許久才來？」「臣今日不當值。」

「哦。你去，命六廄備車，由你執鞭。你我二人微服，去街市上走一回。」東方朔便感詫異：「陛下，何不率期門郎同行？」

武帝就有怒意：「你曾言十五便學劍，如何不可為護衛？」東方朔見武帝神色有異，也不敢多言，立時去備好了車。

如此，君臣二人同乘車駕，出了北闕。入北闕甲第，正馳驅間，武帝忽然吩咐道：「且慢行，只信馬游韁就好。」

東方朔便收起鞭，任由轅馬緩緩而行。晚風拂面中，只覺長安城似已蟄伏，收起了足爪，比白日內斂了許多。

此時街衢空蕩，闃無一人，偶有巡卒攔路，查驗了符節，便予放行。武帝憑軾而望，見道旁院落中，燈火通明，權貴人家大開酒宴，時

---

[48] 鶴頂紅，又稱丹毒，即砒霜的隱語。

馬邑布兵，計謀未成徒徘徊

有歡聲傳出，不由就嘆：「生於帝王家，實不如大臣自在。」

東方朔回首道：「往日陛下召臣來，是為聽滑稽語，今日如何不想聽了？」

武帝嘆息一聲，語氣幽幽道：「愛卿尚不知，今夜……太后降詔，要將韓嫣賜死！」

東方朔大驚，渾身發顫，半晌才平復下來，搖頭道：「韓嫣行事，果不出臣所料。」

「唔，你有何所料？」

「臣素習《莊子》，慕莊子心胸，如泰山北海，知天地之大，知己之不能。韓嫣位雖高，卻無此心胸，與長安小兒無異，得金丸則喜，不得金丸則憂。如此居廟堂之高，又豈能長久？」

「先生可勸過韓嫣嗎？」

東方朔指一指轅馬，苦笑道：「韓嫣視我，不過犬馬耳；承看陛下之面，或還有幾分恭敬。殊不知，少年郎驟進，最易託大，忘了自家也不過是犬馬。更不知莊子所言：『吾在天地之間，猶小石小木之在大山也。』」

武帝心頭便一悚：「朕寵信韓嫣，卻是害了他！」

東方朔默然片刻，又道：「驟進者，以為權勢恆長，卻不知已身處險境。他在明處，猶如箭靶，千百人嫉恨，猶如千百支暗箭，如何能防？謹慎尚不能自保，況乎自大耶？」

武帝輕拍車軾，嘆道：「確乎！先生之言，點醒了朕。」

「太后之命，不可違，陛下還是寬心為好。臣下擅相術，看韓嫣面相雖貴，福卻薄，到底是可惜了。韓嫣之弟韓說，今亦為郎，儀容俊美，

恰與韓嫣一路。陛下若憐韓說，萬不可令他蹈其兄覆轍。」

「謝先生提醒。明日即將那韓說外放，遣去軍中做校尉，歷練捶打，日後當不致有禍。」

說話之間，車駕已轉為東向，沿街道駛入東市。白日煙火稠密之地，此刻空巷寂然，唯聞車聲轔轔。裡坊中，尚有三五燈火未熄，顯是店家日間生意好，此刻正趁夜勞碌。

武帝悵望良久，語意悽然道：「裡巷平民，日出而作，日入而息。快意時，有知己對飲；窮時，有鄰舍相助。不用憂心邊患，無須營謀廟堂，何其樂哉？不似我為人君，白晝竭慮，入夜仍須苦思，諸事多不能稱意。」

東方朔連忙勸道：「陛下不必鬱悶，民間諸事，也有萬般無奈呢！」

如此，車已至洛城門裡，武帝望望天上北斗，忽而吩咐道：「夜半子時恐已至，這便還宮吧。今夜郎中令奉詔，送別韓嫣，此刻當返回了。」

東方朔聞武帝語，不禁動容，立即勒轉車駕，返回北闕，一路上無語。

車近北闕時，武帝忍不住問道：「愛卿，今夜跑了一路，怎不聞你說滑稽語？」

東方朔答道：「臣平素上書，言農戰強國之計，陛下並不在意；今夜事涉韓嫣，臣出語莊重，陛下反倒聽得進了。」

武帝默然良久，方嘆息道：「星移斗轉，不關先生事，你只管為朕解憂就好。」正說到此，忽聞前面有謁者傳警聲，威嚴無比。

二人放眼看去，見前面已是北闕，門上宮燈高懸，輝煌如節慶。武帝望了望，忽然面露悲戚之色：「如此良宵，再見更是何時？」言畢，止不住熱淚奪眶而出。

馬邑布兵，計謀未成徒徘徊

灌夫罵座，義憤填膺終身敗

　　歲月更替間，武帝親政，堪堪已有八年。本想可放開手腳了，卻不料，倒了一山，還有一山。太皇太后雖登仙走了，母后卻尚在，母舅田蚡又為丞相，在朝中執牛耳；外戚勢力，仍如影隨形。

　　自韓嫣被賜死，武帝知母后之威，如山之重，一時不可移。再想到老太后臨終遺囑，心中便有寒意。左思右想，也只得隱忍。

　　再說那江都王劉非，告惡狀得逞，自是躊躇滿志，卻不料返國後不久，即暴病身亡。武帝聞報，心中才稍解一口氣。然顧及母后面子，仍佯作悲傷，特賜江都王眷屬財寶，以助入葬。故而江都王之墓，陪葬極富麗，內有鎦金銅像、銅犀牛等，都如真物般大小。王太后聞知，心中甚慰，數次與武帝說起。

　　武帝自此存了小心，不獨對母后敬畏，對母舅田蚡也著意善待，虛與周旋。凡田蚡入奏，坐語終日，所言無不採納。滿朝見天子如此，莫不肅然，人人敬畏田蚡。

　　那田蚡本無根底，唯知善諛，得王太后之力，手握朝綱，就不免張揚起來。舊日在故里，吃盡了貧賤之苦，今日做得丞相，眼中所見，便唯有錢而已。為相三年間，廣置田宅，招姬納妾，後房有婦女數百，狗馬玩好不可勝數。朝中眾臣也知他嗜好，多有買了珍玩奔走於門庭的。

　　田蚡只道是自家走了鴻運，長盛不衰，毫不知收斂。見武帝寵信日增，便全無顧忌，受人請託，替人言事，自是如行雲流水。每入朝奏事，與武帝坐語不多時，即從懷中摸出薦牘，上面寫滿引薦人名，呈遞過去。

灌夫罵座，義憤填膺終身敗

　　武帝知田蚡心胸不過如此，看過便微笑，無不允准。田蚡所薦人物，往往得授二千石以上，或有更高位的。一來二去，田蚡便不以舉薦為難事，武帝也懶得細究。兩人於此，竟似家常便飯一般。

　　至元光三年（西元前132年）春耕之際，黃河水暴漲，在頓丘（今河南省濮陽市清豐縣）改道，沿舊道，向東南流入海。不想改道之後，舊堤不牢，竟在濮陽決了口，淹沒十六郡田地。一時間，災民失所，衣食不濟，哭號於泥塗，天下民情洶洶。

　　武帝聞奏，大起憂心，急召田蚡前來東書房，當面問道：「濮陽決口，民不聊生，奈何？」

　　田蚡哪裡有主張，只唯唯作答：「天命不可違，人又奈何？況災民甚眾，救之不及，不如等候河水自退。」

　　武帝見田蚡全無心肝，不禁動了氣：「你丞相做得安心，朕卻吃不下飯。若痴等大水退去，那一十六郡之民，豈不要做魚鱉了？」

　　「或可發天下民夫救之。」

　　「時值春耕，若發民夫，必誤農事，這又如何是好？」

　　「陛下，如此說來，臣便是化作神仙，也無計可施了。」

　　武帝苦笑，以手撫額，沉吟半晌才道：「罷了，趁此時無邊患，發各郡國兵卒十萬，赴濮陽堵河。養兵暫無所用，用以治河，正是大用。」

　　田蚡連忙讚道：「陛下聖明，臣萬萬想不到這一處。」

　　武帝便取過一幅輿圖來，二人俯首商議良久，分派好各處兵卒數。

　　待商議完畢，武帝抬頭望望，見檻外日已斜，便道：「舅父，將近夕食，不妨留下來用飯。」

田蚡搖手笑道：「御廚之食，味實欠佳，臣還是回家用飯。」武帝眉毛一挑，語便不快：「如何就欠佳？」

田蚡道：「一言難盡。臣家中庖廚，天下一流，且有《美食方》數卷，可呈獻陛下。」

武帝一笑：「也罷，今日就到此吧。」便收起輿圖，欲起身相送。

此時，田蚡似是猛然想起，匆匆摸出一卷薦牘來：「險些忘了！臣這裡，又有數人，皆為當世俊逸，可堪大用。」

武帝接過，展開來看，見密密麻麻，開列了十餘人之多，不禁就變色，將簡牘擲還田蚡道：「母舅舉薦人，何以似韓信將兵，只怕少不怕多？此前，已用了許多人，仍覺不足嗎？以後，也須容我選些才好。」

田蚡怔了一怔，不敢抗辯，連忙起身告辭。走過窗櫺下，見到防書蠹的藝香囊，拈起來嗅了嗅，訕訕道：「此香也未見佳。臣家中有南洋藝香，改日當奉上。」言畢，便疾步出去了。

稍後數日，田蚡家中增築林園，因地狹不敷用，想到近旁少府衙署尚有空地，便欲將考工[49]之地圈入。

這日朝會畢，田蚡窺得武帝興致好，便趁機近前，面請圈地之事。

武帝聞之，似不解其意，注視田蚡良久，方吐出一句：「母舅欲取考工之地乎？」田蚡諂笑道：「然也。考工之地，閒置也是閒置，若無礙，請陛下恩准。」

武帝怫然變色道：「你何不將武庫也拿走？」

田蚡聞言，才知武帝動了怒，不由大窘，面紅如熟蟹，連忙謝罪而退。

---

[49] 考工，即漢初所置考工室，少府下轄衙署，掌製作兵器、弓弩、織綬、銅器等。漢武帝時改稱此名。

灌夫罵座，義憤填膺終身敗

　　自此田蚡方知，武帝對外戚原是外柔內剛，寸步不讓。想想也只得略作收斂，不敢再貿然請事。

　　卻說世易時移，此時的竇嬰，卻全不能與田蚡相比。當初景帝時，竇嬰為大將軍，權傾朝野。當時田蚡才入朝，僅為郎官，並不顯貴，奔走於大將軍門下，趨奉拜謁，侍酒如子孫輩，只存了萬分小心。

　　待到武帝登位，起用田蚡為太尉，與丞相竇嬰同列。田蚡那時，到底還是忌憚，諸事都退一步，推竇嬰在前。

　　如今竇太后崩逝，竇嬰便頓失依恃，門庭冷落。那田蚡鄉鄙出身，素以錙銖論人世，眼見竇嬰淪落，心中只有暗笑，從此視竇嬰為陌路，從不認識一般。朝中諸臣，在廟堂上立得久了，皆知晉身之道；見此狀，也都一齊變了臉，只顧趨奉田蚡。

　　內中唯有一人，不顧眾人眼色，原就與竇嬰同氣相求，此時仍視竇嬰為友，交好如故。此人，就是太僕灌夫。

　　灌夫字仲孺，本是穎川人氏，吳楚之亂時，曾率家僕數十，夜闖吳王大營，勇悍異常。緣此，名冠天下，被拔為中郎將。數年後，因坐法免官，家居長安。朝中諸臣，多有憐之，屢次向景帝求情，後又出為代相。

　　武帝登位後，看重猛士，先用灌夫為淮陽太守，不久將他調回，擢為太僕，入了九卿之列。

　　豈料，這灌夫到底是武人出身，做了公卿，也是耿直。一日，與竇太后兄弟、長樂宮衛尉竇甫飲酒，因口舌上起了爭執，竟掄起拳，將那竇甫打翻在地。

　　竇甫為外戚，舉朝皆畏，怎受得了這醃臢氣，反身便向竇太后告了狀。

武帝得報，覺又氣又笑，終還是憐灌夫忠直，怕竇老太后怒誅灌夫，急調他為燕相，暫且避開。

　　哪知灌夫到了燕國，仍不改舊習，好酒如故，與同僚全不相容。不久，又坐罪免官，還居長安。

　　灌夫為人剛直，不善面諛，言語多不中聽。凡有權勢在其上者，必出語慢之；士人在下者，愈貧賤，愈加善待；所得財貨，也要與人均分。大庭廣眾之下，尤其推重隨從賓客，故願依附者甚多。

　　此人不好文學，喜任俠，重然諾，願交豪猾之徒，家資數千萬，養有賓客百人。他在外為官，賓客在潁川卻不守法，橫霸鄉里，魚肉百姓。鄉人實無可忍，編了童謠四處布流，咒曰：「潁水清，灌氏寧；潁水濁，灌氏族！」鄉邑裡，切齒之聲可聞。

　　灌夫全不理這等細事，任由賓客放肆。卻不料免官之後，門下賓客日漸稀少，飽嘗了世態炎涼。

　　當此冷落之際，灌夫無事，就攜了酒，往竇嬰家中同飲。兩人惺惺相惜，互為引重，直是情同父子，只恨相知太晚。

　　一日在長安市中，灌夫驅車過田蚡府邸，想起素與田蚡相熟，今日田蚡做了丞相，叩門去求見，不知他會有何等臉色。於是勒住轅馬，跳下車來，直接往邸中求見。

　　那門吏也知灌夫之名，見他莽撞而來，口出重言，連忙進去稟報。那田蚡喜交三教九流，初入朝時，即識得灌夫。此時聞報，倒也不嫌灌夫無官，恭謹迎進堂上，相與敘了些舊。

　　田蚡道：「仲孺兄之勇猛，天下再無第二。當時偷襲吳營，以少敵多，兄便不怕死嗎？」

灌夫罵座，義憤填膺終身敗

灌夫笑道：「壯士死，留大名，或強於做個庸吏！」

田蚡也拊掌大笑，卻是暗諷道：「偷營一夜，便成千古大名；這生意，也做得划算。」

灌夫聽得明白，回敬了一句：「丞相謬讚了。以死博名，抵不得以巧計得名。」

田蚡連連擺手，一笑了之：「呵呵！如今不做九卿了，你平居家中，有何勾當可以玩耍？」

「閒居者，等死而已，還能有何勾當？不過常與魏其侯往還，至他家中飲酒，談些古今事。」

聽灌夫說起竇嬰，田蚡心中就一動，不由脫口道：「魏其侯？竟是多時不見了。以兄所見，竇嬰他還安好嗎？」

「他雖是閒居，然任俠好酒，一仍其舊。」

「唉，如此國士，終究是不多了！」田蚡虛讚了兩句，忽覺灌夫可笑，忍不住有口無心地隨口道，「我也欲往訪魏其侯，不知仲孺兄可願同往？」

灌夫望望田蚡，半信半疑。見田蚡一臉至誠，方不疑，連忙拱手道：「丞相既願屈尊，灌某更有何言！」

田蚡見灌夫當了真，心中暗笑，注目灌夫良久，方才道：「我看仲孺兄身著素服，有喪在身，如何能去赴宴？沒得衝了竇家福氣，當容後再說。」

灌夫未聽出田蚡語意，只慨然道：「灌某確有喪服在身，不宜飲宴，然丞相欲訪魏其侯，我怎敢推辭？如此，弟便立往魏其侯邸，預為告知，教他備酒饌。明日，望丞相早來，弟與魏其侯，將一同恭候。」說

罷,也不理會田蚡神色,起身便告辭。出得相府,即執鞭登車,馳往竇邸去了。

且說竇嬰自罷了官,閒居家中,故舊紛紛躲避,鬼也不上門一個。這日正在侍花草,忽見灌夫排闥而入,大呼道:「魏其侯何在,丞相明日要來吃酒!」

聞灌夫敘過來由,竇嬰又驚又喜,不知田蚡是何用意。灌夫便勸道:「登門吃酒,總不是歹意,竇兄不要慢待了。」

送走灌夫,竇嬰又想了半晌,仍是理不出頭緒,只得叮囑老妻,備好酒饌迎客。

這一夜,竇家闔府未睡,烹牛宰羊,灑掃庭除,忙了一整夜。待到天明,酒饌俱齊備,廳堂也是一新。竇嬰便吩咐門役,小心看著外面,自己則在堂上端坐。少頃,灌夫也起了個大早,匆匆趕來,兩人便一齊籠袖,呆坐靜候。

哪知從早至午,灶間湯鑊沸了又沸,添了不知幾次水,相府那邊,卻連羽毛也未曾飄來一片。竇嬰忍不住,脫口嗤道:「鄉鄙人家出身,竟不知『守信』二字嗎?莫非他事多,忘了赴宴?」

灌夫面子上掛不住,連忙起身道:「豈有此理!他這丞相,能有多少事?弟這便去迎。」說罷,跨步出門,登車往相府去了。

到得相府門外,見了昨日所識門吏,灌夫便高聲問道:「丞相可曾出門?」

門吏只摸不著頭緒:「使君,多謝你操心。我家丞相,時不過午,哪裡會起來?」灌夫便火冒三丈,正欲大罵,話到嘴邊又忍了,只發牢騷道:「也是,我是胡亂操心了!在床上,也是理得朝政的,容下官在此候一候。」門吏聽了也不惱,只是笑笑,將灌夫請進門房裡。

241

灌夫罵座，義憤填膺終身敗

　　如此又候了一二時辰，院內有了嘈雜聲響，門吏知是丞相起來了，連忙進去通報。

　　稍後，但見田蚡緩步而出，見到灌夫，似是大出意外：「仲孺兄？怎的昨日才來過，今日又來？」

　　灌夫聞此言，騰地站起身，強忍怒意道：「我連番來此，並無求助之意。乃是丞相於昨日許諾，今日要訪魏其侯家。那魏其侯夫婦二人，昨夜未眠，連番操辦，只恨酒饌不精、案几不淨。至此時，酒筵已齊備，靜候將軍多半日了，未敢動箸。」

　　田蚡本無意赴竇邸，此時又不能說透，只好假作吃驚：「昨晚有宴，一醉方休，竟是將此事失記了！這個嘛……當與仲孺兄同往。」說罷，吩咐隨從備車，轉身踅進內室去了。

　　灌夫只道是田蚡去更衣，於是又坐下等。如此又是多時，堪堪已挨至日斜，田蚡才徐步出來，招呼灌夫，一前一後登車往竇邸。

　　那邊竇嬰早已等得不耐，見田蚡來遲，到底是不能冷臉相迎，寒暄了一番，便將田蚡延入堂上，舉杯開飲，兩人不鹹不淡地敘了些舊。

　　灌夫在下首陪酒，獨自悶飲了數杯，只覺心中不快，便離座起舞。竇嬰、田蚡兩人看了，都拍掌叫好。

　　灌夫舞了一回，方覺四肢舒爽，心中也暢快了許多，於是湊近田蚡，抬臂邀舞：「丞相可善舞否？」

　　田蚡斜覷一眼，知是灌夫飲得多了，便也不理會。

　　灌夫見田蚡不起，日間所積怨氣，陡然冒出，更膝行向前，連邀了幾次。田蚡不願與醉漢糾纏，只佯作未聞，側臉與竇嬰周旋。

　　那竇嬰本該勸住灌夫，然想到田蚡怠慢，心中亦有怨意，便也裝

作未看見。

灌夫以酒意遮面，索性又移了移，與田蚡座席相接，連連說道：「丞相家宅，如今又添造了幾許……廣廈百間，可納得許多財寶嗎？……」

竇嬰聞此語，甚覺不妥，連忙扶住灌夫道：「仲孺兄，你酒量尚好，今日如何卻不濟事了？只去外廂歇息就好，我與丞相，還要對飲。」一面就強扶灌夫，拽至外廂躺倒，喚了僕人來照應。

反身回到堂上，竇嬰向田蚡賠禮道：「莽夫飲酒，口無遮攔，丞相不必在意。」

田蚡也知灌夫是借酒使氣，倒是不動聲色，微笑道：「醉中所言，皆不作數。王孫兄，你我這一聚，才是難得。兄閒居既久，英雄氣不減半分，無怪當日老太后有言：『天下有急，王孫豈可推讓乎？』」遂又起身，親為竇嬰斟酒。

兩人就此杯觥交錯，飲至深夜，又敘了許多同朝為政的舊事。

待到夜半，更鼓敲過，田蚡推倒空酒壺，大笑道：「做了丞相，家中飯食便吃不到了，夜夜有會飲，吃遍了公卿家。然千席百宴，終不如王孫兄這裡盡興！那灌夫早早醉了，豈不可惜？我顧不得他了，兄自去照料。」這才起身，踉踉蹌蹌，極歡而去。

自此，田蚡只道竇嬰仍念舊，更不疑有他。時不久，田蚡看中了城南竇嬰名下一片田，就差了籍福去求讓。

那片城南之田，豐沃無比，是竇嬰家中寶地。竇嬰如何肯讓，不由憤恨道：「老僕雖見棄於上，卻非平民；丞相雖貴為權要，又怎可以勢強奪？」當下不允出讓。

恰巧這一日，灌夫也在座，聞之不耐，起身怒罵了籍福一番。

灌夫罵座，義憤填膺終身敗

那籍福倒是頗有氣度，並不在意，知是竇、田二人有隙，不欲火上澆油，返歸覆命時，只含含糊糊，勸田蚡道：「魏其侯年老將死，丞相只須忍耐少時，自可唾手而得，又何須此時強買？」

田蚡聽了，也覺有理，當下即作罷。不料，才過了不久，有閒人為討好田蚡，竟將竇嬰、灌夫怒而不讓田之事，陰為通報。

田蚡得知原委，才知竇、灌二人齊心，竟是將自己看成了死敵，不禁怒道：「魏其侯之子曾殺人，坐罪當死，是我田蚡出面救活。我所謀事，魏其侯自當報答，卻捨不得這數頃田乎？再者，這又關灌夫何事，刺刺不休？罷了，我田蚡膽小，不敢向他竇家求田了！」由此，恨竇、灌二人入骨。

後至元光四年（西元前131年）春，田蚡窺得時機，這才發動，上書彈劾灌夫，稱灌夫家屬在穎川，橫行霸道，民甚苦之，奏請武帝允准，交廷尉懲治。

武帝看罷奏書，知是田蚡欲剪除異己，心中甚惜灌夫，然顧忌母后，不欲得罪田蚡，只是淡淡道：「此乃丞相分內事，何用奏請？」

田蚡得了諭旨，心下歡喜，便要發下文書，盡捕灌氏家屬問罪。

那灌夫門客中，有交遊甚廣者，早從相府探得此信，慌忙回報灌夫。灌夫得知，豈肯束手待斃，便稱手中有田蚡把柄，乃是妄言今上無子，淮南王將來可稱帝，又陰受淮南王金錢等諸多不軌事。

兩家門客聞知，心中大懼，都知如此鬧下去，雙方主公皆不得好收場。便有數人出頭，陳說利害。灌夫、田蚡聽了勸，也知鬧將起來，事不可測，便都放出話來，各自罷議。兩家門客往來穿梭，真真假假，代主公互贈了些禮物，算是就此和解了。

若無意外，雙方所結仇怨，便是煙消雲散。偏巧入夏之後，又有一事起，引出好大一場風波來，果然就出了人命。

　　且說這年夏，田蚡娶了燕王劉嘉之女為夫人。王太后給足了阿弟面子，特下敕令，召列侯、宗室前往賀喜。竇嬰位在列侯，自當往賀，他卻先去了灌夫家，邀灌夫同行。

　　灌夫心存芥蒂，實不願往，便推辭道：「灌某數度酒後失言，得罪丞相，近來丞相又與我有隙，與兄同往，恐有不便。」

　　竇嬰笑笑：「前事還提它作甚？往日之隙，早已解開。況丞相有喜，豈能打賀喜人的臉？兄正可赴宴以明志，重修舊好，不致使他疑你懷仇。」便不由分說，拉了灌夫就走。

　　至田蚡府邸，果然無事。田蚡遍身華袞，笑逐顏開，立於府門迎客。見竇嬰、灌夫來，如見故舊密友，一迭連聲地寒暄。

　　竇嬰、灌夫行過禮，奉上賀儀，便登堂入座。竇嬰以眼色示意，附灌夫耳道：「仲孺兄，天下惡人，數不勝數，得饒便饒過一個。」

　　灌夫只是笑，過了片刻，方低聲回道：「惡人多，便是你這等軟心腸縱容的。」

　　這一日，長安城公卿，在田蚡邸門前攢聚，無一遺漏，車馬擠滿北闕甲第。邸中廳堂內外，燈綵高張，笑語喧闐，端的是一派喜氣。

　　田蚡見堂上人已坐滿，起身先道謝，繼而，便捧觴向來客敬酒。

　　古之酒席上，有禮儀，敬酒者在席間逐一敬過，座客若是下僚，定要避席起身，伏地稱謝。那田蚡為當朝執宰，尊在一人之下，受敬諸人無不惶恐，紛紛避席稱謝。

　　到了竇嬰、灌夫這裡，二人實不願向田蚡俯首，然於廣眾之下，又

灌夫罵座，義憤填膺終身敗

不好背禮，只得隨了眾，避席躬身謝過。

一輪敬下來，滿堂盡歡。待田蚡敬酒畢，反身落座，便是來客們起身，也是滿堂敬一遍酒。

輪到竇嬰敬酒時，場面便顯尷尬：只有故人起身避席，其餘眾人，皆不起身，只膝跪於席，拱手稱謝。

此等勢利之態，尋常時也不稀見，然灌夫看在眼裡，卻是滿心不快。

待輪到灌夫敬酒，先敬的便是田蚡。此時田蚡已飲了不少，一派鬨鬧中，頭早已暈。見灌夫提了酒壺來，也未避席，只推辭道：「呵呵，不能滿觴！」

灌夫心中生怒，故意嬉笑道：「他人可不滿觴，然丞相是何人？貴人也。此觴必滿，此飲必盡。」

田蚡執意不肯：「半觴就是半觴。仲孺兄，我的笑話，你今日怕看不成了。」

看田蚡飲了半杯，灌夫也就罷手，又挨次敬下去。諸人敬重灌夫曾為九卿，名滿朝野，都紛紛避席稱謝。待敬到臨汝侯灌賢前面，事卻不諧。那灌賢，偏巧正與將軍程不識耳語，見灌夫來，只略微抬手致謝，並未避席。

灌夫滿腔怒氣正無處發，便擲了酒觴，藉機洩憤，對灌賢罵道：「你平日訾毀程不識不值一錢，今長者來敬酒，不知避席，如何又效小兒女狀，只顧與他耳語？」

那灌賢，乃是元勳灌嬰之孫，承了祖蔭，封侯才不過一年。灌夫之父，為灌嬰家臣，論輩分，灌夫恰好長了灌賢一輩，如此訓斥，也有倚老賣老之意。

灌賢年少，此時滿臉漲紅，窘迫不知所對。滿堂公卿聞灌夫發怒，也頗感驚異，一時都鴉雀無聲。

田蚡聞聽罵聲，酒倒醒了一半，知是灌夫藉機發作，便看不過眼。他知灌夫素重李廣，便高聲道：「李、程二將軍，並為東西宮衛尉。仲孺兄，你目中盡可唯有李，然今日辱程，便不為李留些餘地嗎？」

此言一出，滿堂又是一驚。那程不識與灌賢在座，芒刺在背，更覺窘迫。

豈料灌夫發了性子，不肯稍讓，回首厲聲道：「灌某匹夫，今日便是斬頭洞胸，亦不懼！哪知道什麼程、李？」

眾賓客見不是事，卻不知如何勸解，便藉口去更衣小溲，紛紛離席。好大的一場酒席，眼見就要散了。

竇嬰見事惹大，慌忙揮袖，示意灌夫出去。灌夫也覺已出了氣，便怒視田蚡一眼，反身欲下堂。

見灌夫狂傲如此，田蚡不禁大怒，當眾宣稱：「得罪座客，乃我之罪，不應驕縱灌夫至此。」便命門外從騎衛士，攔住灌夫。

從騎聞令一擁而上，死死拽住灌夫。灌夫依仗蠻勇，左右騰挪，卻是掙脫不得。

當此之際，還是籍福識大體，連忙起身，代灌夫謝罪道：「醉酒者有失，不足怪，當與眾人謝罪。」便上前，按住灌夫脖頸，強令他下拜謝罪。

灌夫哪裡聽得進勸，只是越發暴怒，不肯順從。

田蚡見此狀，不肯再忍，遂令從騎取來繩索，將灌夫縛住，解往郵傳舍待罪。

灌夫罵座,義憤填膺終身敗

　　座中諸客,見事情無可收拾,都不便久留,紛紛告退。竇嬰也無計可施,只得隨眾離席,黯然而歸。

　　送走諸客,田蚡召來相府長史,吩咐道:「今日奉太后詔,召宗室列侯開宴,灌夫卻敢來罵座,明是違詔。當擬奏書,劾他違詔不敬之罪!」

　　長史領命,自去擬奏。田蚡再看滿堂狼藉,更是氣惱,索性究起前事,喚來諸曹吏,下令分頭去捕灌氏宗族,擬論罪棄市。

　　這一場酒宴,直鬧得天翻地覆,滿城議論紛紛。竇嬰返回家中,坐思一夜,只覺愧對灌夫,不該邀他同往。待到天明,連忙取出巨資,遣門下賓客,前往田蚡府中去疏通。

　　眾賓客不敢怠慢,連番奔走,遍請了丞相府中諸吏,卻不見效,都道丞相已發了狠話,要將灌夫置於死地。

　　雖救人不及,然田蚡屬下曹吏,倒還願為耳目,透出了捕人的消息來。灌氏宗族聞之,都逃散一空,也顧不得灌夫了。如此,便苦了灌夫一人,被拘於郵傳舍,內外斷絕,無由攻訐田蚡,手中雖有證據,卻只能束手待斃。

　　獨有竇嬰不忿,日思百計,想救灌夫出來。竇妻在旁見了,卻是不解:「灌將軍得罪丞相,是忤了太后家人,怎可救得出?」

　　竇嬰想想,拊膺嘆道:「我為侯爵,自我得之,也可自我失之,無所憾。終不能教灌仲孺獨死,而我竇嬰獨生!」於是決意上書救灌夫。

　　為防消息走漏,遂匿身於密室,寫成奏書一道,趁田蚡耳目不備,潛赴北闕,將奏書遞入。武帝早也聞灌夫罵座事,接了竇嬰上書,立即召入詢問。

竇嬰謁過武帝，便將灌夫醉飽生事始末，稟告武帝，力陳灌夫雖有過，然罪不當誅。

　　武帝深以為然，搖頭嘆道：「這個灌夫，脾氣上來，專與外戚作對。若論罪，還不知當據何法呢……」便下令賜宴，為竇嬰壓驚。

　　席上，竇嬰又懇請道：「灌夫此人，既敢罵，便是胸無城府，無非是使些小兒氣，陛下還請寬恕。」

　　武帝就笑：「朕也知恕道，已放過他一回。此次又冒犯，當何如？明日東朝殿上，廷辯再說。」

　　竇嬰見事有可挽，心下才覺稍寬，宴罷，便拜謝而出。

　　次日晨，諸大臣齊集東朝，來聽竇、田二人廷辯。所謂「東朝」，即是王太后所居長樂宮前殿。之所以這般安排，蓋因事涉太后母弟，若在未央宮決斷，則於太后不敬，恐有專擅之嫌。

　　此次評斷是非，兩家皆是外戚，武帝便存了小心，不欲令母后生疑。

　　這日，長樂宮前殿，威嚴甚於往日。殿上百柱林立，簾幕低垂，謁者沿階而立，文武百人，列隊於階下等候，皆是大氣不敢出。待到大行官高呼「上朝」，諸臣才得魚貫入殿，分兩列肅立。竇嬰、田蚡面色肅然，也置身列中。

　　日前灌夫罵座之事，長安城已無人不曉。諸臣中有些紛議，也傳入了武帝耳中。此時東朝上，人人以目傳語，暗自揣度，不知今日將如何收場。

　　稍後，武帝自未央宮駕臨，命竇嬰、田蚡至御案前立定，開口道：「今日質詢，為灌夫不敬之事，你二人可各訟是非。諸大臣請聽詳盡，亦可論辯。」言畢，即以目示竇嬰先講。

灌夫罵座，義憤填膺終身敗

竇嬰會意，捧起笏板拱拱手，先開口道：「灌夫者，天下豪士也。其父戰歿，勇烈異常，英名遍寰中。向時，灌夫逢父喪而不退，曾於萬軍中，斬將劫營，致吳王叛眾喪膽。四海聞之，莫不振奮，以為七國之亂，必不久長。此功，為孤膽之功，足以壯朝廷聲威，安天下人心，不輸於周亞夫率數十萬破賊。《左氏春秋》曰：『國士在，且厚，不可當也。』此等國士，乃梁棟之材，唯恐其少，豈可因細故而苛責？」

田蚡冷笑一聲，發問道：「魏其侯徇私之心，在下甚覺可憫。按漢律，功過不可相抵，那灌夫昔日之功，天下皆知，不勞尊駕詳述。他雖是閒居，仍為漢臣，明知敝府開宴，乃是奉太后詔令，卻當場使氣，罵聲不絕，辱及名將，豈非公然不敬？」

竇嬰略一哂笑，鎮靜應道：「不然。灌夫性素任俠，諸臣皆不以為怪，此前因酒後口舌，掌擊衛尉竇甫，眾人不過引為笑談而已。今丞相喜宴，灌夫又因醉飽失言，有不當之過，然罪不當罰，且更無株連家屬之理。《鬼谷子》有言：『用賞貴信，用刑貴正。』丞相欲盡捕灌氏族屬，論罪加誅，用刑不正，無乃有挾私報復之嫌？」

田蚡便朝竇嬰一拱手，面露譏笑道：「只道大將軍通兵法，竟不知也通曉縱橫術。田某雖不才，然入朝之後，也曾苦讀，知鬼谷子另有言曰：『為善者，君與之賞；為非者，君與之罰。』懲惡揚善，前代未有勝於我漢家者。灌夫此前為善，功在朝廷，已賜有九卿之尊。今忤逆不敬，即為非，如何不當罰？」

「哼！我實不知，丞相理政，可知尺度為何物？灌仲孺一介莽夫，醉飽詈罵，竟至九族皆有罪乎？」

「否！在下言事，從不踰矩。魏其侯閒居有年，優哉遊哉，不知民間疾苦。可知灌夫交結豪猾，放縱族屬，橫行恣肆，奪人美池良田，家

資恐已有鉅萬,仍不收斂。潁川一帶,民不堪其苦,即是小兒聞灌夫之名,亦夜不敢啼。民家妻女,皆墨面不敢出,唯恐灌氏門客劫奪。官府在彼,形同虛設,即是那皇親宗室,亦受辱而不敢言。可知天理在上,明辨善惡,醜類無所逃,他灌夫愧也不愧?魏其侯私心障目,不見其醜,任由灌夫網羅奸猾,大逆不道,此等偏私之見,還有何理可辯?」

田蚡這一番話,擊中灌夫要害。竇嬰聞之,面頰不禁抽搐,實覺無可奈何,便倏地轉身,怒視田蚡道:「丞相既論及天理,竇某便不得不說。若論暴斂劣行,長安婦孺哪個不知,自武安侯為相,可有一日不思斂財?郡縣之吏、藩國之相,有誰不知丞相視珍玩為性命?北闕甲第,公卿滿巷,可有一戶門前,如你府前行賄者眾?隋侯之珠,崑山之玉,你田蚡來者不拒;昨起雕梁,今闢美池,無日不侵民宅,可有一日略覺饜足?朝有賄金入,暮便有薦牘出,相府倒成了你賣官市集。適才聞你屢提漢律,漢律固有九章,如何便無一章,能禁得住你這皇親?」

田蚡見竇嬰撕破了臉,也勃然變色,斜睨竇嬰道:「如今天下,幸而安樂無事。田某得為股肱之臣,所好不過音樂、狗馬、田宅,所愛不過倡優、巧匠之輩。此等微瑕,白璧亦不免;豈如魏其侯、灌夫二公,日夜招聚天下豪士,陰謀論議,腹誹心謗,仰視天,俯畫地,窺伺兩宮間動靜,只望天下有變,欲邀立大功。臣不過一個鄉鄙人,貪財好色,德行有虧,自是不如魏其侯等人所為。」

武帝坐殿,聞二人激辯,直聽得心驚,知外戚長輩皆非善類,連忙擺手道:「二位愛卿可止,朕已知大略。」便又環顧諸臣道,「諸君想必已有評斷,兩人所言孰是?」

御史大夫韓安國位在前列,此時跨前一步,奏對道:「魏其侯言灌夫父死戰陣,居喪不退,荷戟馳入吳軍營中,犯險無懼,身被數十創,名

灌夫罵座，義憤填膺終身敗

冠三軍，此為天下壯士。此次鬧宴，並無大惡，不過杯酒爭執，不該以另罪而論誅。魏其侯所言，甚是。」

「嗯？」田蚡聞此言，大出意外，回首怒視韓安國。

卻見韓安國略一拱手，接著又道：「丞相也有言，稱灌夫交結奸猾，侵擾小民，家資累積鉅萬，橫行潁川，凌虐宗室，奪人骨肉。這便是枝大於幹，以下犯上。丞相所言亦是，唯請聖上裁奪。」

話音方落，有主爵都尉[50]汲黯，上前一步，朗聲道：「臣以魏其侯所言為是。」

右內史[51]鄭當時，緊隨其後道：「臣也以魏其侯為是。」話剛出口，忽瞟見田蚡正炯炯虎視，連忙又改口道，「……然丞相所言，或也不錯。」

武帝又環視他人，卻不料殿中百人，竟無人再敢應對。

此時武帝心思，本不願重懲灌夫，以免助長田蚡氣焰。本想借群臣為灌夫鳴冤之機，從輕發落。卻不料百官懼於田蚡權勢，個個噤口，卻是不好調處了。這才看出群臣心機，平素與臨事大不相同，不由心中就怒起。

當此際，武帝默視群臣良久，目光終落在右內史鄭當時身上。

這位鄭當時，來歷頗為不凡，係春秋鄭桓公十九世孫，陳縣人氏，其祖陳君為項王部將，垓下之戰後降漢。

鄭當時任俠善交，頗知尊老，所交皆是父祖輩。前文曾提及，吳楚作亂時，有楚相張尚，力勸楚王不叛，反被楚王所殺。張尚之弟張羽，

---

[50] 主爵都尉，官職名。漢置，景帝中元六年（西元前144年）由主爵中尉改為此，位列九卿，掌諸侯國封爵事。

[51] 右內史，官職名。秦漢皆置內史，掌治京師。武帝建元六年（西元前135年）分置左右內史。武帝太初元年（西元前104年）改右內史為京兆尹，掌治長安及京畿。

因此陷於困厄,後逃至梁王處。其間,鄭當時慷慨仗義,助張羽脫困,因而名滿梁、楚,為景帝所賞識,用為太子舍人。

為官之後,每五日逢休沐時,鄭氏必騎馬探望故舊,夜飲達旦,唯恐關照不周,至武帝登位,鄭氏接連擢升,先後為魯中尉、濟南太守、江都相,進而為右內史,掌治京師。

右內史位高權重,位列九卿。鄭當時官既做大,銳氣便漸消,不覺多了些祿蠹之氣。

此時,武帝見鄭當時首鼠兩端,就借他洩憤,怒叱道:「鄭公平日來謁,常議魏其侯、武安侯兩人短長。今日廷辯,竟束手束腳,如轅下之駒,究是何意?朕用你輩,有何得力處?當一併斬了才好!」

聞武帝發怒,諸臣不知所措,殿上一時寂然,針落可聞。

武帝怒而起身,一拂袖道:「罷了,散朝!百僚無用,直要累死朕一人。」轉身直赴椒房殿,侍奉太后進食去了。

諸臣都覺訕訕,只得嗒然而退,好不尷尬。

田蚡出北闕,正要上車,忽又止步,招呼韓安國一同上車。韓安國知田蚡定要詰問,又不便拒絕,只得隨他登車。

果然田蚡怒道:「長孺君,你我共掌朝政,百官聽命。那竇嬰,年衰發脫,倒是有何可懼?今日,你我本當共斥一禿翁,為何要首鼠兩端?」

韓安國聞言,默然良久,待車行至半途,方開口道:「魏其侯放言詆毀,君何不自重?」

田蚡便哭笑不得:「他於堂上惡語滔滔,百般醜詆,我幾成趙高輩矣,又如何能自重?」

灌夫罵座，義憤填膺終身敗

「魏其侯惡語詆君，君當免冠，解印綬歸還與君上，自請罪道：『臣由外戚之身得寵幸，不能勝任；魏其侯所言皆是，臣願免職。』」

「唔？如此，豈非自取敗亡？」

「非也。君上見此，必讚你有意謙讓，豈能廢你而不用？」「若此我固然得保，豈不便宜了那禿翁？」

「又不然。你既得君上大讚，魏其侯必自覺慚愧，羞憤之下，閉門自殺也未可知。今日在堂上，人毀君，君亦毀人，好比商賈互唾、女流爭風，何其失大體也！」

田蚡張口不能合，愕然良久，方道：「長孺，你我相交甚久，何不早說？當時情急，口不擇言，哪裡想得出此計來？」

待車行至相府門，田蚡先下車，囑御者送韓安國歸家。臨別，又狡點一笑：「長孺教得我聰明了，還須在太后那裡使力。」兩人便相揖作別。

再說王太后那邊，早也遣了心腹去探聽，此時已返歸，將諸人廷辯始末，具述分明。

待武帝進了椒房殿，正撞見王太后怒而擲箸，罷食不用，只顧憤然道：「這還了得嗎？我尚在，人皆欺凌吾弟；若我百歲後，豈不一族盡為魚肉？」

武帝連忙勸慰：「母后息怒。諸臣所言，浮議耳，我自有裁斷。」

王太后卻更怒，戟指武帝叱道：「你這天子，莫不是石人，便可不作一聲嗎？天子在，群臣即碌碌若此，顛倒亂講；倘我百歲之後，彼輩中還有哪個可信？不亂了才怪！」

見母后盛怒，武帝大起惶恐，連忙伏地請罪：「田、竇二人，俱是外家貴戚，兒臣唯恐輕重失察，故而廷辯，以明是非。不然，此等小事，一

獄吏即可決斷。小事驚擾，乃兒臣之過；母后請進食，萬勿傷了身體。」

王太后見武帝不似虛言，這才漸息怒氣，拾起箸來，望住武帝道：「先帝在時，甚厭竇嬰善變，沾沾自喜，不知持重；寧用御車伕為相，亦不用他。今日他欺你無威，竟來攪三攪四。你也無須伺候我，此人不去，為母我便飲食無味。」

「母后之意，兒臣盡知。母后只管進食，此事日暮前，必有分曉。」

聞武帝如此說，王太后面色才稍解，伸箸去盤中，猶自恨恨有聲：「那竇嬰，從來見不得老婦問政，哀家偏就要問。」

自長樂宮返歸，武帝立召來郎中令石建，詢問道：「田、竇二人，俱為外戚，由內廷轄制，言行不出你耳目。今日在廷上互詆，莫衷一是；二人究竟有無劣行，你只管秉公道來，不必顧忌。」

石建僅答了一句：「各指其非，實有其非，諸臣也都心知。」

武帝不禁怔住，呆坐良久，方嘆了口氣，揮袖令石建退下。又枯坐半日，方命人召太常署樂人來，操弄一曲絲竹。

太樂丞奉詔率人至，稽首請道：「陛下欲聽何曲？」

「便是〈葛生〉[52]吧。」

太樂丞滿面驚異，欲言又止，只諾了一聲，便示意樂人操琴。

琴聲起，絲竹悠揚，其調甚哀。太樂丞伏於地，不敢仰視武帝。武帝立於帷後，看窗外景物，朦朧一片，心即如沉水，周身寒徹。

轉念間，欲召親信吐露數語，卻是無人可尋。不由想起了韓嫣，眼目便溼潤。又想到自從登位起，先後有趙綰、王臧、韓嫣三人，出自兩太后之令，被逼殞命，不覺就悲涼入骨。此次裁斷二人是非，本不欲寬

---

[52]〈葛生〉，即《詩經‧唐風‧葛生》，為悼亡詩。

灌夫罵座，義憤填膺終身敗

宥田蚡，然迫於母后威嚴，實無膽量可爭。

此時，窗外有風吹竹葉，籟籟如雨瀝聲。武帝頓覺生之無趣，不由嘆了聲「苦啊」，隨口便吟唱出：

葛生蒙楚，蘞蔓於野。予美亡此，誰與？獨處……

如此良久，方命樂人退下。遂又召來御史員兩名，寫了敕令，遣他們往竇邸對簿，責竇嬰所言灌夫之事不實，有欺君之嫌，著即解往都司空[53]署，拘繫待罪。

兩御史方退下，又有一名謁者入，稟告稱：「中書令石建，有一物呈遞陛下。」

武帝見是一個包袱，便打開來看，原是一個彩陶壺，不禁就納罕：「這是何物？」謁者答道：「中書令有言，乃是上古飲器。」

武帝這才想起：「哦，原是孔子所問『飲器』。」便將陶壺置於案上，卻是偏斜不能立。喚了近侍倒酒進去，至適中，壺才立起。若再盛滿酒，則又偏倒，酒皆溢位。

如此操弄了兩回，武帝才悟道：「這個石建！原是諫我，斷事須持平，然持平……談何容易？」

且說竇嬰被拘於都司空署，一日之內，朝野即風聞。此時灌夫及族屬等，皆已被廷尉收捕，囚於詔獄。

那廷尉鄭殷，探得竇嬰被拘，既揣知上意，一番刑訊，竟將灌夫及族屬盡行問罪，擬定族誅。

往日事急，例有公卿援手相助；然此次公卿皆知風向，竟無一人敢向武帝求情。灌夫在獄中，心知死期將至，悲憤莫名，只夜夜向獄吏索

---

[53] 都司空，漢置，官署名。屬宗正府下轄，掌詔獄。

酒。若獄吏不與，則雙手握欄長嘯，直攪得詔獄不寧。

竇嬰在都司空署聞知，捶胸不止，恨不能插翅飛出。這夜，睜目直到天明，忽想起景帝在時，曾賜給遺詔，恩准曰：「事有不便，可告白君上，便宜從事。」覺此詔定可救灌夫。

於是賄賂獄吏，召一姪兒來探獄，令他赴北闕上書，求君上召問，或可有所申辯。

事已急如星火，那姪兒不敢怠慢，立將遺詔之事寫入奏書，即赴闕呈遞。

恰好武帝也正有惻隱之心，得了奏書，立召見詳問。問罷，頗覺詫異，將奏書交與尚書，令查閱蘭臺[54]是否有遺詔複本。

尚書遵命，忙碌一番，卻是覆命稱：「查蘭臺舊檔，先帝並無此詔存留。原本獨藏於竇家，由竇邸家丞封存，疑是矯詔。」

底細究竟如何，直是千古之謎了；或有田蚡上下其手，也未可知。武帝得尚書覆命，只能搖頭嘆息，雖有心救灌夫，卻不敢認定遺詔實有。

稍後，廷尉即有劾奏至，指竇嬰矯先帝詔書，欲害大臣，罪當棄市。

武帝驚得目瞪口呆，立召田蚡來問：「劾奏竇嬰事，如何行事這般急？丞相可曾過問否？」

田蚡哪裡肯認，只咬定不知：「茲事體大，尚書屬內廷少府，有矯詔事發，彼等不敢瞞，即移送廷尉查處。丞相府日理萬機，尚不及過問此事呢。」

「太后可知？」

「陛下，內廷外朝，有何事能瞞過太后？」

---

[54] 蘭臺，漢代官署名，收藏文件、典籍，由御史中丞職掌，史官在此修史。

灌夫罵座，義憤填膺終身敗

　　武帝見田蚡一臉無辜，心中就更疑，只哀嘆母后先下了手。躊躇多時，方狠下心，將廷尉奏報壓下，留中不發，只求有個喘息之機。

　　此案輾轉之間，已至元光五年（西元前130年）十月。元旦一過，廷尉即有奏報，查灌夫招聚豪猾，侵擾民間，多行不法，實屬大逆不道。人贓俱在，罪無可赦，當族誅。

　　奏報遞入之日，王太后處即有人來問，武帝只覺刀斧在頸，竟是不容有一刻喘息了。

　　當下，手捧那奏書，呆看了半晌，忽而就生厭，只恨灌夫未免多事，於是提起硃砂筆，草草批了，允准處斬。

　　十月長安，一片清寒。數日之後，灌夫及族屬上百，被繩索捆縛，背插明梏，解往西市問斬。

　　長安人皆知灌夫威名，感念他平亂有功，多有惋惜。今日族誅，城內成千上萬人皆來送行。

　　灌夫昂首在前，褐衣散髮，仍不掩一股豪雄氣。身後婦孺稍有啼哭者，即回首叱之：「天無心腸，哭有何益？」

　　父老們見之，皆不忍，流淚向灌夫拱手。眾人中，亦有丁壯忍不住喝采壯行的。

　　偏那潁川人恨灌夫入骨，也來了幾百人夾道，發了聲喊，一齊朝灌夫扔瓜皮、菜葉。族屬隊中，一眾老幼終是忍不住，放聲號哭起來。

　　街邊長安人，到底看不過去，有人大呼道：「人將死，還不饒過嗎？」便有眾人衝上前去，拳腳交加，將潁川人一併驅走。

　　正午時分，西市刑場上，灌氏族屬蓬頭垢面，跪了一地；懼於灌夫威嚴，皆忍泣不敢作聲。待午時三刻，市亭上鑼聲鳴過，即有劊子手上

前,請灌夫飲下壯行酒。

灌夫面不改色,一飲而盡。廷尉鄭殷親臨監斬,此時上前,拱手道:「仲孺君,事因族屬而起,死亦無愧。君之名,當傳萬世。不知還有何言,須達上聽?」

灌夫輕蔑一笑,仰頭道:「無話。即使變作厲鬼,亦定饒不過田蚡!」

如此,灌氏就戮半月後,竇嬰才得聞之,立癱倒在地,悲不自勝。又聞尚書已有劾奏,君上將問矯詔罪,心知自家必也不免,當即佯作風疾,絕食數日,唯求一死。

正在奄奄一息間,忽有獄令告知:「魏其侯還請復食。下官近聞,君上並無意誅殺!」

竇嬰半信半疑,問明原委,方才復食。獄令忙又請了醫者來,為竇嬰治病。

未幾,竇嬰日見康復,又有好消息傳來:「魏其侯可寬心,昨日廷議,已議定不死矣。」

竇嬰心知,待到來春大赦,必可免罪。這才轉憂為喜,胃口漸開,每日只是索要酒喝。

豈料那田蚡怎肯罷手,運籌數日,便有公卿多人,輪番向武帝進讒言,稱竇嬰在獄中,終日怨望,出口不遜。

又過數日,不獨太后那裡傳話來問,身邊近侍,也都有流言蜚語,稱竇嬰日夜詈罵,怨恨君上不明。於是召田蚡來問,田蚡卻只道一無所知。

事不過三。武帝聽得多了,忽就心煩,惱恨竇嬰果然不知持重,留

灌夫罵座,義憤填膺終身敗

得一日,一日就要生事。眼見得太后、田蚡步步緊逼,不欲再糾結,索性下詔:竇嬰以不敬論罪,擬十二月晦日,在渭城[55](今陝西省咸陽市東北)斬首棄市。

詔下,天下譁然。公卿見竇嬰坐罪,以外戚之貴,尚不能免,都覺寒意徹骨。

行刑日,寒風枯柳,分外蕭索,渭水畔可遙見景帝陽陵。竇嬰瞥一眼舊景物,想起景帝前元三年(西元前154年)出征,鳴鼓過渭水,何其慷慨!今為小人所陷,百口莫辯,直是人間無天日。自己死便死了,悔不該邀灌夫赴宴,累得他全家被誅,無一倖免。想到此,便有老淚灑下。

圍觀者見之,默然一片,只想到昔日三公,竟也能被戮,焉能不嘆世事無常。鄭殷命人解了竇嬰之枷,親自奉上壯行酒。

竇嬰飲罷,悽然一笑:「未見桃花開即死,何其憾也!」

諸公卿皆懷有相惜之意,微服前來圍觀,聞此語,無不心驚。

那一日,正是長安一年中最寒之日。天地凍徹,了無生意,遠觀荒野上人眾,如螻蟻攢動,惶悚不知所以⋯⋯

除掉了竇、灌,田蚡志得意滿,滿朝都畏他權勢,趨奉更甚。田邸門前,拜謁車馬日夜相接,街巷為之填塞。

不想春正月方過,田蚡偕新夫人,正與相府諸曹吏聚飲。言笑晏晏時,忽然眼前一花,見有兩道黑煞氣,自相府門外撲入,簌簌有聲,席捲廳堂。

田蚡「哇呀」一聲,為煞氣撲倒在地,不省人事。堂上妻妾隨從等,

---

[55] 高帝元年(西元前206年),漢朝於咸陽古城置新城縣,高帝七年(西元前200年)併入長安;至武帝元鼎三年(西元前114年)復置,更名渭城縣。此處從《史記》。

慌了手腳，連忙將田蚡抬進內室，臥於榻上。

只見田蚡雙目猶張，然四肢皆不能動，仿似有人擊打，連聲呼痛，又譫語謝罪不止。

武帝在宮中得報，甚覺蹊蹺，遣了太常署祝人[56]，前來「視鬼事」。

祝人默察良久，聞聽田蚡連呼「一身盡痛」，又滿口求饒之語，心中便有數。返歸未央宮，向武帝覆命道：「乃魏其侯、灌夫，兩魂化為鬼，交相笞打，欲殺丞相。」

武帝聞之，心中驚駭，連忙遣人通報太后。

王太后在長樂宮聞報，頓覺失神，悲戚道：「田蚡弟命苦耶，何以不知享福，竟與那竇嬰、灌夫相鬥？」

田邸中眷屬，慌忙延醫，針砭餵藥，晝夜不得安寧。田蚡於病榻上，只做左躲右閃狀，呼痛啾啾，容貌盡損。

如此苟延了三五日，終還是渾身浮腫，七竅流血而斃！

直佞相鬥，兩敗俱傷。此事轟動天下，無人不為之嘆惋，或有責灌夫魯莽、因小失大的；多還是稱讚灌夫耿直，不懼權勢。[57]

田蚡喪報傳入兩宮，王太后悲傷難抑，只恨竇嬰作孽，百死莫贖。武帝也覺身心俱疲，勉強理事，詔令田蚡之子田恬，襲武安侯；另用平棘侯薛澤，接任丞相。

春末，事漸平息，公卿都個個自警，不敢再使氣犯禁，朝中倒還安寧。這日，得謁者報，河間王劉德來朝，武帝心中就一喜。

這位河間王，說來僥倖，曾經死裡逃生。他是前朝景帝次子，為栗

---

[56] 祝人，吏員名。太常屬員，祭祀時司告鬼神者。
[57] 此一節，後世演為「灌夫罵座」的典故，又為人編成戲曲，上演至今不衰。

灌夫罵座，義憤填膺終身敗

姬所生，亦即廢太子劉榮之弟。其兄長劉榮，因母失寵，太子位無端被廢，後竟為酷吏郅都逼死。

時劉德居於咸陽舊邑，與長安近在咫尺，卻因是書痴，而僥倖免禍。

他一向博學好古，首倡「實事求是」，在諸侯王中甚是少見；生平最樂事，乃是蒐羅典籍。

自秦始皇焚書之後，天下典籍亡佚；萬戶千村，竟至無一冊書藏於室。劉德凡從民間搜得一善書，必謄寫副本還回，而留其真本，又加金帛賞賜，以此招四方之書。由是，天下通學問之人，或家有先祖舊書者，都不遠萬里，攜書來獻。

武帝召劉德謁見，見劉德著儒服而入，舉手投足間溫雅如玉，心下就嘆：宗室外戚，多粗魯不文，理政自然也是粗陋；若得兄長這般溫文，當是另一番氣象。於是溫言賜座，笑問道：「二兄，我幼時常見你，如今卻難得一見，只怕是天下書不夠你讀了。」

劉德連忙回道：「陛下，兄唯其愚，才要分外用功。」

「兄搜書二十餘年，藏書有幾何，樂成[58]宮室都不夠納了吧？」

「臣未曾檢點，只聞河間太傅言，當與石渠閣相等。」

「啊？」武帝不由暗自一驚，「我聽人言，淮南王亦好書；你所藏書，與他所藏書，不知有何不同？」

「臣以為，淮南王所搜書，多而泛；臣所得書，皆古文、先秦舊書，與叔父略有不同。」

「願聞其詳。」

「即是《周官》、《尚書》、《禮》、《孟子》、《老子》一類。」

---

[58] 樂成，河間國都城，在今河北省獻縣。

「好，皆是經傳。那麼，孔門之書呢？」

「有，仲尼弟子及後學者所論，有一百三十一篇；此次已攜來，獻與朝廷。」

武帝拊掌大喜道：「甚好甚好！無怪人說，你蒐集餘燼，不遺餘力。秦始皇要滅的，阿兄盡復之。正所謂，斯文之本，暴政豈能除之？」

劉德搖頭道：「焚書之禍，終是萬世難消。臣最憾事，為《周官》一書，乃周公所制官政之法，貴不可言。民間有李氏得《周官》，進獻於臣，然獨缺〈冬官〉一篇。臣以千金懸賞而不得，只得取《考工記》[59] 以補之，合成《周官》六篇，勉強成完璧，此次亦一同進獻。」

武帝唏噓道：「難得難得！時聞魯、燕、趙、魏皆有奏報，說二兄訪書，途經各郡，閱之甚是感慨。山高路遠，料想多有不易。」

「誠然。臣入民間訪書，灶頭田間，老叟村婦，看盡人間世相。車至崎嶇處，陷於泥淖，臣也需似戍卒城旦，赤膊挽之……」

武帝便大笑：「看二兄斯文，不料也能做得役夫！」當下就賜宴，在宣德殿與劉德作秉燭夜談。

這一夜，武帝就辟雍、明堂、靈臺等「三雍宮」之事，詢問劉德，劉德據學問道術以對，無不簡約得當。又策問三十餘事，劉德從容作答，應對無窮，直聽得武帝舉箸忘餐。

見武帝失神，劉德連忙謝道：「陛下推重董仲舒，設五經博士，為天下立學統，臣方能起意求書，在河間立《毛詩》、《左氏春秋》兩博士，搜求不止。」

「門客可多？」

---

[59] 《考工記》，出於《周禮》，齊國稷下學宮學者所撰，是中國目前所見年代最早的關於手工業技術的文獻。

灌夫罵座，義憤填膺終身敗

「門客數百，盡是山東[60]諸儒，願隨臣下求學問道。臣興建宮室之時，置客館二十餘間，以養士。」

「儒生都有這樣多，兄家中私產，更不知有幾何。」

「區區而已。臣宮室所用，遠不及養士之資，吃喝用度知足就好。」

「兄也識得董仲舒？」

「識得。數年前，臣過江都，曾與董仲舒一晤，共論過《孝經》。董夫子與臣共話，提及周初雅樂，臣便留心蒐集。終得〈雲門〉、〈咸池〉、〈大韶〉、〈大夏〉、〈大濩〉、〈大武〉六部樂舞，相傳作於黃帝、堯、舜、禹、商、週六代，可為郊祀之樂，今也攜來進獻。」

「未料到，未料到！二兄真乃賢者。」武帝大喜過望，立召來太常，令他著即熟習，今後逢歲時，操演進奏。

二人在宣德殿宴畢，已是午夜，武帝意猶未盡，送劉德至階下，玩笑道：「兄所藏書，既已與石渠閣同，可是有問鼎之意？」

劉德聞此言，大驚失色，慌忙回道：「臣萬無此意！平生僅書蠹而已，有書萬卷，勝過功名。」

武帝也不再說，只含笑長揖作別。

歸返河間邸歇息後，劉德心猶不安，難以入眠，想到長兄劉榮慘死事，如在昨日。劉榮之厄，起於太后；今太后權勢正盛，君上若也生疑心，則不知今後將如何捱過。

朝見畢，返歸樂成，劉德鬱鬱寡歡，夜中時被噩夢所驚。門客諸儒見主公悶悶不樂，百計勸之，卻是無用。未出當年，劉德竟憂鬱成疾，染病身亡了。

---

[60] 這裡指「崤關以東」，即中原地區。

劉德薨後，河間中尉攜喪報，星夜至長安來報。武帝得報，吃了一驚，隨即心便安下來，對左右嘆道：「我看河間王，方為大儒！非他之力，《毛詩》、《左氏春秋》何以得傳世？可惜天公不憐才，竟走得這樣急，身後當有美諡，方慰我心。」即令宗正劉通擬諡號。

宗正府議了幾日，按諡法「聰穎睿智曰獻」，擬了「獻王」諡號呈上。

武帝接報，看了良久，頷首對劉通道：「漢家諸侯王，將來或有幾百千，可有幾人能稱『獻』？即如此吧。」又令獻王之子劉不害，襲了河間王位。

河間獻王善後事畢，武帝環顧海內諸王，嘆息好文者少，凡庸者眾，尤以魯王劉餘為甚。

魯王為景帝第四子，與年前暴薨的江都王劉非，同為程姬所生。景帝前元二年（西元前 155 年），立為淮陽王。吳楚亂平後，改封魯王。此人粗魯無文，好治宮室苑囿，喜聲色狗馬，不喜文辭，偏又口吃不善言。若生在民家，則為百無一用之徒。

這日武帝聽聞，魯地忽有古籍現，係由魯王所獲，不知詳情，便召了宗正劉通來問。

劉通答道：「確如傳聞。臣所知，魯王近日建宮室，欲將孔子舊宅拆去，改做殿宇。」

武帝便拍案道：「直是冒犯！四兄不成器，竟至如此。」

「拆孔宅之日，魯王親臨，飭令掀頂毀壁，不留片瓦。民夫方破壁，驚見壁內有藏書數十卷，字皆做蝌蚪狀。魯王不能識，只是稱奇，遂命人棄之。」

「荒唐！」

「嗣後，魯王入孔子廟堂，忽聞室內有鐘磬、絲竹聲大作，然命人搜遍內外，並無一人，唯有繞梁之音，絲絲如縷。」

武帝便拊掌笑道：「奇了，奇了！或是神仙顯靈，也責他不敬。」

「魯王毛骨悚然，連呼有鬼，即命民夫將四壁修復。所有壁間藏書，皆還給孔門後裔，任其車載而去。」

武帝大起興致，移膝向前，問道：「卻是何書？」

劉通答道：「據傳是孔子八世孫所藏，乃《尚書》、《論語》、《禮經》、《孝經》等原典。當年為避秦火，密置於壁內，至今發出，完好無損。」

「天不亡斯文，真乃奇事！文如蝌蚪，即是先秦古寫籀文；萬想不到，人間尚有這多古文經書。你知會太常掌故，速往魯縣（今山東省曲阜市），將古文經書謄抄帶回。他魯王不識，河間獻王卻識得。前此，河間王所獻孔門典籍，即有古文殘篇，當合為一處，藏於石渠閣。」

劉通領命，正要退下，武帝忽又喚住：「你再知會掌故，並轉諭魯王：今後，不得再輕慢孔裔。」

此後，太常掌故銜命赴魯，將孔宅壁中藏書抄回，存入石渠閣。這些經卷，係以春秋戰國時秦所通行籀文寫成，籀文亦稱「大篆」，字形繁複。其所述經文，與隸書所寫的今文經略有不同，故後世稱「古文經」，亦稱「壁經」。

太常掌故傳了上諭，魯王劉餘自然惶恐，加之在孔宅受過驚嚇，更不敢慢待孔子後裔。

這魯王劉餘，年紀已不小，性情卻一如惡少年，嗜好狗馬，樂此不疲。宮中費用不足，便向民間強取，百姓為之苦不堪言。

景帝在時,曾擔心他太不成器,遣了張敖舊臣田叔為魯國相,以期匡正。

向時,田叔方到任,便有小民攔道,狀告魯王劫奪民財。那田叔不僅耿直,且有計謀,當下佯怒道:「小民聽好,魯王不是你等主公嗎?你輩怎敢與主公相訟?荒唐!」叱罷,便命人逮了為首二十人,各杖笞五十,其餘者盡將驅散。

劉餘在宮中聞報,知是田叔巧計責備,不由大慚,連忙取出私財,交與田叔,令他償還百姓。

田叔卻正色道:「金帛財寶,自民間取來,當由大王親自償還。否則,大王得惡名,為相得賢名,這又是何必?」

一番話,說得魯王面紅耳赤,只得硬著頭皮,自去償還。魯國百姓聞聽此事,都覺甚奇;田叔賢明之名,由此大盛。

劉餘不敢再奪財,便一心游獵玩耍,無日無之。田叔見了,卻不勸諫,逢有劉餘出獵,便不顧年邁,騎馬隨行。

至獵苑,劉餘玩得盡興,卻見田叔喘息不止,體力難支。劉餘心有不忍,令田叔不必隨侍,盡可休息。田叔聽命,雖出了獵苑,卻仍坐於露天等候。

劉餘游獵罷,出得苑中,見田叔在露天痴坐,不由大驚:「相國如何不返家?」

田叔起身答道:「大王尚在獵苑中,臣怎敢返家?」

劉餘聞言,自是報顏,連忙載了田叔返歸,此後也知稍加收斂。

未幾,田叔年老病逝,舉國百姓為之哀。有魯縣小民感他恤民,湊

> 灌夫罵座,義憤填膺終身敗

得百金,送至田邸為祭禮。田叔之子田仁,出來見百姓,堅不受禮,向眾人答謝道:「小兒不敢為百金之禮,而累先人之名,還望見諒。」眾人聞此,也只得唏噓而退。

有田叔盡心輔佐,那魯王雖頑劣,卻也未惹大禍,優遊卒歲,保住了富貴。

掌故返歸覆命,武帝聞魯王尚知收斂,心下稍寬,嘆息道:「諸侯王,生即富貴,不知好命從何而來。終如賈誼所言『疏者必危,親者必亂』。這等枝蔓,不知何日方能剪得盡!」

夜郎歸漢，南疆納土開疆域

　　且說司馬相如蒙寵，入侍為郎，寫了洋洋灑灑一篇〈天子游獵賦〉。賦中，虛擬楚使一人，喚作「子虛」；又擬齊國駁難者一人，喚作「烏有先生」；再擬「無是公」一人，比喻天子。三人對談，便是〈天子游獵賦〉中虛擬種種。

　　相如雖患口吃病，說話不便，但他賦中人物言談，卻是滔滔不絕。直將天子、諸侯所轄苑囿之美，浮詞誇耀；可謂字字珠璣，堆疊層累，令人讀到頭暈。

　　這日，武帝見司馬相如稱病日久，閒居長安，國家之事一概不問，便召了他來，笑問道：「長卿君，朕不召你，你消渴症怕就不癒？今召你來，先與你談文。你那〈天子游獵賦〉寫了百日，只不怕生僻字多，害我讀了百日，方領略其皮毛。」

　　司馬相如惶恐道：「臣有過，不當恣意妄為。」

　　「恣意倒是無錯。文士何以悅上？無非是寫絢麗文。然長卿君所寫苑囿山川，直是拿了神仙福地做本，華麗不似人間。如何於文末，偏又要暗含勸諫？」

　　「臣本是以諷諫為意。」

　　武帝便含笑揭穿：「古來文士，總不老實。筆下所寫，既已極盡奢華，讀得朕雄心大起，定要將上林苑照此營建；不料你文末數語，卻又勸諷，朕如何還能聽得入耳？你所用心計，莫非是顧忌後世有罵名，偏要遮掩？以我看，君王奢靡，怕都是文臣慫恿的，既以浮詞悅上，又逃

夜郎歸漢，南疆納土開疆域

過後世責罵。這陰陽之道，倒是學得好！」

司馬相如滿面漲紅，期期艾艾地答道：「臣、臣之文采，僅止於此。寫此文，即是欲討歡心，一發不可收。陛下明察，此所謂勸諫者，俗套耳，天下文人莫不如此。」

武帝拊掌笑道：「朕早便疑此！然盛世，無文士點綴，便是禿額美人，你儘管寫。今後若有實務差遣，不虛浮就好。」

相如連忙叩謝：「臣若不作文，不如閭巷商賈，恐不能擔得實務。」

「哪裡！你閒居之日，西南夷頗為不靖，屢屢生事。想你生為巴蜀人，習察民情；朕今有詔令，遣你往撫巴蜀，開西南疆域，早些將亂局撫平。」

司馬相如聞聽上諭，便是一驚，這又是從何說起？

原來，建元六年（西元前 135 年）時，大將軍王恢征閩越，於途中，曾遣番陽縣[61]縣令唐蒙為使，前往南越國慰諭。

時南越國王趙胡，對朝廷頗為恭順，將唐蒙迎入番禺越王宮，盛宴款待。主賓坐於芭蕉葉下，眼望南海波濤萬頃，對酌暢談，不無愜意。

唐蒙憑海臨風，感慨道：「番陽離貴國，迢迢兩千里，若無公事，臣下如何能看見這般勝景？」

趙胡恭謹回道：「上使客氣了。南越，蠻荒之部也，豈如嶺北風物繁盛？」

「大王，臣不過區區一縣令，若非急務，大將軍哪得遣我來？今來貴國，其餘勿論，單是這海中珍饈，便是一生所未遇。」

「呵呵！上使不妨多留幾日，儘管大飽口福。」

---

[61] 番陽縣，秦置番縣，漢改此名，屬豫章郡。在今江西省鄱陽縣。

唐蒙醉飽，好不得意，舉箸將美饌翻來翻去，忽而問道：「大王，你這盤中，有醬味甚美，不可言喻，不知是何物做成？」

「哦，此乃枸醬。」

「枸醬？枸，又是何木？」

「南方喬木，其果有香氣，亦稱香櫞。」

唐蒙審視再三，讚嘆道：「原是香櫞為醬，一味勝百味！」

趙胡謙恭道：「此醬，非敝國所產，乃是商賈由牂柯江[62]上運來。」唐蒙便覺疑惑：「牂柯江？豈不是黔中之水，竟能流入番禺？」

「正是。牂柯江自西北來，江寬數里，自番禺城下而過。」

「牂柯緊臨夜郎，離此千里，竟能有這等美物！」唐蒙嘆罷，便於心中默默記下。

待得回朝覆命，在長安勾留，唐蒙想起此事，便往西市上去逛，結識了一個蜀中商賈。

唐蒙問那蜀商：「我出使南越，於王宮筵席中，識得枸醬，味美異常。南越王稱其出自黔中，足下居蜀地，可知此物嗎？」

那蜀商便笑：「使君也知枸醬？難得。然枸醬並非出自黔中，乃是我蜀地物產。不過土人貪利，常偷帶此物出關，賣往夜郎國。夜郎與南越，有水上交通，故此物可達南越。」

「原來如此。未料南越與夜郎，竟有如此勾連。」

「使君有所不知：南越王於夜郎國，素有羈縻之心，所給財物甚多，無非想收夜郎為屬國，至今未逞。我漢家朝廷，若要南越甘心臣服，只怕是不易。」

---

[62] 牂柯江，今貴州北盤江、南盤江。

夜郎歸漢，南疆納土開疆域

　　唐蒙聽了此言，心有所動，陡然起了開疆邀功之意。返回豫章郡邸，便連夜寫了奏書，赴闕上呈。

　　其奏曰：「南越王黃屋左纛，地有東西萬餘里，名為外臣，實為一州之主，必有不臣之心。今若自長沙、豫章出師，欲往南越，水路難行。臣聞夜郎國有精兵，若收服之，可得十萬。以此精兵，浮舟牂柯江，往擊南越，可出其不意，此亦為制越一奇計也。若以大漢之強、巴蜀之富，收服夜郎，設官置吏，則取南越不難矣。謹此上奏。」

　　武帝看了奏書，甚覺有理，心想小小縣令，居然有此大謀略，當即就允准，擢升唐蒙為郎中將[63]，出使夜郎，宣諭夜郎王來歸。

　　唐蒙以一念而得晉升，自是躊躇滿志。奉詔入蜀，載府庫繒帛十數車，調巴蜀

　　兵千人為護衛，出成都向南。這一路，重巒疊嶂，浮雲出岫，為巴蜀奇險腹地。至巴郡筰關出漢境，入西南夷。

　　漢時西南夷，有近十個小國，各有君長，以夜郎為最大。夜郎國王，以竹為姓，名喚多同，世居巴蜀之南，一向與中土不通聞問。為眼界所限，還道是天下之大，無如夜郎。妄自尊大之心，在所難免，以至日後引出一段「夜郎自大」的典故來。

　　唐蒙出關後，經筰都國，入夜郎境，一路山色愈顯清奇。沿牂柯江而行，唯見石塔林立，狀如酒樽，看得人驚奇。問過土人，方知夜郎疆土甚廣，東接交趾，西臨滇國，沿途人無不稱其大。唐蒙只在心裡道：「都雲夜郎小國，今見之，不輸於巴蜀。多同在此為王，倒也不枉活一世。」

　　入其首邑，夜郎王多同出迎，將唐蒙迎入石砌王宮。起初，多同還

---

[63]　郎中將，武官名，漢置，又分為郎中車將、郎中戶將和郎中騎將，為郎中令屬官。

不免傲慢,然見唐蒙一行,峨冠博帶,旗甲鮮明,方知漢官威儀,自慚形穢,不由就謙恭起來,施禮道:「漢使來敝國,或似自雲端來。夜郎雖大,然居室食饌,恐不合上使意,莫要見怪才好。」

唐蒙本就虛驕,見多同氣短,便也不客氣,回禮畢,舉頭望望屋頂,微微一笑,將長安未央宮、長樂宮炫耀了一番,全是信口鋪張。

那多同聽得驚異,讚嘆道:「登漢宮臺閣,豈不伸臂便可攬月了?寡人實不能想,只惜今生不得見!」

唐蒙一笑:「大王若想見,卻也不難。」便又將漢家如何強、如何豐饒,口若懸河,誇大其詞講述了一番。

多同聽得呆了,瞠目道:「漢之疆土,跨山連海,徒步一年餘,竟然尚不至邊界?自出生以來,吾只道世間便是山,山之外,無非也是山。不意赫章(今屬貴州省畢節市)之北,竟有如此廣大漢家。」

唐蒙益發得意,將手一揮,命隨從將禮物搬來一半,開箱鋪陳。只見各色繒帛,列於廊下,直是光色耀目,絢爛無倫。

多同見了,驚得手足無措,目放精光:「上國之盛,吾見矣。某居山中,數十載難見平野,今日只覺目明,能望千里之遠。上使有何吩咐,某願聽從。」

唐蒙拈鬚大笑道:「大王何必客氣,既見漢家氣象,何不內附,為我漢家屬臣?尚不失為封侯之幸。」

「漢家侯,可有上使這般榮耀麼?」

「呵呵!唐某不過一郎中將,品級低於將軍,此次通道西南,還都後可否封賞,尚不能知。而天子既屬意大王,大王還有何疑?」

那多同聽得幾近醉倒,脫口道:「封侯固是好,然吾尚有數子⋯⋯」

夜郎歸漢，南疆納土開疆域

「大王諸子，臣已見到，各有英俊之風。內附後，可為此地縣令，朝廷置吏相助，一門風光，豈不快哉？」

多同當即不疑，傳話召來下轄部酋十人，講明內附之意。

眾酋也如多同一般，平生未見過錦繡，乍見俱是驚喜，難掩欽羨。眾人以族語議論一番，都道長安距此甚遠，終不怕他漢家吞併，若內附稱臣，或年年都有賞賜，豈不是好。於是眾口慫恿，不如就依了唐蒙之意。

多同見眾酋並無異議，定了定神，便轉身向唐蒙揖禮，口稱甘願臣服。

唐蒙聽不懂諸酋語言，正等得不耐煩，聞聽多同如此說，大喜而起，命隨從將其餘繒帛盡皆搬來，分與諸酋。

多同嬉笑道：「我這便屬漢家了麼？」

唐蒙道：「哪裡！如此大事，口說怎可為憑？須兩家訂約，以字據為憑。」便喚從人取筆墨來，寫好約定，二人按下指印方罷。

賓主頓覺大歡，多同即高聲吩咐開宴，款待唐蒙一行。

唐蒙笑道：「我夢到夜郎，非止一日，不料今番能通道西南，建此開疆大功。大王亦可望封侯，福廕後世。我與大王當共醉。只不知，你家菜餚中，可有一味枸醬？」

「有，有。」

唐蒙喜極道：「得食夜郎王枸醬，果真是夢乎？」多同不知底裡，只是賠笑。

唐蒙便轉了話頭道：「漢家牛貴，士卒終年難得食牛。臣見貴國社稷林內，樹上懸有牛頭上萬，想是牛多。不妨以大盤牛肉上席，犒勞臣之

隨從，是為至謝。」

多同聽了，神色略一怔，連忙應允，對左右吩咐了下去。

唐蒙的萬名隨從，於城外紮營，帳幕遍布山林。所有筵席，夜郎王宮籌辦不及，竟號令全城百姓，家家開夥，以慰勞王師。

開宴之時，王宮前曠場上，有倡優列隊，敲擊銅鑼，行鬥牛走狗之戲，一時熱鬧非凡。

唐蒙見夜郎王宮雖陋，卻也是石塔高聳，處處巍峨，有巨人頭石雕錯落其間，就暗自慨嘆，不禁發問道：「夜郎，古國也，不知始於何時？」

多同答道：「夜郎始於上古夏代。就是那殷商宮內，也有夜郎女子呢，喚作『良人』。」

「哦？果然久遠！敢問大王先祖，又是何人？」

「先祖當是濮人。夜郎至今，已歷四朝，吾朝為金竹夜郎。金竹之祖，乃是有女子在水邊洗衣，忽有三節大竹流來，入兩腿間。女子聞其中有號啼聲，剖竹視之，得一男兒，便抱歸收養之。及長，男兒有大才，自立為夜郎王，故而吾族以竹為姓。」

唐蒙不由大嘆，舉杯祝酒道：「謔矣！大王原是百濮[64]之後，久遠不輸於漢，請受我一祝。臣今生有幸，得見貴國奇景，方知《山海經》所言『大夜郎國』，並非虛言。明日還朝，可否贈我良人數名，送入未央宮，為我漢家增色。」

多同卻大笑婉拒：「那漢室宮中，焉能缺少良人？上使再來，當賜我漢家良人才是。」

---

[64]　百濮，戰國時期西南少數民族泛稱。

夜郎歸漢，南疆納土開疆域

唐蒙了卻大事，又在夜郎盤桓多日，溯牂柯江而上，探洞觀瀑，流連盡興方歸。

還都之日，武帝聽了唐蒙覆命，面有喜色道：「未料我一縣令，即可當開疆之任！漢家開疆，當從今日始。」便下詔，將內附夜郎，特置犍為郡，統轄南夷。又令唐蒙再往巴蜀治道，經由僰中[65]，向南直達牂柯江，以便交通。

唐蒙見未獲封賞，心中就急，旋即再返巴蜀，督令道路事宜。入蜀後，依恃有功，督責甚急。從巴蜀兩郡調發卒吏千人，更廣徵民夫萬人，轉運食粟，晝夜拓路，唯恐不急。並以軍法約束，不許懈怠、逃亡，數度誅其渠帥以震懾。巴蜀百姓為之大驚，訛言四起，群議洶洶。

唐蒙操之過急，武帝聞之，心中略有愧意，對丞相薛澤道：「朕失察，縣令到底無雄略之才。如此下去，只怕是夜郎未服，巴蜀倒要先反了。」

薛澤勸慰道：「唐蒙才薄，然不足以壞大事，功過相抵，無須再重用就是。可速遣得力人才，安撫巴蜀，以朝廷恩德化之，方可收奇效。」

武帝遂轉憂為喜，起意另覓賢才，往巴蜀去宣撫。這才想到，司馬相如本為蜀人，當其任，豈非不二人選？便立即召相如來，委以重任。

卻說司馬相如推託不過，只得領命，帶了幾名隨從，疾馳出長安，星夜趕往蜀郡。

入了成都，司馬相如見過太守，便一面布告四方，予以慰諭；一面責備唐蒙，斥他不該苛急從事。

巴蜀百姓，早就聞司馬相如大名，得知他來，民心先就安了一半。

---

[65] 僰中，夜郎以西一小國。

相如在成都街衢閒逛，頻頻訪舊，覺百姓仍心存怨意。一夜輾轉不能眠，想自己理政、治軍均無大才，唯有一支禿筆，可搖曳生花。來此安民，實是勉為其難，何不揚長避短，做一篇文章，以服父老之心？

　　於是想到就做，黎明即起，廢寢忘食一日，從「陛下即位，存撫天下，集安中國」說起，花團錦簇，草就了一篇安民檄文，斥唐蒙所為乃「非人臣之節」，命巴蜀太守傳至各縣。

　　相如文名，本就冠於天下，此檄文一到，各縣吏民爭相傳誦。賢愚人等，都為那妙手文章所折服，津津樂道，為其「賢人君子，肝腦塗中原」之說所感，知南夷事是千秋大事，便也無意再追究唐蒙，只讚天子英明，竟遣了本郡才子來安民，直是一段佳話。

　　巴蜀既定，司馬相如使命即告成，滿心歡喜離了成都。可巧此時，西夷各部君長，聞說南夷已內附，獲封賞無數，只覺豔羨，也有心效仿。便與蜀郡太守通書信，爭相示以誠意。

　　蜀郡太守接信，不敢怠慢，連忙具書上奏，以六百里加急驛騎，傳遞入都。

　　武帝接了奏報，喜出望外，召來薛澤商議，不由感嘆道：「《孟子》中有言：『大則以王，小則以霸。』邊地開疆，必施以王道，方可收效。唐蒙僅知霸道，險些敗事，幸得司馬相如挽之，倒成了好事。」

　　君臣兩人，便埋頭商議，欲在大行令署中選一人，前往西夷一探。

　　商議尚未有頭緒，謁者忽報：司馬相如出使歸來。武帝正求之不得，連忙宣入，笑顏問詳情。

　　相如答道：「唐蒙前此，已略通夜郎。為開通西南夷道路，發巴、蜀、廣漢兵卒，連同服役者數萬人。前後治道二年，道未修成，士卒卻

夜郎歸漢，南疆納土開疆域

多病故，花費以億萬計。蜀民及官吏多言其不便。」

「看來，此事果然宜緩！」武帝不由讚道，「長卿君出使，一鳴驚人，巴蜀頃刻間安然，竟引得西夷也要來附。你說與我聽，內中是何道理？」

「西夷更近於南夷，其中邛、筰、冉等國，地近蜀郡，易於交通。秦時曾為郡縣，漢興方罷；舊時通道，至今猶有遺轍。今西夷輸誠，不妨復置縣，好處甚於南夷。」

「哦，如今西夷來附，原來是順理成章。長卿君，未料你文章雖浮，才具卻實；安邊之道，竟能無師自通。」

「臣除了為文，百無一能。蜀中百姓少安，實是因陛下明察。」

「朕看你出使一回，消渴症怕也好了。今日還朝，可惜歇不得幾日，恐又要入蜀了。」

果然過了幾日，即有詔令下，拜相如為中郎將[66]，出使西夷，另有王然于、壺充國、呂越人為副使。

司馬相如接了旨，便有些慌：「臣屬文臣，今翻作武將，恐蜀人要笑話。」

「你善騎射，隨我搏虎尚未膽怯過，如何就做不得武將？今披甲還鄉，光耀故里，不是正當其時嗎？」

司馬相如見推不過，只得受命，接過了犛頭節杖。

武帝笑道：「長卿君兩入蜀，保你不再消渴。此去宣撫西夷，不可受賄，然西夷若有美姝，倒不妨攜回一個做妾。」

司馬相如臉便漲紅，囁嚅答道：「有文君在，臣不敢。」

---

[66] 中郎將，武官名，漢置。官府為中郎署，置中郎將，以統領天子侍衛。

武帝大笑不止,起身親送司馬相如至殿口,勉勵再三。

　　相如與文君聚了沒幾日,便又啟程,與副使一行,分乘四輛驛車,馳往成都。

　　此次再入蜀,與前次排場大為不同。前次出使,相如不過僅一郎官,秩比六百石;此次則為中郎將,秩比二千石,高懸旌旗,手執節杖。一路縣吏迎送,殷勤亦大不同。

　　相如一行所到之處,前導後呼,官民夾道而迎。但見旌旗相擁,輿衛肅然,相如一副精甲束身,冠冕燦然,端的有衣錦還鄉之榮。入蜀地,太守以下諸吏,傾巢出動郊迎。又有各地縣令,身負弓弩,親為先驅。百姓歡踴爭看,無不以相如為蜀人之寵。

　　相如丈人、臨邛富翁卓王孫,在家中聞知,也與鄉誼程鄭等人,攜了牛酒,往成都道旁相迎,意在趨奉。

　　今日之尊,已非昨日,司馬相如想起早年之辱,也無心和解。聞隨從吏員通報,只輕笑一聲:「吾乃私奔而出,非明媒正娶,何來什麼丈人?不見。」

　　卓王孫顏面慘白,忙哀懇那吏員道:「既不肯認親,小民所獻牛酒,當是誠意,還望使君代為通融。」

　　聞吏員復報,相如端坐車中,不掀帷幕,只傳出話道:「牛酒不便退,不退也罷,然還是不見。」

　　卓王孫翹首立於道旁,聞聽相如收了牛酒,自覺還算叨光,顏面復轉紅,對程鄭等人喟然嘆道:「吾不意司馬長卿,竟有今日!我女文君,悔未早些嫁與他。」

　　眾人就齊聲勸慰:「不晚不晚!」

夜郎歸漢,南疆納土開疆域

卓王孫搖頭道:「當日吝嗇,不肯分財與小女,實是愚妄。今日當赴長安,探望小女,將家財按數分給,與我諸男相等。」

其實在當年,卓王孫不忍見文君當爐,已贈予文君豐饒資財,另有童僕八百。然此時他唯恨送得太少,故有此說。

眾人心中暗笑,口中卻附和道:「文君眼光,不輸於諸令郎,當如是。」

這邊卓王孫頗有悔意不提,司馬相如今所掛慮,卻全不在此。在成都館驛,只歇了兩日,便從巴蜀府庫中,提出十數車錢幣、繒帛,遍訪西夷各部。

前有唐蒙成例,司馬相如雖是初試身手,卻也順利。將所攜錢幣、繒帛,散給西夷各君長。那邛、筰、冉駹、斯榆各部,無非看重財帛,才來內附,此時見司馬相如儒雅,而非蠻狠之輩,就更加傾心,紛紛上表「請為臣妾」。

司馬相如至此,如有神助,馳驅千里不覺疲。所到之處,西夷民人也知其大名,無不膜拜,如迎神祇。

相如指揮若定,下令拆除原邊關,勘定新界,西至沫水(今大渡河)、若水(今岷江),南至牂柯江,築起新關,漢之西南疆域,陡然就拓寬了許多。繼而又打通靈山(在今四川省冕寧縣)道路,架橋孫水(今四川省西昌市之安寧河),以通邛、筰兩部,方便商民往來。

因諸夷心服,司馬相如這番操持,頗顯從容。漸次略定西夷,於當地置一都尉、十縣令,統歸蜀郡。待諸事打理妥貼,方返歸成都。

到得驛館,驚見卓文君竟然在堂上,急切間上前詢問,兩人相擁,幾欲泣下。聽文君講了原委,方知是卓王孫親赴長安,接了文君至臨邛,分

給家財鉅萬。老丈深悔當初識淺,未能招贅,如今只落得名分不正。

相如聽了,百感交集,嘆道:「一世涼薄,夫復何言?娘子昔日當壚,今日乘軒,倒是早有一雙慧眼。」

相如夫婦傳奇,早已是婦孺皆知,城內耆宿,都有心攀附。居驛館方幾日,諸人至門上宴請餽贈,車馬闐街塞巷。

文君只是不耐,微怒道:「名利者,直如迷魂失智,人人都醒悟不得。我賤時,求見而不能;今我已富貴,見又何用?」

相如也是不勝其煩,只想早日還都,遂嘆道:「成都雖如舊,欲再上琴臺,可得乎?」於是二人匆匆收拾好,擇日悄然離蜀。

入朝覆命之日,聽罷司馬相如講述,武帝大悅,當即召見太史令,攜西南輿圖來,覆於地上。武帝顧不得體統,俯身看去;又命司馬相如指畫,將新入疆域,看了個清楚。

看罷起身,武帝意猶未盡,笑問道:「唐蒙使南夷,見過許多奇山水,你此去西夷,景色何如?」

「回陛下,唐蒙所言南夷,或是神仙洞府,山多奇麗。臣所見西夷地面,則似亙古未化之地,寒苦奇崛,寸草不生。」

武帝便驚異:「哦!西夷便是如此,若是西域,又如何得了?」「陛下,既是凡間,便有人敢前往。」

「然也。長卿君此行,功勞且不論,辛苦是吃了些。未料你一介文士,竟也知巧言安民。你那檄文,說我移師東指,撫平閩越,尚是實;然說我北征匈奴,單于怖駭,則是大言了。每逢秋肥之日,單于夜帶刀,窺我邊地;我不怖駭,便可稱僥倖了。文人於筆頭上建功,真是容易!」

281

夜郎歸漢，南疆納土開疆域

相如唯有苦笑：「巴蜀民苦於治道，逃亡則誅，不逃則病死，群情鼎沸，欲觸山填海。臣無一兵一卒相隨，如何能撫得平？唯有大言恐嚇罷了。」

「君之檄文，寫得好！將來有太子，當令他記誦。巴蜀之民，為古蜀王蠶叢後裔，懷舊主之心，世代難絕。你若不言，彼輩又怎知朕意？歷來文臣除了撰文，往往無功；你兩番出使，皆得手，卻是開疆第一人。且去歇息吧，他事勿慮，與卓文君鼓瑟彈琴，享清福就好。」

相如歸來月餘方知：出使之際，不獨蜀中長老上書，極言通西南夷無用；即是朝中大臣，也多有煩言。君上聽多了非議，似也有疑慮。

如此，相如雖安撫有功，行走朝中，卻似做錯了事一般。歸家思之，頗為不忿，欲上奏諫諷，又不敢忤君上之意。躊躇數日，終還是想到文章可以明志，於是閉門謝客，寫出一篇妙文來，令家僕在坊間散布。

此文頗為用心，擬了蜀中父老之辭，以使者口吻，多方詰難。直言天子遣使入蜀，宣撫得當，令百姓皆知天子意。又說那夷民，聞知中國有至仁，皆「舉踵思慕，若枯旱之望雨」。如今使者撫巴蜀，移關沫若，開邊牂柯，創道德之途，垂仁義之統，遠撫化外，偃甲兵，息征討，務求遠近一體，中外俱福，正是天子之急務。百姓雖勞，又豈可半途而廢？

文中一句「世必有非常之人，然後有非常之事；有非常之事，然後有非常之功」，凌厲如破空之風，數日間，竟傳遍閭巷，公卿皆知。

當時相如之文，譽滿海內，哪怕有百字流出，士女皆視為珍寶。此篇一出，長安又滿城爭看。官民讀了，方略為釋疑。

然木秀於林，終不是事。相如文章天下無人能及，便有嫉妒者，專

來詆毀人品，說相如出使時，曾受蜀吏賄金。傳言既廣，假語便也作真了。

武帝正在兩可間，接連收到劾奏，也無心辨真偽，即令司馬相如辭官，以避風頭。

相如陛辭之日，滿心委屈，憤然道：「西南夷本慕中國，然舟車不通，人跡罕至，政教未加，豈非至憾之事？今陛下北討強胡，南平閩越，正是德被四方之時，收西南夷於絕域，教以冠帶之倫，有何錯焉，何以彈劾日多？我丈人富甲一方，饋贈甚豐，那蜀地小吏，區區賄金，豈是臣下能動心的？」

武帝只擺手笑笑：「人間事，不盡如道理。長卿君，朝堂不如意，丈人卻是好，且釋懷歸鄉就是。」

司馬相如氣沮而退，與卓文君商議，覺也無顏歸鄉，便舉家遷至茂陵邑，閒散度日。想到前朝賈誼、晁錯事，心常有戚戚。晴和日，便與文君攜琴，登臨原上，南望太乙山，高歌一曲〈鳳求凰〉，直抒胸臆。

有那數萬名役夫，正在原上築陵，見這一對璧人來，相攜歌吟，都知是古今無雙佳偶，便停下鐵錘，凝神傾聽。害得茂陵尉張湯幾番跑來，好言勸阻。西風殘照間，二人只得踟躕而歸，好不悲涼。

且說武帝那邊，並未忘記相如。一年後，謗言漸息，又復召相如為郎，在內廷奔走。武帝笑對相如道：「長卿君別來無恙乎？渴便飲，飢則餐，不謀力不及之事，文士才活得好。年來朕也想過：你文才遭嫉，朕便不用你理政；只隨我游獵，挽弓馳驅，料得他人再也無話。」

司馬相如只得苦笑，謝恩道：「臣空有文章術，徒然遭嫉；當謹守上諭，只憑齊力盡職。」

夜郎歸漢，南疆納土開疆域

時逢春夏，上林苑禽獸繁盛。武帝閒來無事，常率一眾騎郎前往游獵，流連不歸。

此時的上林苑，已營建多年，置有長楊宮、竹林宮、棠梨宮、青梧觀、細柳觀、花木觀、蕙草殿、芍藥園等苑囿，各植楊柳花草，廣袤無垠。

其中的長楊宮（今陝西省周至縣東南），最為壯觀。苑內植有垂楊百畝，隨風婀娜，似有風情萬種。又有一道潺潺流水，自南山流下，穿苑而過，向西匯入仙澤。

武帝平素最愛此處，只覺天高水長，青碧滿目，可解塵間百憂。此處常有熊羆出沒，故而宮門楣上，題曰「射熊館」。每逢武帝率眾到此，遠望見「射熊館」三字，身後諸郎千人，就都舉弓雀躍。

入得長楊宮內，武帝便全身奮發，如有神氣貫注，挽弓對左右道：「天子不能踏陣殺敵，是為至憾；如今能射熊，也可稱快！」

往往見有熊羆野豬竄出，武帝便如見珍寶，不顧眾人，縱馬而出，高聲呼喝突進。到得熊羆近前，馬畏懼不敢進，便跳下馬來，拔出短劍，與野獸相搏。

一時間，人喊獸嘶，煙塵騰起，膽怯者不敢直視。

眾騎郎唯恐君上有失，不敢遲緩，也都一擁而上。武帝卻大聲喝止，只願一人與猛獸纏鬥，臂傷纍纍也在所不懼。每至刺死熊羆，便以衣襟將短劍拭淨，高舉指天。隨來之人見了，無不騰躍歡呼。

司馬相如雖為文士，卻是六藝在身，膂力甚強。見險惡之狀，不顧武帝阻攔，挺身相助，時常也弄得血染襟袍。

如是數次，相如見武帝不顧身危，犯險搏獸，心中便有大憂，唯恐

因小失大。便於游獵之暇，疾書一篇〈諫獵〉進奏。其書大意曰：

　　臣聞物有同類，其中必有殊能者；人誠如此，獸亦宜然。今陛下好犯險阻、射猛獸，若猝然遇異能之獸，輿馬轉頭不及，人無暇施展，雖有力士之技，而不能用。今游獵，有壯士相從，雖萬全而無患，然此境非天子所宜近也。

　　平素清道而後行，車馳中路，尚有馬失前蹄處；況乎涉豐草、馳高丘，只顧獵獸之樂，不存防變之心，若無禍，則難矣！輕萬乘之重，以危途為樂，臣竊為陛下所不取。

　　自古明者遠見於未萌，而智者避危於無形；禍多藏於隱微處，發於人所忽視者也。故俗諺曰：「家累千金，坐不垂堂。」此語意謂：家有千金累積，則不坐於屋簷之下，以防落瓦意外傷之。此言雖小，可以喻大。臣願陛下詳察。

　　時逢晨起，武帝在會館梳洗畢，披掛已上身。接到謁者遞進諫書，沉吟片刻，忽露出笑意道：「難得他不諛了，召來見吧。」

　　待司馬相如入內，武帝一面解甲，一面道：「君往日著文，洋洋灑灑，必欲使朕目眩神迷，三日方能回神。今日諫書，卻是簡練，百字而講明一理。」

　　相如謙恭回道：「事急，不容臣斟酌，故而草成。」

　　武帝便笑：「君之意甚好！朕這便卸甲，打道回宮。萬乘之重，不可輕於遊樂。你今後諫諷，當如是，一便是一，莫要從三皇五帝說起，費我精神！」

　　相如會意，也知君上並非當真責備，便低首道：「文士之諛，代代如是，諛在骨髓裡了，容臣自省。臣也知：陛下好射熊，非為壯膽，只期

夜郎歸漢，南疆納土闢疆域

不懼匈奴。然平民犯險可矣，天子則不可。臣諫諷，也是出於至誠。」武帝便大笑：「才囑你不諛，又來諛！」

朝食過，武帝果不食言，下令還宮，一行人浩蕩北返。歷半日，過宜春宮，駐蹕歇息。

這宜春宮，原為秦離宮，供秦始皇巡遊時用，鐘鼓帷帳齊備。地在長安東南，曲江之畔，可遙望南山，正是一個形勝處。然世事更易，如今半已廢棄，後庭有秦二世墓葬，荒穢一片，無人打理。

相如見了，忽心生悲涼，想起此地是秦二世被弒處，更不能平。當夜，即作賦憑弔，奏聞武帝。

其賦，嘆了一回黍離之悲，悼秦二世曰：「持身不謹兮，亡國失勢；信讒不寤兮，宗廟滅絕。嗚呼哀哉！操行之不得兮，墳墓蕪穢而不修兮，魂無歸而不食。」

武帝縱是盛年英氣，乍看此句，也是一凜，想到了百年後。而後對司馬相如道：「長卿君，言簡意深，朕知道了。」言畢起身，眼望滿庭荒草，又嘆道，「為人君者，不似大戶主，可以恣意妄為。二世之鑑，朕如何敢忘？我雖有天命，生年亦難滿百，若持身不謹，身後竟魂無所歸，將何其悲也！難得你，終於也不諛了。」

於是，還宮後即有詔下，拜司馬相如為文帝陵園令，以為嘉勉。

司馬相如偕文君就任，於白鹿原上徜徉，倒也閒散。此次入仕，見武帝於仙道方術尤為痴迷，遂起了諫諷之心。一日入朝，順便向武帝提起：「臣不才，逞筆墨之功，曾有〈子虛賦〉、〈上林賦〉，蒙陛下垂愛，然兩賦皆未盡我才。此前曾作〈大人賦〉，未及寫完，容臣寫畢呈上。」

武帝不覺詫異：「長卿之才，可有枯竭乎？〈子虛賦〉、〈上林賦〉已

令我目眩,尚有〈大人賦〉,莫非欲令我氣閉?你去寫吧。」

數月後,司馬相如將〈大人賦〉呈上,果然是洋洋千言,寫遍了山澤諸神之事。武帝略掃一眼,知是大作,欣然一笑:「長卿君又獻巨制,容朕得閒再看。」

司馬相如道:「臣之作,寫神仙遊。世人傳說,列仙居山澤間,面容清臞;臣以為,此非帝王之仙也。」

「哦,又要諫諷!既諫諷,又何必如此鋪張?」「臣慣了,不如此,下不得筆。」

武帝便放下卷冊,揮袖一笑,示意相如退下。

待更深人靜,在東書房批罷奏章,武帝這才揀出相如賦來讀,見其文,從一神仙「大人」出遊寫起,曰:「世有大人兮,在於中州。宅彌萬里兮,曾不足以少留。悲世俗之迫隘兮,揭輕舉而遠遊⋯⋯」

此賦,顯是脫胎於《楚辭》,辭藻華麗,當世無倫。武帝邊看邊擊節,心也隨「大人」出中州,駕龍車象輿,乘雲氣上浮,至四荒八極,與真人列仙相遊。車駕前,乃是五帝導路;駐蹕後,又有祝融警衛。所過處,但見萬乘屯駐,華蓋如雜雲。

其間,過舜帝之九嶷,穿嶙岣之鬼谷,渡九江,越五河,排閶而入天宮。又徘徊陰山,西望崑崙,目睹西王母白髮滿鬢,而後才回轉,歷盡艱辛⋯⋯

武帝讀後,不覺入了道,手舞足蹈,似也與神仙同遊天地間,飄飄有凌雲之氣。便召了相如來問:「你這是諛,還是諫?」

「臣不敢直諫,乃是借諛作諫。」

「呵呵,倒還老實。然此賦辭藻豐贍,直是屈原再世,哪裡還能算是

諫?我今便欲做『大人』,往那崇山間遊個遍,真的要親睹西王母。」

司馬相如俯身道:「臣於文末曰:『下崢嶸而無地兮,上寥廓而無天。』即是諫諷。」

武帝拿起簡冊看看,仰頭笑道:「既是可上九嶷,可下九江,不至落到無立足處吧?然賦倒是好賦。原想楚懷王之後,再無屈原,不想朕身邊就有。真乃奇才,奇才!」

自此,司馬相如蒙恩如故,與文君相攜優遊,操琴歌吟,好不快活。

不料樂極時,忽生小小風波。想那相如本是才子,生性倜儻,即便不貪美色,美色也放不過他。在白鹿原招搖過甚,引得四方女子暗羨,紛紛以談文為由,前來求親近。久之,一茂陵邑女子,生得溫婉可人,常來常往,竟打動相如春心,欲納為妾。

文君起初不以為意,漸漸看出不對時,相如卻先開了口:「娘子隨我,半生未得安閒。近來馬齒徒增,更悲蹉跎日久,不欲娘子再這般辛勞……」

文君不容他說完,便直截說道:「夫君當年,可以車載奴家夜遁,今雖老,仍可夜遁。只是,君可棄我,我卻無力棄君了。」說罷便淚流滿面。

相如見心機為文君窺破,只好含糊道:「無非是添一灶婢,娘子何用動氣?」

當下二人無語。文君退回內室,左思右想,不免傷悲,哀嘆女流只有幫夫的命,卻不得專享摯情,暗自流淚了幾回,勉強坐起,寫下八行〈白頭吟〉,訴「今日斗酒會,明旦溝水頭」之意。

寫畢，步入相如書房，將詩簡置於案上，轉身便走。

　　司馬相如愕然，拿起來看罷，心中就不忍。正猶豫間，忽見文君又進來，放下一卷簡冊，復又退走。

　　相如拿起來看，見是一篇〈怨郎詩〉，內中更有「絃琴無心彈」之語，不覺想起成都琴臺上，兩人唱和時分，正不知有幾千人讚、幾萬人羨。想想今日，文君年華雖漸衰，不再玲瓏，比不得茂陵女明眸顧盼，然甘苦同路多年，相扶相敬，如雙木相纏，怎能有一日分得開？

　　讀罷兩詩，相如心中大不安，連忙起身去內室，見文君正伏床飲泣，就更是惶悚。想到此事若傳入閭巷，不數日間，即滿長安盡知。同僚或有來賀，天子卻必不然。今上一向敬重文君，定是容不得這般薄倖，恐有嚴責下來。

　　若此，納一妙齡女事小，失了帝寵，卻是要生出不測來。如今這把年紀，若貶為民，臉面上將何處安放，惡名也將遍天下，怎生受得起？

　　如此一想，這才回心轉意，走上前去，扶起文君，百般勸慰。至晴日，又親御車駕，馳上白鹿原，指漫野春景對文君道：「娘子可喜這桃之夭夭？納婢事，何日桃花不再放，何日再提；若年年桃夭，則年年不提。」

　　文君知夫君已心回意轉，不由破涕為笑，回眸佯嗔道：「桃花固然可折，然能從霸陵折到茂陵，心機也是不淺。」

　　由此，兩人方和好如初。不久因家僕嘴不緊，卓文君寫詩挽回夫君之事，竟流傳開去。世人聞之，反倒當作美談，都道文君才女，千載只有這一個。

　　不料夫妻相偕不多時，司馬相如消渴病又發，不能視事，只得乞假養病。

夜郎歸漢，南疆納土開疆域

　　文君在床邊湯藥侍奉，體貼不輟，只哀嘆道：「夫君命苦，困窘時顛沛蜀中，討不到妻；這才富貴幾日，又病患纏身。」

　　相如倒還不憂，反而勸道：「娘子勿悲！文士在世，犬馬而已；雖能執筆，卻是諫不能諫，諛不能諛，徒然騙得世人膜拜。不如赤裸裸去做了宦者，還好說話些。」

　　文君便露不豫之色：「當初騙我，何不說破這些？」

　　相如狡點一笑：「鳳求凰嘛，當不可吐露肺腑。今生既已求到，便是我大幸，恩愛到今，死也不至分巢。我所著文即便不傳，你我佳偶事，也定能傳之萬代。」

　　如此，將養了數月，日日有雞湯灌下，相如病況漸好，竟也稍有了精神。這日正臥床半睡，忽有門房來報：「長門宮遣宦者叩訪，送來黃金百斤。」

　　相如聞聽大驚：「長門宮？」

　　文君也驚道：「莫不是陳皇后有事？」

　　相如勉強坐起，瞥一眼文君，微嗔道：「阿嬌已是廢后，娘子不可再用尊稱。長門宮無端送禮來，怕不是小事。」

　　文君便也心生警覺，與相如面面相覷。

阿嬌失寵，妒心深重墮塵埃

　　所謂陳阿嬌事，須從頭提起。且說自竇太后駕崩，竇太主劉嫖失了依恃，但終究是武帝姑母，當年扶立有功，餘威尚在。

　　阿嬌倚仗這一層，見不得武帝得新寵，與衛子夫日日鬥計。豈知舊人怎能敵新歡，阿嬌又十餘年未生男，百計求醫，費去九千萬錢，仍無子，哪裡還挽得住武帝？一來二去，落敗在下風。那椒房殿裡，竟似空蕩蕩的廢墟，連宮人也知皇后已失寵。

　　阿嬌不知枕頭溼了幾回，只想扳回棋局，投水上吊地要尋死，反倒惹得武帝愈怒。

　　時至元光五年（西元前130年），見爭寵無望，阿嬌昏了頭，想起了「厭勝」[67]之術，遣了人四處去尋術士。不久，在民間尋得女巫楚服，自稱可除邪得吉。

　　阿嬌便召楚服來問：「占卜觀星，一向為術士所擅；女流輩操此業，果能靈驗乎？」

　　那楚服雖是女子，卻生得是一副男相，頗有丈夫氣，當下朗聲答道：「蒙娘娘垂問，小女子既來，必有道術。」

　　「你且說來。」

　　「巫師行遍江湖，所賴何為？便是巫蠱之術。若有巫無蠱，即是男子為巫，也不得施展。」

　　阿嬌聽得動心，忙問：「蠱又如何蠱？本宮只欲將那衛子夫咒死。」

---

[67]　厭勝，古代辟邪祈吉的習俗，謂用符咒制勝所厭惡之人。

阿嬌失寵，妒心深重墮塵埃

　　楚服一笑，道了個萬福：「回娘娘，巫術並非害人術，不能取人性命。」

　　阿嬌聽出楚服頗有城府，不敢小覷，斂容道：「召你來，只為助我爭寵。若成，椒房殿榮華，便有你一半。你只教我，如何挽得回陛下心意；須用多少金帛，中宮取之不盡。」

　　楚服年紀與阿嬌相若，老練卻遠過之，沉思片刻才道：「皇后欲爭寵，須得善用媚道。」

　　「媚道？巫術機巧，如何有恁多？」

　　「女子若不知媚，夫君如何能不隔牆觀花？你家有荼，鄰家有芙蓉，主人看厭了你，眼中卻只有芙蓉。」

　　「哦，正是。你也知丈夫難守信？」

　　「娘娘，妾身只是巫女，而非修仙女，也是有夫的呢。」

　　阿嬌悟到失言，尷尬一笑，忙道：「本宮見你通達，似有仙人氣，故而忘了這一節。」

　　「娘娘雖貴，仍為婦人，若論婦人尋常道理，宮中亦如平民家。女子使媚，僅賴簪花、貼黃之類，全無效用。巫者，古來有之，上通鬼神，下知蠱術，授女子自薦枕蓆之法，可壓他人。個中奧妙，怕是數月也講不完。」

　　「那好，你便可留宮中數月，都不妨事。今日便講，何為媚道？」

　　「女子媚，須身上無一處不媚，常人哪裡可及？還是要服藥。」

　　「那媚藥又自何而來？」

　　楚服自懷中摸出幾樣物什來，阿嬌看去，乃是牡蠣、犀角、刺蒺藜等，便覺甚奇：「這尋常物什，如何好用？」

「娘娘，小的便是賴這幾樣，行遍天下。此番與娘娘用了，可保陛下回心。」

阿嬌見楚服明敏不似常人，當下留在宮中，不允歸家。又令楚服著男子衣冠，同出同入。久之，竟生了情，索性與楚服同寢居，女而行男淫，恩愛若新婚。諸宮女見了，不免心驚，然皆知阿嬌乖戾，無人敢多言。

那楚服獻了媚藥，又攛掇皇后，在椒房殿後庭建祠，每日率徒眾圍擁皇后，焚香誦咒，喃喃如魔。不知者見了，以為是皇后祭禱亡父，也不為怪。皇后近身宮女，則聽得見所咒，只是「衛子夫」三字。

巫蠱之事，本屬迷信，焉能咒得人死？倏而三月過去，衛子夫毫不見有寵衰之象。阿嬌只是急，催促楚服用力，即便刻個偶人，以針炙油潑也好。

楚服受阿嬌賞賜甚多，明知假戲不可久做，卻貪戀榮華，不肯逃走。每日裡，只顧裝模作樣，加緊誦咒。

如此張揚，風聲怎得不走漏？不久，武帝得知，心中大怒：「此等事，竟鬧到宮中來！」於是下詔，命御史臺逮了楚服去，問明主使者是誰。

此次主審者，為侍御史[68]張湯。這位張湯，前文已有述，曾是趨奉朱買臣的長安小吏。當年他蹉跎下僚，因逢機緣，步步躍升，已不復往昔猥瑣貌。

早年時候，田蚡之弟田勝，因坐罪繫於長安獄。張湯為長安吏，見田勝為王太后之弟，恰好趁機攀附，於是盡心伺候，朝夕不懈。果然不久，田勝因王太后說情，無罪放出來，反倒封了周陽侯。

---

[68] 侍御史，官職名，秦置，漢沿置，受命於御史中丞。掌接受公卿奏事，舉劾非法或受命辦案。

阿嬌失寵，妒心深重墮塵埃

田勝在獄中未受辱，自是感激，遂與張湯結成莫逆。封侯之後，即帶著張湯，遍訪長安城中貴人，鋪平仕途。待酷吏寧成出任中尉，掌京城治安，張湯便做了寧成屬官。

寧成見他樣貌恭順，出言有城府，甚是器重，在人前多有讚譽。緣此，朝中盡知張湯是能吏，聲望頗著。

武帝初登位時，調張湯為茂陵尉，治理盜賊，中正有方。時田蚡新任丞相，為報張湯善待田勝之恩，向武帝舉薦，補了張湯為侍御史，晉升九卿屬官。

張湯此人，貌恭而心殘，兒時即有驚人之舉。其父為長安內史丞，時常外出公幹，每每留張湯守家。一日，張父還家，察覺家中藏肉遺失，本是被鼠偷去，還道是張湯偷吃，大怒之下，狠狠笞了張湯數十杖。

張湯無端受屈，怎嚥得下這口氣。於是掘地三尺，積柴燃火，燻出了偷肉之鼠，在土中尋得未食盡之肉。

當時小小張湯，竟將那老鼠綁縛，百般拷掠，寫成了一篇定讞書，有問有答，以肉為證，定了偷肉鼠死罪。當即在堂下，將那隻鼠施了磔刑，裂肢而死。

其父見之，頗驚異，又看張湯所寫讞書，行文竟如老吏，心下就大驚。知小子若長成，定是個角色，遂教張湯學寫刑獄文書。

再說張湯接了楚服案，受欽點推勘要犯，如何肯輕易放過？便將楚服提來，上大刑拷問。

有曹掾在旁提醒：「女巫通神，使君不可心急。」

張湯便冷冷一笑：「吾五歲即知問讞。那女巫，便是神鼠，也問得出罪來！」

詔獄大堂上,楚服跪地,不知事將何如,然心中仰仗皇后,仍未服氣。

張湯問道:「何人指使你,在宮中行巫蠱事?」

楚服淡然答道:「女巫,不行巫蠱事行什麼?至於奴家如何在宮中,可問皇后。」

「放肆!本府只有侍御史,沒有皇后。女子進來,生不如死,倒是從實招來,還好些。」

「問讞便問讞,侍御史又何必恐嚇?」

張湯便不再言語,將袖一揮。堂下皁隸便魚貫而出,將十八般刑具抬上。張湯這才命人燃一炷香,對楚服道:「女子你看,香已燃;一炷之內,本官管教你求死不得。」

楚服卻冷笑:「死,如何還需求?」

張湯望住楚服,沉吟片刻,緩緩道:「此地並非中宮,逞口舌之快,無益。看你終是女流,本官不忍動大刑。來人,笞刑伺候。」

楚服仰頭呼之:「皇后若生子,終為太子,定饒不過你這酷吏!」

「哼,怕是等不到那日了。中宮行巫蠱事,預聞者有幾人,只這一日夜,管教你如數供出。」言畢一擺頭,便有皁隸如狼似虎撲上。

那班皁隸,豹頭環眼,虯髯如蓬,也不顧男女之別,上前扯去楚服的下裳,翻倒於木凳上,露出白臀,便有竹杖雨點般落下。

施刑者都知侍御史要逼供,手底便不藏虛,一杖似一刀,頃刻間就鮮血迸流。

開初,楚服還可張口叫罵;片刻之後,則只有呼痛。待到五十餘杖,終是熬不住,尖聲哀鳴道:「奴家願⋯⋯願招啊!」

阿嬌失寵，妒心深重墮塵埃

　　張湯命書佐上前，錄下口供。楚服狠狠心，說出門徒五六人。張湯哪裡肯罷手，只喝道：「你一個女巫，如何近得皇后身邊？引薦為何人，在中宮識得何人？巫術由何人傳授，同門有幾人？」

　　楚服呼冤道：「女子惹禍，女子一人當，如何逼我牽扯他人？」

　　「或是杖笞尚不重，來人，加重！自你出生起，所識何人，所做何事，只管道來。若道不盡，便下不了這木凳。」

　　如是，御史臺詔獄中，徹夜是楚服呼號聲。杖笞一陣，吐露出十數人，如是三番，似無止境。捶楚之下，楚服幾次暈死，被冷水潑醒，復又加刑。楚服終是熬不住，連聲嘶吼，唯願一死。

　　張湯冷笑道：「此刻可知了？這便是求死不得！然供不盡同謀，焉能允你死？」

　　楚服此時已神志不清，被逼無奈，信口牽連，將那宦者、宮女、謁者，直至鄰里、舊識等，陸續牽出三百餘人。

　　書佐在側，聽了一夜杖聲哭號，錄名直錄到手痠。

　　待天明，張湯見楚服血汙遍身，已氣息奄奄，料無可再壓榨，便要過口供來看。

　　但見那書佐所記，密麻麻一片。張湯每念一名，書佐便在旁畫一筆，畫下「正」字無數。念畢，書佐數了數，共計三百二十一名。

　　張湯一笑，知這一夜拷掠，楚服已是供無可供了，即吩咐道：「收入牢中去！著令同室罪婦看管好，莫令死掉。」

　　眾皁隸一聲應諾，將楚服死狗般拖了下去。

　　時已明光大亮，張湯目光炯炯，毫無倦意，當下揮筆草擬讞書。不過須臾，書草成，附上人犯名錄，便攜書直赴北闕，將奏書遞入。

武帝接了奏書，不由一驚：「首惡僅一人，竟牽入如此之多？」當即傳張湯入見。見張湯神采奕奕，武帝笑問：「定讞不覺匆促乎？」

　　張湯神閒氣定道：「臣一夜未眠，追問口供，是為攻其不備。所招認，當無遺漏。」

　　「一夜未眠？」

　　「陛下重託，臣怎敢延宕？所謂巫蠱者，女巫伎倆耳。民間甚厭之，況乎宮中？此案已定讞，臣以為：當以大逆論罪，盡皆問斬。」

　　武帝稍作沉吟：「若詳問，或有罪不至死者，奈何？」

　　「陛下，人君執事，最忌外戚坐大。外戚可做臂膀，不可為腹心。將此三百二十一人梟首，則外戚知天子不可褻，不獨皇后，即是竇太主也當恍惕。」

　　武帝眼睛一亮，望住張湯，頷首笑道：「卿知朕意。」於是提筆，在定讞書上寫道，「巫蠱擾亂宮闈，實不可忍。所有人犯，當梟首於市。欽此。」

　　奏本發下，張湯即出宮，驅車返御史臺，發下籤令，將楚服所供三百二十一人，盡皆拘捕，投入詔獄，以鐐銬繫手足，寸步也挪動不得。

　　一時之間，詔獄中人滿為患，喊冤聲呼天搶地。

　　此時的御史大夫為張歐。張歐乃兩朝老臣，行事一向周密，心知連坐三百餘人，必是枉法成冤。見張湯於數日間，只顧捉人進來，就不免有煩言：「侍御史用事，當以謹嚴為上，公器不得濫用。」

　　張湯只把頭一仰，回道：「聖裁已下，巫蠱案大逆不道，臣不敢寬縱。即或有冤情，臣之過，也不及枉縱之罪。」

阿嬌失寵，妒心深重墮塵埃

　　張歐年已老邁，神思大不如從前，加之也素厭術士裝神，便搖頭嘆道：「既如此，老朽無話可說。公乃新晉，如日中天，不怕世事翻覆就好。」

　　張湯哪裡聽得進去，雖不敢頂撞，卻也不以為意：「謝尊長教誨。法者，天下至道也。問讞此案，下臣若有得罪，也當按律處之。」

　　待三百餘人如數逮到，張湯也不問案，十人一排，提上堂來。先兩人縛上夾棍，一錘敲斷脛骨，趁人犯呼痛，令皁隸捉了人犯之手，在先寫好的文書上畫押。後面的人，初起還想呼冤，見前面兩人慘狀，都為之喪膽，不敢違拗，乖乖畫了押。

　　如此晝夜不停，只兩日，將三百餘人過堂一遍，全數具結認罪。

　　半月後，武帝允准開斬。詔下，長安為之震動，城中有術士、醫者等，都聞風逃散一空。

　　行刑之日，張湯親赴西市監斬。此次問斬，人數太多，御史臺皁隸不敷用，又自廷尉府、長安內史府各調百餘人來，圍住刑場。場外觀者如堵，有數萬之眾，城中街衢，為之阻塞。

　　傘蓋之下，張湯輕搖羽扇，怡然端坐，令隨從以瓦缽盛滿豆粒，又置銅盤於地。

　　至正午時分，鑼聲驟響，楚服背插斬標，頭一個被拽上場來。全場一陣喧譁，萬頭攢動，都爭看女巫模樣。此時的楚服，已全無人形，裙裳襤褸，為血汙浸透。

　　張湯起身，朝未央宮方向，拜了三拜，高聲下令道：「午時三刻，陽氣至盛，開斬！」

　　但見兩名赤膊壯士出來，將楚服按壓跪下，拔去頸後斬標。說時遲

那時快,一個頭裹紅巾的劊子手,飛步躍出,一刀揮下。

刀光閃處,眾人一陣驚呼,楚服頭顱當即滾落地上。

圍觀者受驚嚇,倉皇退後。接著就是十名劊子手上場,將那三百餘人,十人一排推出,如法斬首。

圍觀人眾,起先尚能喝采,待到人頭漸多,滾滾一片,眾人皆驚駭,滿場鴉雀無聲。一干待斬人犯,早已魂飛天外,無力哭號。寂靜中,唯聞刀聲颯颯,驚神泣鬼。

張湯獨坐,命隨從每斬一人,即扔一粒豆入銅盤。頭顱落一顆,即有叮咚一聲脆響,直刺人心。

四面彈壓的皂隸,縱是見過大場面,也不禁色變。眾百姓更是面如土色,只顧直盯盯地看,頭顱堆得漸高⋯⋯

這一場屠戮,直殺得天昏地暗、血流成河。長安市中,似有陰氣上衝,遮天蔽日。

待最後一粒豆,叮咚落入銅盤,有隨從告知:「使君,欽犯楚服及同謀,盡皆伏法。」

張湯這才收起羽扇,緩緩起身,以平常語氣道:「棄市三日,不得收屍。」便反身上車,回宮覆命去了。

巫蠱案諸犯,暴屍街衢三日,西市各商賈見了,哪還有心思做營生,都紛紛歇業。三日後,方有親屬陸續來收屍,哀哭一片。

凶信傳入中宮,陳皇后聞之,魂飛膽喪。早些日,身邊就有涓人陸續被帶走,未料數日後,各心腹宮女即人頭落地。

幾日裡,椒房殿死寂如墓,陳皇后只是食水不進、徹夜難眠。

果然未過數日,有宗正府來人,宣詔曰:廢去陳阿嬌皇后位,收繳

阿嬌失寵，妒心深重墮塵埃

冊書，追還璽綬，著令立即徙往長門宮。

這個長門宮，在長安城東南霸陵邑，原為竇太主私園，如今是祭陵歇息用的別館。阿嬌徙往長門宮，不啻被打入冷宮，今後復位，難再有望。

竇太主在家聞知，如聞天塌，急得直罵阿嬌惹禍。待次日，慌忙入宮，直趨宣室殿東書房，入見武帝。

進了門，竇太主竟不顧體統，伏於武帝座前，叩首不止：「姑母有罪，有罪！萬望寬恕。」

武帝見了，倒始料不及。想起幼時，姑母曾有照拂，畢竟有一脈骨血親情，連忙避座而起，扶起竇太主道：「姑母多禮了，姪兒消受不起。」

竇太主涕泗橫流道：「姑母老了，身邊僅有阿嬌一女。阿嬌蠻橫，自幼已然，如今得罪了君上，實不可恕。請君上念姑母之悲，饒阿嬌一命。」

「姑母，這是哪裡話？阿嬌為小人所惑，在中宮行巫蠱事，按律當罰。徙住長門宮，令其思過，也是常例，姪兒萬無追逼之理。長門雖僻遠，到底是姑母舊園，還不至淒涼。阿嬌好生度日就是，我絕不為難。」

聽了這話，竇太主心乃始安，拭去淚水，連聲稱謝而退。

話雖如此，阿嬌身處長門宮，終究是孤寂。睡前思量，往日繁華浮至眼前，難以忍受。想起前塵，阿嬌每每淚灑玉枕，只疑半生都是夢。

閒居日久，阿嬌忍不得廢后冷遇，連那永巷宦者來送物什，都面有驕色，直是不可再忍。左思右想，竟想到了司馬相如。料想君上重文

才,若讀了相如賦,或能迴心,於是遣人去求相如,贈金買賦。

阿嬌有此懇請,寫或不寫,相如一時不能決斷,只得對來人推託道:「使君請勿贈金,容在下寫畢再說。」

送走長門宦者,相如與文君商議,不由滿心疑慮:「君上厭惡廢后,世人皆知,殺楚服案三百餘人,即是以儆效尤。我若貿然作賦,豈不要坐逆鱗之罪?」

卓文君是個婦人,想到阿嬌獨坐冷宮,便心生憐憫:「阿嬌何辜?無非是爭不贏衛子夫。夫君若仗義作賦,料得君上亦可容。」

「然……君上正不欲阿嬌復位。」

「君上,君上,文士如何就怕個君上?你今日作賦,並不為己,是為弱女子而鳴,君上豈能不知?便是逆了鱗,還能殺頭不成?」

相如想想,赧顏一笑,方才應允了。如是閉戶一月,寫成〈長門賦〉一篇。

此篇氣勢亦極佳,起首便寫:「夫何一佳人兮,步逍遙以自虞。魂逾佚而不反兮,形枯槁而獨居……」

賦中寫獨居佳人,清淨自守,孤寂無助,登蘭臺而遙望,思緒遄飛。直至寫出「日黃昏而望絕兮,悵獨託於空堂。懸明月以自照兮,徂清夜於洞房。援雅琴以變調兮,奏愁思之不可長」等句,悲涼之意,滿篇流布,功力不輸於屈原。

卓文君讀了,淚流不止:「夫君,便是為我而寫,恐也不及此。如此,可受長門宮贈金了。」

司馬相如也頗自許,料想君上讀了,定能回心轉意。當下就遣人將〈長門賦〉送往阿嬌處。

阿嬌失寵，妒心深重墮塵埃

　　阿嬌展卷一讀，情不能禁，竟嚎啕大哭。良久，才止住淚，將賦看完，心中亦悲亦喜，吩咐宮女取出千金，交與來人。

　　隔日，阿嬌即遣心腹赴闕，將此賦呈入。武帝接到〈長門賦〉，頗覺驚異，方讀了兩句，即拍案道：「又是長卿之作。」

　　待細讀下去，漸漸動容，邊讀邊讚道：「好文采！」然讀至終篇，卻嘆了口氣，「惜乎，阿嬌文采若至此，也不至有巫蠱事發。」

　　此後，便再也無消息。阿嬌那邊，在長門宮望穿孤月，終是空歡喜了一場。

　　再說竇太主，雖已失依恃，然當年擁立王太后，畢竟有功，為何此時卻不敢責武帝，反要屈身求告？此中，乃有一段隱情在，此處要倒回去說。

　　古之貴戚，常養童子以供狎弄，稱作「弄兒」。竇太主早年，也養了個童子在家，名喚董偃。

　　董偃之母董氏，本是珠寶商，由此得以出入竇太主府邸，有時將董偃帶在身邊。竇太主見這小童貌美，唇紅齒白，心中就生出憐愛。問他年齡，才十三歲，不禁笑對董母道：「這孩兒，生得乖巧！與其在你身邊，不若在我身邊，我當為你教養此兒。」

　　董母不想有這等好事，大喜過望，便將董偃推入竇太主懷中，伏地叩謝。

　　自此，竇太主將董偃留在家中，視同己出，教他書、算、射、御等本事。那小小董偃，不僅秀外，更是慧中，所學無不精進。且知入太主之門，便是攀龍附鳳，侍奉太主亦是滴水不漏，頗得老婦歡心。

　　如此數年，董偃年漸長，已儼然竇氏家人。其時，竇太主之夫、堂

邑侯陳午病歿，家中驟失男主，上下慌亂，全賴董偃打理喪事，井然有序。竇太主看在眼裡，悲心頓減，私心裡反倒是竊喜。

原來，竇太主生於帝王家，自幼錦衣玉食，對俗務沒費過半分心思。故未受過摧折，年過半百，望去仍似少婦。貌既彷彿中年，心就耐不得寡居，看看眼前董偃，年已十八，出落得風流倜儻，又能料理鄙事，豈不是一個上好的頂替麼？

陳午在時，竇太主對董偃，早生了愛心，只是囿於禮法，不敢造次，不過曖昧偷嘗而已。如今丈夫薨了，窒礙全無，竇太主不顧尊卑之別，等不及除喪服，便藉口悲傷，喚董偃入室共寢，權作頂替。

董偃雖心中不願，然也知利害，不敢違拗，只好閉目效力，夜夜承歡。錦帳內，老鳳嚶聲，猶帶嬌喘，侍女們聞之，無不掩耳奔逃。

自此，竇太主有如重生，容光四射，出入都步履生風。越看董偃，越覺愜意，就起了意，要為他提前行冠禮。

主意一定，便擇了吉日，在邸中擺下盛宴，遍請長安高官貴戚。有一班昧良心者，素擅舔功，不要面皮，豈能放過這機緣？開宴那日，雕車駿馬，填塞於途，各攜賀禮叩訪太主府邸。

登堂後，只見竇太主與董偃，一主一次坐著，笑意盈盈，活像祖孫。眾人雙目似盲，全不覺荒誕，只一迭聲誇讚董偃聰明。

有一詩書傳家的博士，竟挺身而出，高聲頌道：「董君年少多才，所著文賦識見神明，縷析如絲，詳略相宜，含蘊沛然，筆法似刀，文藻雋永，正合創一代風氣。老臣於此篇，常覽常新，愈品愈甘，足稱楷模，堪以傳世。」

諸貴戚舉杯，**轟然附和**。董偃在座中，略感扭捏，正要開口謙遜，

阿嬌失寵，妒心深重墮塵埃

卻被竇太主拉住，軟語代答道：「博士詩書，果是吃在了腹中，口吐粲然，精如牙雕，卻也不負董君之才。董君雖年少，前途未可限量，諸君照拂，來日不可少呢。」

「那是自然！」眾人爭先恐後，又是一陣恭維。

宴罷，董偃歸家探母，董母抱住小兒，喜極而泣：「賣珠兒，今日能登太主廳堂，無乃祖上積德乎？」

董偃也喜道：「賣珠十年，不及太主三夜揮霍。兒今生有福，阿娘也無憂了。」

那竇太主，雖為董偃撐足了面子，卻也心虛，仍恐有人不服，或受眾謗。於是喚過董偃，囑其廣交賓客，收攬人心。所用資財，只從邸中私庫取，不嫌其多，唯嫌其少。若每日所用，金不滿百斤、錢不滿百萬、帛不滿千匹者，無須知會太主，自取就是。

董偃得此恩寵，太主私庫便成了銷金窟，日日揮霍，散財如流水。與長安公卿貴戚，日夕買醉，笙歌達旦，城內千人萬人皆知，太主邸中出了個豪奢「董君」。

此時袁盎之子袁叔，與董偃友善，二人無話不談。見董偃得意，卻有隱憂。一日，引董偃入密室，低語道：「足下私侍太主，有何所得？」

董偃不以為意道：「可享榮華歡好，弟也顧不得那許多了。」

「若能長享，我不為足下憂。然私侍太主，恐有不測之罪。事起，或在須臾間，果能長享安樂嗎？」

「哦？兄提醒得好，吾心為此也正忐忑，然事已至此，又將何如？」

「我且為足下獻一計，或可解憂。前朝景帝時，宗廟尚在長安城內，後移至各陵邑。今文帝廟在霸陵，離城甚遠，君上前往拜祭，苦無宿

宮。我知太主家有長門園，離霸陵不遠，足下何不勸太主將此園獻與君上？君上得之，必喜。知此計出於足下，則足下安枕而臥，永無災禍。」

董偃哪裡有何城府，聞聽這番籌劃，只知拍掌。當日，便入告竇太主。

竇太主聽罷，頷首而笑：「董君今日所言，實為老到，似一夜間長了幾歲。不知是何人進言？」

董偃只得老實答道：「不敢瞞太主，實是袁叔獻計。」

竇太主便笑：「我也識袁盎，心竅比藕孔還多；這個袁叔，絲毫也不差！董君久安，確乎繫於君上。我這便去見君上，只說是你勸我獻園。」

事不宜遲，竇太主當即寫了奏書，入宮去見武帝。

武帝聞聽竇太主欲獻園，甚是嘉許：「姑母此舉，實獲我心。姑舅親，到底是皮厚連筋，便是姑舅家中雞狗，於我也親。我若不納，倒顯得生分了。如此，長門園既成禁苑，改名長門宮就好。」

袁叔巧計得逞，竇太主心甚喜，返家後，即召見袁叔，賜了一百斤金以為酬勞。

這便是長門宮的由來。只是那竇太主萬想不到，所獻苑囿，後來竟做了阿嬌的幽禁地，未免晦氣。

阿嬌既廢，獻〈長門賦〉又有去無回，雖有武帝承諾，竇太主還是心虛。平素與董偃廝纏時，想起來就長吁短嘆。

袁叔得知，也怕太主失勢，累及自己。於燈下痴想一夜，想出一計，天明便赴太主邸，入告董偃。

305

阿嬌失寵，妒心深重墮塵埃

董偃聽過，驚疑不定，喃喃道：「兄之計，是要推我下油鑊嗎？」

袁叔憤而起身，揮袖叱道：「若依我計，不成，亦無殺頭之禍；然不依計，殺頭或就在遲早！」

董偃臉一白，這才覺悚然，連忙拜謝不止。當夜，便在床上說與竇太主聽。太主聽罷，連拍床板道：「好個袁叔，真是我腹中蛔蟲！明日便可依計。」

次日起，竇太主便裝病，此後多日不入朝。武帝起初並未在意，日久，察覺有異，忙遣人打探。知是姑母患病，連忙起駕，往太主邸中探望。

太主僵臥床上，以汗巾覆額，聞聽武帝至，就佯裝呻吟狀。武帝心慌，搶前兩步，坐在床前把了把脈，急問道：「姑母如何有急恙，或是暑熱毒侵？」

竇太主氣喘道：「年老氣衰，終究是命不長了。」

武帝覺無以答對，只得含糊道：「我年方廿七，便覺精氣不似弱冠時。天命無常，姑母還需珍攝。」

竇太主只呻吟道：「天要來收我……」

武帝是何等聰明，忙應道：「姑母有何話，儘管說來。」

竇太主忽就泣下，哀聲道：「妾身衰朽，蒙陛下垂恩、先帝遺德，得為公主，素所賞賜受用不盡，此德如天地，報答不盡。妾身病倒，若有不測，真是目難瞑啊。」

「姑母福厚，這是哪裡話？」

「妾身唯有私願一樁，拜託陛下。今後時日，陛下若聖躬有暇，欲出遊，可否常來我這裡。陛下自幼，便是在妾身左右長大，往事歷歷，

不能忘懷，或能時常奉酒座前，敘姑姪之歡，才算了卻平生願。帝恩浩蕩，娛我左右，我便是老來神仙了。」

一番話，提起了舊情，武帝也忍不住眼痠，連忙恭敬回道：「我還當是天大事！若僅是此事，姪兒自當遵囑，常來遊宴。……只是從遊臣僚多，怕是府上要破費哩。」

竇太主聞聽武帝允諾，喜在心頭，佯作咳了兩聲道：「妾身虛極，不能起來拜謝了。」

武帝心知，太主此舉無非是想固寵，只覺也無不可，於是安慰道：「太主不必過慮，病臥不過指日間事，靜臥就好，切忌夜夜翻動。」這才含笑起身，告辭還宮。

豈料竇太主心甚急，才過數日，就自稱痊癒，入朝去見武帝了。

武帝見姑母來，略感驚異，隨後就一笑，好言慰問。命少府取出千萬錢，賜予太主，又命御廚設宴款待。

席間，武帝見竇太主言笑晏晏，哪有大病初癒的樣子，心中便笑，忍不住打趣道：「姑母，年前姑父薨歿，姪兒甚憂，唯恐姑母傷神。未料姑母近來，卻似少年龍騰虎躍。」

「姪兒，你只拿姑母開心，老嫗如何能似少年？」

「老樹枯凋，緣於陰陽不和。姑母怕是有上天惠顧，唯見紅顏，不見衰顏。或有童子祕訣，不肯示人？姪兒問政十餘年，即感氣衰，倒要向姑母討教了。」

竇太主聽出武帝弦外之音，也不抵賴，只佯作渾噩，笑答道：「老嫗如何駐顏，也挽不回年華，只不願早衰，人之常情罷了。」

武帝會心一笑：「姑母既樂，便是姪兒大願。」遂舉起酒杯祝道，「漢

阿嬌失寵，妒心深重墮塵埃

宮多奇事，姑母之奇，曠古未有。我為人主，或是有德政，方得此上天眷顧。」

二人說說笑笑，情同母子。竇太主心中大喜，直飲至大醉方歸。不數日，武帝果然依約，輕車簡從，來至竇太主府邸。

竇太主聞聽前導宦者通報，慌忙換下華服，改穿布衣，繫了一條蔽膝圍裙，宛似灶下婢，走出門來，躬身相迎。

武帝施禮拜過，步入正堂坐下，見姑母服飾太過鄙陋，便知其意，忽然張口笑問：「姑母，堂上未免空寥，主角何在呀？」

竇太主怔了一怔，方知武帝語意，連忙跪伏於地，摘去簪珥，除去鞋履，叩首道：「妾身行止無狀，有負聖恩，罪當伏誅。陛下既不願加刑，老嫗唯有謝恩。」

武帝連忙擺手道：「此番禮數，自家人就不必了。請主角出來，朕有話說。」竇太主臉一紅，拾起簪珥，含羞戴好，才步入東廂，引出董偃來謁見。

武帝注目打量，只見董偃頭戴綠幘[69]，臂纏青韝[70]，一副廚人打扮，隨竇太主身後，來至堂下，惶恐匍匐，頭不敢抬。

武帝眉毛一挑，似笑非笑道：「主角，果然少年郎！」

竇太主忙上前一步，向武帝施禮，代董偃答道：「館陶公主庖廚、小臣董偃，冒死拜謁。」

武帝心中有數，特起身微笑道：「董君請平身，自家人，無須多禮。大好吉日，這副裝扮未免俗媚。太主家中，哪裡用得起這等廚人？請君更衣，來座上同飲。」

---

[69] 幘（ㄗㄜˊ），古代的頭巾。
[70] 韝（ㄍㄡ），臂套。以革製成，用以束衣袖，射箭或操作時用。

董偃叩謝，連忙去東廂換衣服。竇太主見此大喜，高聲吩咐開宴。

一眾家僕聞聲，隨之出來，擺好案几、盤盞、鼎盆、箸匕等。宴堂四圍，錦帳低垂，旁側有鐘磬，樂人齊奏雅樂，氣象不輸於天子家宴。

稍後有廚人出來，為各人端上肉羹、肉粽，分布好葵、韭、薤、蘴、鹽菜、醬湯。又有健僕四名，抬鐵架至庭中，生起炭火，烤鮮胎羔羊，即為「貊烤」。

此時董偃換了新衣，冠帶整齊，也捧了酒樽，來為武帝奉酒。

武帝看看董偃，欲笑又止，理理衣襟，雙手捧起滿杯，一飲而盡。飲畢，環顧左右，吩咐隨從道：「爾等也來斟酒，朕要回敬主人。」

待酒斟滿，武帝舉杯向董偃祝酒道：「主人年少，令我愧。世間事忽忽而過，昨日少年，漸也垂老。我當祝主人，天所予，務請珍重。」

董偃聞此言，感激涕零，答話幾不能成句：「陛下厚恩，千載不能遇見。小臣何德，蒙陛下垂愛。此酒，小臣愈嗅愈香，常飲常甘，穿透肺腑，為奴也不能報答……」

武帝大笑，連忙擺手截住：「好好！既做了主角，便無須拘謹。請上座，與太主分坐，陪朕一飲。」

董偃還在遲疑，竇太主卻大喜，知姪兒如此說話，便是敕賜可為夫婦了。有天子允准，朝野哪還敢有謗言？

竇太主連飲幾杯，免不了又提及往事，幾欲淚下，武帝亦是不勝唏噓。

這一番酒宴，從朝食吃到日暮，兩下裡盡歡。武帝不時拉住董偃手，讚不絕口：「似我少年時，似我少年時！」

人定時分，武帝看看興盡，便吩咐撤席，起身告辭。出了大門，正要

阿嬌失寵，妒心深重墮塵埃

登車，竇太主忽又叫道：「陛下且慢，妾身還有所託。」便朝身後一揮手。

門內即有一隊家僕擁出，搬了些金帛財寶出來，往車廂裡裝。武帝笑道：「少府庫中，還缺少此等雜物嗎？」

「陛下，妾非不知理。這一應財物，請陛下代為頒賜，分與將軍、列侯、大臣等。」

「哦——」武帝會意，笑揚手道，「姑母用心良苦，姪兒遵囑，不敢怠慢。」即命身邊諸騎郎道，「爾等來動手，通通載上。」

果然，回宮次日，武帝即有頒詔，乙太主之名，分賜諸公卿財帛。眾人得了厚賜，都心知肚明，無不誇讚太主仁厚。

卻不知竇太主素擅斂財，家中所積，幾不可計數；竇太后駕崩，又遺下長樂宮私財，盡歸竇太主。故而拿出些許，為董偃鋪路，實是小事一樁。

錢能通神，亦能左右輿情。早前對董偃事，朝中尚有風言風語；自從諸公卿受了賜，則風向一變，無人不盛讚董偃。

眾臣又聞君上稱董偃為「主角」，更是驚羨。善諛者只恨無敷粉之容，各個爭投董氏門下，甘為犬馬。竇太主悖禮之事，卻睜眼不看，盡皆緘默，似世上並無此事一般。

且說這一番操辦，皆出於袁叔之謀，鬼神都自嘆不如。為此，袁叔少不了又受了許多賞賜。

竇太主笑對袁叔道：「袁氏一門，詩書傳家。那詩書學問，果然未吃進狗腹。我還道公卿中，或有一個兩個拒受的，要與我為難。」

袁叔淡定回道：「太主，那班臣僚，食你家俸祿，哪裡還能有骨？小臣料定，董君從此，可長享富貴。漢不亡，便可高枕。」

一語說得太主、董偃皆大笑。太主又道：「僚屬善辨風向，老身早便知道。未料其節操云云，竟如雞頭毛，一文不值。唉！我那些財寶，算是投了畜圈。」

　　袁叔拱手道：「正是。《商君書》言：『吏雖眾，事同一體也。』臣僚飢飽相融，榮辱相庇，哪有敢說話的？」

　　太主想想，又搖頭嘆道：「君上偏偏看重儒生，幸而屢屢遭挫。否則，迂直之臣多了，老身恐不能安。」

　　於此之後，竇太主再無忌憚，公然攜董偃一同入朝，亦不避人耳目。武帝也喜董偃聰明伶俐，允他可隨意出入宮禁。

　　董偃由此得近天顏，常隨武帝在北宮遊玩，或至上林苑，看角抵之戲。入夏，晝長夜短，君臣二人玩蹴鞠、鬥狗馬，恣意馳驅，無不盡興。

　　時逢竇太主又入宮來，武帝特為置酒，在宣室殿款待太主。

　　酒過一巡，武帝才想起，笑對太主道：「古人是如何娶婦的，姪兒略知一二；然如何招婿，則不知。」

　　竇太主面露疑惑：「陛下問古人嫁娶做什麼？」

　　武帝未加理會，稍稍停頓，忽然又道：「姑母何不令董偃也來？」竇太主這才領悟，半惱半愧，嗔怪道：「來就來嘛！」

　　武帝遂一笑，吩咐宦者去召董偃來。候了許久，不見董偃至，卻見東方朔搶步入殿，姑姪二人就不由一驚。

　　原來，這日正逢東方朔值殿，執戟護衛。忽聞宦者傳呼「召董偃」，便急忙棄戟，上殿奏道：「陛下，董偃何許人也？有可斬罪三，怎得召入？」

311

阿嬌失寵，妒心深重墮塵埃

武帝知東方朔又要搞鬼，故意反問道：「斬罪一，便可嚇得死人，他如何能負三罪？」

「回陛下，董偃身為賤臣，竟敢私侍太主，便是其罪一。」

「哦。此事朕已知，曾有特許。」

「敗壞倫常，有違王禮，這是其罪二。」

武帝聞言，略顯色變：「我為人君，難道不懂倫常嗎？」

「陛下春秋正盛，當披覽六經，留意朝政。那董偃不學無術，專以靡麗之事蠱惑陛下，乃是國之大賊，此即罪三。陛下不究他三罪，反倒引他入宣室殿，便不怕他汙了殿堂嗎？」

武帝耐心聽罷，面色陰晴不定，良久方道：「愛卿直言，我當納諫，然此次可否通融，下不為例？」

東方朔卻是不依：「不可！宣室殿，先帝所居也，豈可引入不正之人？歷代篡逆，無不自淫亂起，正所謂『慶父不死，魯難未已』。陛下欲敷衍過去，則禍將從此始。」

武帝忍了忍，終嘆了口氣，對東方朔道：「朕奈何不得你！偶一進言，便是不容商量。且退下吧，朕這便准奏，董偃不得再入宣室殿。」

送走東方朔，武帝即吩咐左右：「移宴北宮，令董偃自東司馬門入，逕自往北宮去便是。」

如此，一番忙碌下來，武帝才在北宮坐定，不禁自嘲道：「天子吃酒，卻為臣子所逐。」

竇太主也知此事見不得光，雖恨東方朔，卻也滿心無奈，只嘆息道：「東司馬門，臣屬謁見之門，董君如何得入？」

武帝微微一笑，安慰太主道：「董君既無名分，我便教那東門也無名

分，豈不是好。」當即吩咐謁者，「傳諭下去：今起，東司馬門改名東交門，非臣僚者，也可入。」

竇太主這才一喜：「天下事，難不倒天子。那董君也真是伶俐人兒⋯⋯非妾身一人獨憐。」

當夜，武帝獨坐燈下，思忖日間東方朔所言，心中漸漸起了寒意。想那太主雖無干政之意，卻私養董偃，淫亂宗室，終有招物議之嫌。明君守成，凡亂源，留之究竟何用？都應斬斷才是。

於是，次日遣人出宮，為董偃送去黃金三十斤，從此便不再召入。

可憐那董偃，見武帝久不召見，知已失寵，又不知緣由，覺鬱悶萬分，只得勉強與太主周旋。

如此蹉跎數年，竇太主漸老，年已逾六十，齒髮脫落，堪堪地沒了模樣。董偃卻是方及壯年，又怎肯委屈，不免就出去採花盜柳。

竇太主見此，如何能忍得下，心懷怨懟，對董偃常有喝斥。見了武帝，也忍不住要出恨聲。

武帝聽見，強掩忍住笑，只問道：「姑母，你責言董君，他可有所收斂？」

竇太主發怒道：「狼子！要剝了他皮，才曉得收斂。」

武帝眼中精光一閃，旋又如常，安慰道：「姑母請毋躁，世上粉面郎，倒多得很。」

此後不久，竇太主在邸中，又尋不到董偃人蹤。至夜，忽有里正來報，稱董偃醉酒，當街撒潑殺人，又頂撞內史，已被君上賜死了。

竇太主滿懷狐疑，想那董偃雖浮浪，殺人總不至於，於是欲入宮去問個究竟。臨行，換好鞋履，忽然就悟到：君上必是聽了抱怨，也恨董

313

阿嬌失寵，妒心深重墮塵埃

偃，不過藉機除去了而已。

太主於是褪去裙裳，回到內室，想起往日種種，哀嘆了一聲，落下幾滴淚來。董偃死時，年方三十。後長安人談及，都嘆他命短，互誡富貴不可強攀。

此後，竇太主獨守空房，便又起了念，欲再尋粉面郎。然城中少年，皆以董偃為戒，哪裡肯為老嫗送命？太主家僕四處探訪，眾百姓只是竊笑。問得急了，閭里人家難免口出惡語。

竇太主聞之，也甚無奈，為之鬱鬱不歡，向隅獨坐。如此捱了三五年，身患重疾，一命嗚呼，往黃泉路上去了。

武帝得了噩訊，埋頭片刻，忽又抬起頭，對左右道：「文帝生前，最愛長公主。竇太主之柩，不宜歸葬陳午故里，便與董偃一道，合葬於霸陵好了。」

眾臣聞聽，先是驚愕，繼之都唏噓不已。

此後阿嬌一人，全無依恃，在長門宮獨守，更覺勢孤，唯恐有朝一日衣食不保。

百思之際，想起老母醜聞遍長安，尚能哄得君上次護，自己何不也設法，令君上次心。又想到，往昔在中宮，常聽君上誇讚司馬相如，今若能購得相如賦，申說委屈，君上讀了，定能心動。

這便是阿嬌重金購賦的由來。然阿嬌沒有料到，老母所為只是一人之事，自己欲喚回君上，卻有衛子夫阻路，兩者全不相類。

武帝此時，正鍾情於衛子夫，看山看水，流連忘返；那司馬相如固有屈宋之才寫了〈長門賦〉，也抵不過衛子夫美目流盼。果然〈長門賦〉呈入後，武帝只是個不睬，阿嬌這才知覆水難收，自此死心。好在多年

裡，少府所供衣食，四時不缺，仍可保奢華。

此後花開葉落，春秋交替，長門宮雖富麗如舊，卻門庭冷落，了無生趣。如此，阿嬌怎能不悲鬱，不久，便也隨母親去了。

阿嬌一生，或榮或辱，就此留下一段故事，令後世為之惋惜。

武帝到此時，坐殿已整十二年。當年為青蔥少年，如今已年近而立。往日處處掣肘的竇太后，駕崩已久，母后也漸已年衰，不再問政事。朝中左右，再無一個權臣、外戚阻道，正可將多年醞釀的謀略，放手施展。

前時起用張湯，重治陳廢后巫蠱案，便是要震懾官吏，欲將那儒表法裡的一套，在朝中用起來。

張湯於此情勢，看得明白，究治起巫蠱案來，毫不容情，不惜牽連無辜，直殺得血流遍地，人人緘口。武帝看在眼裡，甚是滿意，當即擢升張湯為太中大夫，收為親隨。

此時，朝中還有一位中大夫趙禹，執事亦甚苛刻，素與張湯交好。張湯也知新人竄升，不可無朋黨，於此，事趙禹如兄。兩人彼此推重，互為援引，在朝中儼然成一勢力。

武帝正值用人之時，故對此二人極力褒揚，令他們同修律令，新增條文，務教法網嚴密。

二人奉命，氣焰更張，於帷幄中商議，創立了「見知法」、「故縱法」兩大苛法，用以箝制官吏。

見知法，即是督促官吏，凡見人犯法，須率先出頭告發，否則與犯法者同罪。故縱法，則是強令斷案寧可失之苛，不可失之縱；寬刑便是故縱，也要坐罪。

阿嬌失寵，妒心深重墮塵埃

兩法一出，舉朝為之色變。那大小官吏，一向因循，以為權柄為天子所授，或嚴或縱，全出於私心，而今才知天子厲害。

御史臺、廷尉府奉詔，將兩法嚴厲推行，一時間訟獄收緊，人人不敢寬縱。天下各郡國，更是訴訟繁苛、赭衣當途。

張湯也知武帝好儒，於是凡作獄辭，皆附會古典，滿篇是拗口的上古文。又上奏武帝，請一眾博士及子弟，深治《尚書》、《春秋》，教化臣民，促天下文氣上升、蠻風收煞。

武帝看見這些，無不欣喜，恨不能將朝事皆託付張湯。

張湯這般高揚儒學，倒令武帝想起董仲舒來。記得當年登位，正無所措手足之際，恰有「天人三策」，似天啟，振聾發聵，董氏之功當為最。

當年董仲舒得中首選，武帝憐才，為免蹈賈誼覆轍，特將他外放，出任江都國相。在江都數年，教化有方，居然調教好了桀驁的江都王。

誰知仕途坎坷，從無徵兆，董仲舒只道是夙夜在公，白圭無瑕，卻不意受了別案牽連，洗刷不掉，竟被降為中大夫，黯然返京。

不想，閒居未及幾日，又觸犯律法，被逮入詔獄，定讞書已在武帝案頭。

這一年，春燥少雨。遼東郡高廟及長陵高園殿不慎失火，兩處皆焚燒一空。

董仲舒閒來無事，手便癢，提筆縱論此事。文中援引《春秋》，申說義理，洋洋灑灑一大篇。

適逢辯士主父偃來訪，見仲舒案上有文章，瞥了一眼，似頗多違礙語，便心生不良，趁機將簡牘藏於袖中，竊回了家。

次日，主父偃託衛青引薦，入朝謁見，將董仲舒文向武帝呈上，稟道：「此文為儒生所作，語涉譏刺，請陛下裁奪。」

武帝一笑：「哦？布衣長者，眼光倒很精細。天子既尊，還怕什麼譏刺？」便接過來看。

起首數語，倒也平常，無非借火災言事。看到中間，見其引《春秋》大義，五行生剋，直刺世事。謂火災乃天意喻人，昭周德不衰、漢祚將殆云云。武帝便凜然坐直，問道：「此文是何人所作？」

「中大夫董仲舒。」

「怎的會是他！」武帝怒極，將簡牘摔於案上。

當日，武帝在前殿召集諸儒，出示董文，對眾人道：「今主父偃偶獲一文，疑是民間布衣所作，人皆謂高論，有勞諸君看過。」便交與眾人傳閱。

諸儒生中，有一人名喚呂步舒，單從名字看，便知是董仲舒得意弟子。然此人終究修練尚淺，看過文章，不知是恩師手筆，聞聽是「布衣所作」，膽子就越發大起來，倚仗是「董門第一人」，在御座前放言無忌，斥此文為「下愚」之論。

主父偃在側，默然靜聽，待呂步舒講完，方緩緩躬身道：「足下明見。然此文，正是尊師董仲舒所作。」

呂步舒聞言，頓時汗出如雨，急急道：「小臣不知，罪過，罪過……」

主父偃冷笑一聲，厲聲道：「足下所斥，句句切中肯綮，何過之有？那董仲舒，才是謗訕國政、妖言惑眾，罪不可赦！以臣之見，當付有司問罪。不殺，恐不足以謝天下。」

阿嬌失寵，妒心深重墮塵埃

呂步舒更是惶恐，面色一白，險些暈倒：「小臣罪該萬死……」

武帝見狀，忙抬臂制止道：「朕召諸生議事，言者無罪。董仲舒著文荒誕，妄言《春秋》，實有負朕心，當交付詔獄。漢律大如天，朕即便想轉圜，也是容不得了。來人！」

當下，便有謁者上前，恭立聽命。

武帝下令道：「著令御史臺，逮董仲舒入獄，詳推其罪。若有說情者，一併拿問，絕無寬恕。」

諸儒生聞令，個個驚恐，皆汗流浹背，伏地不敢仰視。

武帝起身，藐視一笑：「今日議罷，諸君平身好了。」便退回後殿去了。

且說董仲舒下獄後，不過一月餘，御史臺便有定讞書呈上，稱董氏妖言，荒誕不經，罪涉「大不敬」，可擬問斬。

武帝細看過文書，輕輕搖頭，苦笑道：「還好未擬族誅，終不是張湯問案！」

當即放下案卷，起身踱步，繞室三匝。想那董仲舒終究是異才，舉世無雙；又想起當年切磋「天人三策」時，君臣之誼甚篤，實不忍心就此誅殺。

於是坐下，擬了特旨，赦董仲舒妄言之罪，免官歸家。擬罷擲筆，又嘆息道：「飽學之士，怎就不如公孫弘！」

那公孫弘，乃齊地菑川人。武帝提起他，緣於此翁仕途太過傳奇。當年武帝登位，首選賢良文學，他就與董仲舒一同被徵。

前文說過，公孫弘早年曾為獄吏，因坐罪被免。後蟄居海島，以牧豬為業，供養繼母。母喪又守孝三年，至四十歲後，方師從胡毋生，潛

心研習《公羊傳》。學成，名聲大噪，時年逾六十，被選為博士入朝。

他為人談笑多聞，喜與人交際，常謂：「人主之病，器局不廣大；人臣之病，用度不節儉。兩者無瑕，即是盛世。」平素雖脫略形跡，卻也知敬畏。

初入朝時，有前朝博士轅固生，也一同被徵。轅固生是大儒，年已九十，早在景帝朝時，就盛名滿天下。

當日公孫弘入朝，步履惶急，在殿口猛然撞見轅固，吃了一驚。原來，公孫弘早聞轅固大名，今見其相貌高古、氣概非凡，哪裡還敢直視，通報過姓名，連忙閃避。

轅固也久聞公孫弘之名，瞥了一眼，便訓誡道：「公孫子，慢行！老朽有一語謂足下：既是儒生，務以正學立言，勿曲學而阿世！」

公孫弘聽了，滿面漲紅，連連作揖，只不敢回一句。

時不久，公孫弘奉詔出使匈奴，返京後覆命，應對之語不合武帝意。武帝當庭搖頭道：「讀君之文，條理分明，如何做事卻不明？」

公孫弘大窘，只得謝罪而退，不久即告病歸鄉。當其時，轅固也因不肯阿諛，為諸儒群起詆毀，終也是罷歸了事。

待到元光五年（西元前 130 年）八月，武帝痛感諸事不諧，渴慕賢才，於是再徵賢良文學。不料，那菑川國，又將公孫弘薦上。徵召令下時，公孫弘已是八十老翁。聞召，憶起舊痛，婉拒道：「老朽曾西入函谷，應天子召，因不才而被免。此次推舉，另選他人就好。」堅稱不願入都。

那菑川國人，皆敬公孫弘學問好，且守孝道，哪裡容他推託，只成群結隊來勸。不得已，公孫弘這才允諾應召，揹包攜傘，趁秋涼登車，一路顛簸再入長安。

阿嬌失寵，妒心深重墮塵埃

各地被徵賢良百餘人，入太常官所待命。數日後，武帝發下策問，專問「天人之道」，命諸賢良對策。

此問，乃是建元年間首選賢良時，武帝向董仲舒所發；今日重提，或是希冀再有奇人出。

武帝策問曰：「諸君修先聖之術、明君臣之義，博聞善論，有名聲於當世。敢問諸君：天人之道，何所本始？天命之符，廢興何如？天文、地理及人事之要訣，諸君皆習焉。請詳具其對，著之於篇，朕將親覽，無有所遺。」

此時太常一職，由老臣張歐出任。照例，張歐收齊答卷後，要評出甲乙二等，再呈武帝。

百餘卷之中，張歐看到公孫弘卷，讀罷，甚是不屑。原來張歐一向嚴謹，為文也一絲不苟，見公孫弘所論近迂，用語平平，哪裡配得上賢良？顯是閒居多年，不中用了。於是大筆一揮，將公孫弘列為等外，然想了想，仍將原卷附後，也一併呈上。

武帝焚香沐浴，在宣室殿閉門不出，仔細閱卷。看罷甲乙二等，頗覺失望，只嘆董仲舒之才，天下再無第二個了。

忽見甲乙卷之外，還附有一個「等外」，便拿起來看。待看清姓名，竟是公孫弘所作，於是就笑：「選賢良事，百年不遇，此翁竟能兩次被薦入！」

讀了未及數語，武帝雙目便倏地一亮，覺是好文難得。

見公孫弘在策卷中，不避忌諱，坦然對曰：「臣聞上古堯舜之時，不貴封爵而民向善，不重刑罰而民不犯，乃君主率先以正，待民以信也。至末世，則重厚賞而民不勤，重刑罰而奸不止，蓋因其上不正，待民不

信也。故此，厚賞重刑，不足以勸善禁非。君主治民，必以信為上。」

於治理之弊，又有八則諫言，曰：「因能任官，量才度用；去無用之言，事方得手；不作無用之器，可省賦斂；不奪民時，不妨民力，則百姓富；有德者進，無德者退，則朝廷尊；有功者上，無功者下，則群臣警；罰當罪，則奸邪止；賞當賢，則臣下勤。凡此八者，治民之本也。」

繼之所言，則一語中的：「民所求者，無不同。業興即不爭，理達則不怨，有禮則不暴，愛之則親上，此即天下最急之事。」

看到此，武帝不禁正襟危坐，自語道：「張歐年邁，竟識不得人了。如此好文，怎能列於等外？」便又埋頭細看。

見公孫弘針砭時弊，所開列藥方，無非仁、義、禮、智四字，曰：「天子治民，致利除害，兼愛無私，謂之仁。明是非，立可否，謂之義。進退有度，尊卑有分，謂之禮。掌生殺之柄，通壅塞之途，使遠近情偽必見於上，謂之智術。此四者，治之本，皆當設定，不可廢也。若法設而不用，不得其術，則主蔽於上，官亂於下。此事成敗與否，為垂統大業之本也。」

武帝讀罷，頓覺熱汗淋漓，擊節讚道：「我果然不知治之本！此老儒，知禮教之重，言路之重，真是愈老愈智，少年哪裡能及！」於是提筆，將公孫弘改列為第一，隨即在前殿召見。

公孫弘白眉白鬚，健步上殿，氣度仍不減當年。武帝吃驚，脫口讚道：「偉哉，公孫子！容貌甚麗，又逾當年。」

公孫弘緩緩拜謝道：「謝陛下。老朽徒有其表。不敢攀轅生，更不及司馬相如。」

阿嬌失寵，妒心深重墮塵埃

　　武帝仰頭大笑：「先生猶記當年乎？不提不提！司馬相如，弄文之臣也，先生方為國器。」

　　當下，武帝好一番勸勉，復拜公孫弘為博士，待詔金馬門，轉眼間否極泰來。

　　此番入京，公孫弘痛定思痛，改弦易轍，比以往活絡得多。謁見武帝，總要曲意迎合，揣度上意。於權要之輩，也著意結納，不再清高。他見張湯正得上寵，便自降身分，屢次往訪，只求得互通聲氣。

　　又見武帝汲汲於萬世大業，便潛心思索，復又上書，縱論先聖之道。書曰：「陛下有先聖之位，而無先聖之名；即有先聖之名，亦無先聖之吏，是因治之道不同也。先世之吏，氣正，故其民篤厚；今世之吏，氣邪，故其民澆薄。政弊而不行，令倦而不聽。如此，使邪吏行弊政，用倦令治薄民，民如何得教化？此即治之道不同也。臣聞周公治天下，一年而變，三年而化，五年而定，臣願此為陛下之志。」

　　武帝接了奏書，讀罷夜不能眠，彷彿回到十二年前，與董仲舒連夜問對之時。

　　只為公孫弘所言「一年而變，三年而化，五年而定」，武帝罷夕食不進，獨坐案前，心潮迭起在胸。

　　稍定，方獨自研墨，寫了冊書，答覆公孫弘曰：「問：先生稱周公之治，然先生之才，自視孰與周公賢？」

　　當夜，武帝遣謁者出端門，赴公孫弘寓邸，將冊書送達。公孫弘接了冊書，讀了這句，知是君恩已降，可堪比當年董仲舒了。想自家蹉跎半世，熬至鬚髮皆白，也算老來得福。

　　遂不敢怠慢，秉燭寫好了對策，曰：「愚臣淺薄，安敢自比周公？然

愚心仍知,治世之道可達。譬如虎豹馬牛,禽獸之不易制也;一旦馴服,則可牽引駕車。臣聞匠人烘曲木,不過累日;銷金石,不過累月。人之於利害好惡,豈比禽獸木石?一年而變,臣尚以為太遲。」

次日晨,公孫弘將對策遞入,武帝看過,幾不能信。又看一遍,方解其意,詫異道:「老儒,如何學得商鞅之苛?」遂將奏書壓下,置於案頭。

公孫弘熬到頭白,方學得韜晦術。每上朝奏事,雖有異議,卻不肯廷辯,寧願做個啞巴。

時九卿之中,有主爵都尉汲黯,性直敢言,素為武帝所禮敬。公孫弘窺得準,特意與之結交。

二人初時頗相契,結為好友,入朝時,常一同彈劾不法。由汲黯先發難,公孫弘隨後助推,唱和呼應,氣勢頗盛。武帝大悅,對二人言聽計從。公孫弘由此,得以躋身親貴之臣。

此時,漢家方通西南夷,餽贈金帛、糧穀甚多,轉輸不絕,巴蜀人甚苦之。

武帝於西南夷事,甚是得意,朝中便無人敢逆鱗。唯有汲黯一人,獨謂通西南夷徒勞無益。武帝不信,遣公孫弘前往視之。

可憐那公孫弘,以老耄年紀,跋涉於險山峻嶺,居然無事。返歸後奏事,意與汲黯相同,痛陳西南夷無所用,治道數年,士卒多死,外夷又叛服無常,難以羈縻。

武帝仍不信,召群臣前來會議,欲聽眾人之言。

公孫弘恰與汲黯同列,事先兩人便約好,堅執己意,務要說動君上。

豈料武帝臨朝,聞汲黯主張棄西南夷,臉色便不好看,又掉頭去問

阿嬌失寵，妒心深重墮塵埃

公孫弘。那公孫弘察言辨色，忽然就變了調：「通西南夷事，見仁見智，當由我主聖裁。」

這番話，惹動了汲黯脾氣，當場罵道：「蒼髯老儒，齊人多詐而無情乎！足下適與臣約好，同上此議。轉身忽又背之，實為不忠。」

公孫弘遭此責罵，臉上全無喜怒之色，只是端然不動。

武帝看得有趣，凝視公孫弘良久，方問道：「先生可有話說？」

公孫弘跨前一步，揖禮應道：「知臣者，以臣為忠；不知臣者，以臣為不忠。」

武帝眉毛一動，忽而拍掌，大讚道：「然，然也！」言下頗為讚賞。

時過不久，武帝便拔公孫弘為左內史。這左內史，乃是景帝所置，為長安三輔之一，掌京畿治安，位次主爵都尉。未幾，又超擢公孫弘為御史大夫，一步跨入「三公」之列，顯赫一時，成了老來官運亨通的佳話。

自是，武帝左右近臣，再有讒訐公孫弘者，武帝皆不聽，反倒越發厚待。

公孫弘老來得志，想起當年轅固罷歸，常對人嘆道：「老耄無所求，不妨直言；然直木必折，莊周早已看破，為何偏要以卵擊石？」

公孫弘只顧得意，那汲黯卻恨恨不平，只私下哂道：「荒鄙地方，出不得大器。」

有公孫弘輔佐，武帝漸起大志，常以商湯、文王自勵。這年秋，在北闕內柏梁臺，召了近臣數人來飲宴，有意安撫汲黯。

酒酣之際，武帝舉杯起身，掃一眼丞相薛澤，來至公孫弘案前，環視眾人道：「三公，國之鼎也，三足而立。本朝自田蚡之後，不置太

尉,主爵都尉便是三足之一。」而後向公孫弘道,「公孫子耄耋入朝,為我臂膀,古之姜太公尚不及。朕有此幸,當是天意有所屬,公請受我一杯。」

公孫弘避席而起,連聲稱謝,端起杯與武帝同飲。

武帝又持杯至汲黯案前,令近侍斟滿酒,恭謹說道:「長孺君,你為先帝老臣、朕之心腹。在朝在外,皆有政聲。我意,為人臣者須踵武前賢,以蕭曹自勉。田蚡為相時,你不肯趨奉,朝野皆敬你。今日朝中已無田蚡,君可稍作轉圜。」

汲黯默默起身,並不端起酒杯,只望住武帝,似百感交集:「陛下,臣為先帝所重,愧為太子洗馬[71]。陛下為太子時,臣所授政事、文理,時有疏漏。幸喜陛下登位後,器局開闊,措置嚴明。然臣已老,實不知陛下今日,所本治理之道何為?」

武帝身軀微微一震,抬頭望去,見宮牆外黃葉滿城,氣象浩大,便脫口道:「我既掌天下,必欲做唐堯虞舜,豈有他念?」

汲黯輕蔑一笑,直視武帝,冷冷道:「陛下內多私慾,外施仁義;如此表裡不一,如何能效仿唐堯虞舜?」

武帝聞言,勃然變色,然礙於師生名分,不能發作,只哼了一聲,憤然離席。臨下高臺,過數人案前,猶面帶苦笑,喃喃了一句:「這汲黯,真乃憨人一個!」

一場酒宴,頓成尷尬之局,滿座一片慌亂。

丞相薛澤起身,戟指汲黯叱道:「都尉如何這般說話?太不成體統!」眾人也紛紛附和,起身指斥汲黯。

---

[71] 太子洗馬,官職名,秦始置,掌教導太子政事、文理事。時亦作「先馬」,疑似後人誤寫為「洗馬」。

阿嬌失寵，妒心深重墮塵埃

　　汲黯不服，與眾人昂首相抗，自辯道：「天子置公卿，是為輔佐，豈是教你輩來做諛臣的？人臣既食主之祿，當為主盡忠，不可陷主不義。你輩位居中樞，享盡榮華，卻只知愛惜身家，片語不敢諫諍，坐看糜爛，心如木石。莫非要看到這高臺塌了，才如你輩願麼？自家禍起，卻似看鄰家遭殃。若漢家不濟，又指望何人為你種粟，何人為你護院？」

　　薛澤以下眾臣聞言，皆驚異不能對。

　　汲黯橫瞥一眼，猛一拂袖，將案上酒杯掃落在地，轉身也下臺去了。

　　隔日，薛澤單獨進奏，言及汲黯不敬之事。武帝仰起頭，似未聽清，少頃，忽然說了一句：「廚之味，肉糜可食，蕨菜亦可食。」便含笑示意，令薛澤退下了。

漢家天下──漢武開疆：
西征南伐，四方歸服！盛世是否能長治久安？

作　　　者：	清秋子
發　行　人：	黃振庭
出　版　者：	複刻文化事業有限公司
發　行　者：	崧燁文化事業有限公司
E-mail：	sonbookservice@gmail.com
粉　絲　頁：	https://www.facebook.com/sonbookss/
網　　　址：	https://sonbook.net/
地　　　址：	台北市中正區重慶南路一段61號8樓 8F., No.61, Sec. 1, Chongqing S. Rd., Zhongzheng Dist., Taipei City 100, Taiwan
電　　　話：	(02)2370-3310
傳　　　真：	(02)2388-1990
印　　　刷：	京峯數位服務有限公司
律師顧問：	廣華律師事務所 張珮琦律師

─ 版權聲明 ─

本書版權為河南文藝出版社所有授權複刻文化事業有限公司獨家發行繁體字版電子書及紙本書。若有其他相關權利及授權需求請與本公司聯繫。

未經書面許可，不得複製、發行。

定　　　價：450元
發行日期：2025年02月第一版
◎本書以POD印製

Design Assets from Freepik.com

國家圖書館出版品預行編目資料

漢家天下──漢武開疆：西征南伐，四方歸服！盛世是否能長治久安？/ 清秋子 著 .-- 第一版 .-- 臺北市：複刻文化事業有限公司, 2025.02
面；　公分
POD版
ISBN 978-626-7671-20-7(平裝)
1.CST: 中國史 2.CST: 通俗史話
610.9　　　　114000813

電子書購買

爽讀APP　　臉書